新时代证券投资书系

许 星 ◎ 著

投机苦旅

一位投机客的凤凰涅槃

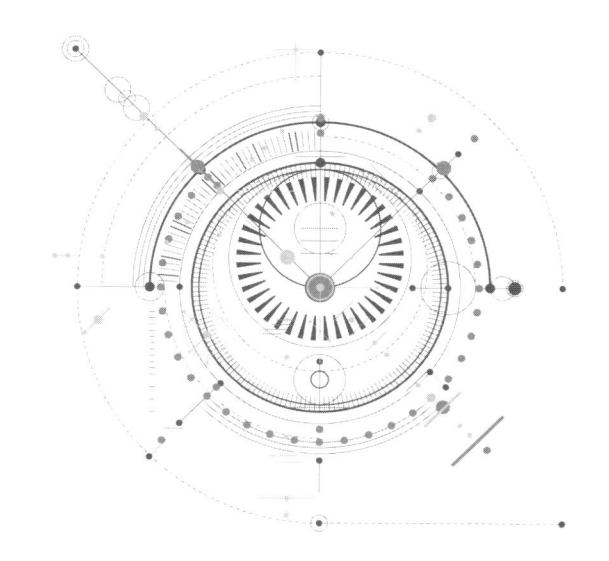

上海财经大学出版社

图书在版编目(CIP)数据

投机苦旅：一位投机客的凤凰涅槃/许星著．
上海：上海财经大学出版社，2024.11.--（新时代证券投资书系）.--ISBN 978-7-5642-4481-1

Ⅰ.F830.91

中国国家版本馆CIP数据核字第2024RE6765号

□ 策划编辑　王永长
□ 责任编辑　顾丹凤
□ 封面设计　贺加贝

投机苦旅
——一位投机客的凤凰涅槃

许　星　著

上海财经大学出版社出版发行
（上海市中山北一路369号　邮编200083）
网　　址：http://www.sufep.com
电子邮箱：webmsater@sufep.com
全国新华书店经销
上海锦佳印刷有限公司印刷装订
2024年11月第1版　2024年11月第1次印刷

710 mm×1000 mm　1/16　16.5印张（插页：2）　253千字
印数：0 001—5 000　定价：79.00元

这世界上最大的谎言,
就是面对远大目标时的自我否定。

CONTENTS 目 录

自序　寻找低风险高收益的投机机会 /001

第一章　误打误撞进入外盘世界 /001

一、金融生涯的起步 /003

二、外盘世界真精彩 /006

三、市场从不缺机会 /013

四、兼论投机交易的本质 /018

第二章　新手的甜蜜时光 /023

一、初涉商品期货市场 /025

二、空欧元美油，无功而返 /027

三、刀口舔血，抓住"瑞郎事件" /031

四、做多德指，短期暴富 /038

五、2015年上半年，回头再战A股 /039

六、做多美糖，持续4个月的战斗 /043

七、"双十一"狂欢之夜之空头 /045

八、3个月虚值变实值的德意志银行购证 /048

九、做多土耳其里拉，5天美妙之旅 /059

十、兼论投机交易的原则 /067

第三章 CHAPTER

爆仓！领教市场凶险 /075

一、恒指牛熊证的全军覆没 /078
二、欧元交易上的致命错误 /080
三、痛心疾首的天然气交易 /082
四、赌错英国脱欧结局大亏三日 /091
五、德指上的"麦城" /094
六、白费心血的两年钯金战役 /096
七、兼论止损和止盈 /104

第四章 CHAPTER

风云际会，激战多空 /115

一、A股反弹与外盘A50指数合约 /118
二、新冠疫情下激战外盘股指 /123
三、再战钯金、猛多金银 /129
四、做空美油之战 /139
五、历史性负油价的美油5月合约 /145
六、2021年白银横财 /159
七、"俄乌冲突"（2022年2月） /164
八、英国换首相事件 /169
九、突如其来的港股/中概股大机会（2022年10月） /173
十、重拾个股期权 /182
十一、兼论杠杆和仓位 /210

第五章 CHAPTER

无心胜有心，大道本无情 /219

一、这些年错过的市场机会 /221
二、投资大师的教诲 /228
三、伟人的智慧及感悟 /234
四、致胜投资与致败投资 /237
五、兼论最佳交易策略 /245

后记　与自我和解 /255

自 序

寻找低风险高收益的投机机会

投机（Speculation），按照商务印书馆《英汉证券投资词典》的解释为：利用不对称信息和时机在市场交易中获利的行为，尤指甘于承担风险，在市场上以获取差价收益为目的的交易。投机行为将着眼点放在价格变化上，很少考虑交易品种的实际价值。

我对投机的理解就是投资于非对称性机会，即低风险、高收益、高胜率、高赔率的机会。理想状态是在上述机会出现时，在最短时间内获得最大收益。

《大投机家》作者，德国"证券教父"安德烈·科斯托拉尼说，两种人可以投机：一种是特别有钱的人，可以拿出一小部分资金来做一些高风险投资；另一种是根本没有钱的人，必须投机。看来像我这般没大钱的小散，完全应该积攒一点儿小钱实践投机的梦想。梦想总是要有的，万一实现了呢？

于是乎，我开始寻找低风险、高收益的机会。本金小、杠杆高、确定性强、回报丰厚，集所有美事于一身，睡觉都能笑出声来。事实上，市场里这种捡钱躺赚发大财的机会少之又少，往往发生过后，我才恍然大悟。

少，并不是代表没有。在过往10余年投机生涯中，我经历了多次高风险高收益的实战，也遇到了极少数低风险高收益的机会。发现需要眼光，捕捉需要实力。精准的研判只是第一步，完善的交易策略、高超的交易技巧、过硬的心理素质、强大的风控能力，这些因素缺一不可。

我写这本交易札记的初衷，是对这几年在外盘世界高杠杆投机交易生涯的一个自我小结。每当想起那些惊心动魄的日日夜夜，依旧会心潮澎湃。

除去行情的跌宕起伏、净值的巨幅波动，更多时候我在想，当时市场发生了什么？标的品种出现了怎样的交易信号？为什么做这个决策？能不能更加优化一些？时机合适吗？方向正确吗？仓位正确吗？止损线正确吗？交易的理由是什么？事后看还能不能成立？为什么这个理由成立，但交易的结果不如预期？等等，诸如此类的问题时常闪现在脑海里。

社会崇尚财富，宣扬着一个一个致富故事。不容避讳的是，钱代表一个人的社会生存能量，若没有钱，不要说过体面有尊严的生活，连最基本的生活必需都难以保障。合法地追求财富，是每个人的生存本能。过去的我常常被那些一夜暴富的故事所吸引，鲁莽地一头扎进这个市场。但市场通过血淋淋的事实教育了我，凭运气赚来的钱，一定会凭实力亏回去。小成靠智，大成靠命。这个"命"，不是迷信的天命，而是你的综合投资实力，你的市场认知层次。

本书总结了曾经参与的50多个交易实战案例，主要涉及外盘股指、商品、外汇和期权衍生品市场。本人试图通过复盘的方式，回顾当时的市场环境、出现的市场机会、对机会的分析思路和交易逻辑、制定的交易策略以及实际投资盈亏，并试图从投机交易的本质、原则、止损止盈、杠杆、仓位和最佳交易策略等几个方面，总结出一点规律性的心得体会。"道成万法皆备，法成万术接通"，投资市场中的"道"，是每个市场参与者心中的"圣杯"。"朝闻道，夕死可矣。"总想更多更深入地研究市场、了解市场，探求一条"人天合一"之路；未曾想自己恰是市场的一部分，哪曾有"客观"的市场供自我旁观？聆听市场、跟随市场、不与市场对抗，方可保全自身；否定自我、放弃自我、与市场融盘，方能稍有收获。研究自我、研究市场、研究自我与市场的关系，三者实在是同等重要！本为一体，何须再"合"？由此略悟"人天本一"。

通篇采用案例形式，描述了作者如何认识自我、认识市场、以及认识自我与市场关系的过程。全文其他论点包括：投资者需要找到自洽的投资方法，价值投资不适合所有人；投资者要想获胜，需掌握属于自己的交易优势；杠杆交易中，务必慎用"价值投资"策略，否则容易因价值不回归不"收敛"而爆仓；投资者不但要有研究市场能力，更要训练应对市场变化的"反应式交易"能力等。

不敢奢望本书中的某句话、某段交易经历，能对那些想进入高杠杆外盘交易领域，或已经参与但仍在亏损境地苦苦挣扎的朋友们有所帮助。本书对市场、对交易的看法多有偏颇，交易思想也不成熟，交易逻辑还需完善。我在此用我的亲身经历，与大家分享那些经验教训。如果一部分人由此少走了一小段弯路，付出了更小的代价，这便是我与大家交流的价值所在。

是为序。

许星

2024 年 5 月 18 日

于北京

第一章

误打误撞进入外盘世界

我将轻轻叹息,叙述这一切
许多许多年以后:
林子里有两条路,我——
选择了行人稀少的那一条
它改变了我的一生。

——罗伯特·弗罗斯特

一、金融生涯的起步

我记得第一次买股票是1995年的夏天,那时候是大学的暑假,刚学完证券投资学的课程,内心就按捺不住跃跃欲试的劲头,去老家附近唯一的证券公司营业部开了户。买的第一只股票叫北京天龙(现叫电子城),第二只叫北京天桥(现叫信达地产),当时想带北京名字的公司肯定不会差。

那个夏天正燥。证券营业厅人声鼎沸,大家都像呆子一样盯着前面的大屏幕,红红绿绿的股价一行一行地跳过去,然后耐着性子等待3~5分钟,直至再次出现自己关注的股票价格,迅速拿笔记下。

当时买卖股票得填一种一式两联的委托书,5元一份,填好以后,再递柜台里去,交给工作人员下单。经常是当你想买卖的时候,柜台已经被围得水泄不通,单子根本递不进去。最羡慕的就是楼上的大户室,能分到独立的电脑看行情。

记得假期交易的最后一只股票,是那年年中火爆的北旅汽车(现叫航天长峰)。8月9日开始,第一天涨80%,第二天涨28%,第三天小幅回调,第四天盘中最高涨48%,散户大厅的人都疯了，都说有重大重组利好，股价还要翻一倍。我也迫不及待地抢了进去，结局可想而知。回忆起来，除了一脸懵懂，我并没有从这场游戏中学到什么，但营业柜台里面工作人员爱理不理的优越感给我留下了深刻印象。

1999年网络股热潮的时候，我已经参加工作。有了点花销钱，我在家里拉了一根看电脑行情的专线，安装了股票软件，这样家里就成了亲戚股民聚会的场所。每天下班回到家，我就兴致勃勃地复盘到深夜。

大学毕业后回老家，在一个江南四线小县城做了几年公务员，但心旦仍残存着一丝去北上广深这种大城市闯荡的梦想。经过两年激烈的思想斗争，最终背着单位悄悄考上了研究生，然后辞去公职，离开了家乡。

从此家乡变故乡！对下一代子女而言，故乡已然成他乡。

读研究生期间把图书馆里所有股票投资类的书籍如饥似渴地读了一遍。那时候书店里充斥的多是从境外引进的一些技术图形分析的书籍。回头来看，糟粕多于经典，对自己投资交易理念误导的成分更大。

2003年研究生毕业，那时候我一心想进券商，觉得那里的工作是高大上啊！摇身一变就成了金融白领。元旦前学校信息栏里贴了一家总部在深圳的证券公司招聘广告。初试、面试，最终有幸录取。感谢老东家，在最冷清的熊市里仍坚持每年招聘新员工，让我有机会进入梦寐以求的券商行业。作为一名入职新人，开始在各个部门轮岗学习。我最感兴趣的是研究所，但我很快就发现，缺乏行业工作背景和专业知识积累，让我没有能力做好行业研究和公司研究。

2004年时我已经学会初步的"看图说话"，即根据图形走势来判断行情趋势。我给一个关系比较近的研究生师兄打电话，探讨伦铜行情。他那时在新加坡的外资期货公司工作。我说我感觉从技术图形看伦铜在走大牛市，很想去试一把，可惜腰包不鼓。熊市里券商工资低，日常开销也大手大脚，加上租房开支，在北上广深这种大城市生活，基本上剩不下几个子，总之就是没钱。

对伦铜的关注，还得提到大学里的一个小插曲。记得是在1996年，我在苏州商品交易所（1991年成立，1998年撤并）边上的期货经纪公司里找了个大学暑期兼职工作，一天50元报酬。那时候上大学一个月生活费才300元，一天50元可是一笔大钱呢。我的职责是给老板整理铜的历史资料，即从大学图书馆的报刊库里复印关于铜的所有新闻报道和研究分析报告。

我记得兼职的最后一天，老板指着挂在墙上长长的走势图问我，你看这个铜后市会不会涨？我说，看趋势感觉是会涨吧，老板笑了。铜会不会涨，这个问题如同在我心里埋下了一粒种子。一个商品的价格会不会涨？什么原因涨？我没想到这个问题直到现在，自己都在给自己定期提问。

那个时候，诸如乔治·索罗斯的《金融炼金术》、吉姆·罗杰斯的《罗杰斯环球投资旅行》等投资书籍打开了我的视野。他们用世界级投资大师的眼光，纵论了在全球商品期货市场和外汇市场的投资经历，阐述了自己的投资哲学、投资理念和投资逻辑。这仿佛给我开了一扇窗。原来国际资本市场是那么精彩，交易品种是如此丰富。我从网上找来这些投资大师的所有报道，学习他们的思维方式、分析逻辑和投资大局观。

当你发现生活处处都需要钱的时候，青春就结束了。

2001年至2005年的漫漫熊市，对绝大多数证券从业者而言简直是度日如年。我终究没熬过黎明前的黑暗，短暂投入投行的怀抱，主要做境内企业去美国并购上市。当时热门的是裕兴电脑"BVI模式"，即老板自己在BVI注册一个空壳公司，然后以极低价格购买国内的大陆资产，左手倒右手，国内公司就变成境外公司控股子公司，资产就这么转移出境，BVI公司就可以在境外上市。好日子红火了两年后，国家出台了一系列外资并购境内资产的政策，这个生意就停滞了下来。

投行的经历，对我理解企业、理解行业有很大的帮助。你去一家企业做尽职调查之前，首要的工作就是广泛收集这个企业所在的行业历史、上下游产业链、原材料供应商、客户群体以及国家产业政策的资料并研究学习。

我印象比较深刻的是去山东某地看一家水泥厂。那水泥厂的老板跟我说，我们这个设备呢，不是最先进的干法窑，但是我这个赚钱啊，你知道为什么吗？第一，你看周边乡村的泥地，水泥市场广阔呀；第二，水泥有运输半径，其他区域的水泥进不来呀，我这边独此一家；第三，你看那边那个石灰石矿山，我不到半价买过来的，因此我的水泥生产成本就有优势啊；第四，你看我生产水泥的废渣，我都卖给当地的公路管理局铺路了，又赚一笔。所以我虽然没有先进的机器设备，但是我能赚钱。老板这些话让我茅塞顿开。任何一个企业，你别管它是朝阳行业和夕阳行业，要赚钱就得有竞争优势。

后来发生了一件事。有一次我去一家企业，没想到同一天来了另一批同行，是当地市委书记介绍的。老板当场就把我们抛下接待他们去了。从那一刻我明白了，一个地方最大的投行家是市委书记。只要一个决策，一大块农田就可以变身经济开发区，一片棚户区就可以拆成高楼林立的新社区，我们这些没有社会资源和业务资源的投行从业者，就是专职整理资料的。想通这一点以后，我离开了投行领域。

认识到需要认知自己、改造自己，是我在投行最大的收获。培育自己的优势，打造自己的强项，才是最重要的。交易世界也一样，你一定要知道，当进入这个弱肉强食的交易世界，自己有哪些强项、哪些优势，让自己能够幸存下来并赢得别人口袋里的钱？

二、外盘世界真精彩

> 那些听不见音乐的人，认为那些跳舞的人疯了。
>
> ——亨利·柏格森

我对腾讯的认知，最早开始于1999年。1998年是中国的"互联网元年"，资深网民都开始用ICQ，腾讯的QQ还叫OICQ。我在家里上网，用贺氏（Hayes）的Modem拨号登录，电信公司收取的网络费巨贵无比。当时一个月工资600元，我得交300～400元的拨号上网费。那个年代能上网冲浪是件很时髦的事。从Microsoft Chat到碧海银沙，从华军软件园到黄金书屋，从四通利方（新浪网前身）到《电脑报》个人主页大赛，网络里的每一个角落都让人流连忘返。

记得我在1999年先申请的ICQ，后来用的QQ，5位数号码。若干年后MSN兴起，觉得QQ是小孩子的玩意儿，常年不用，后来就登录不上了。ICQ的一大坏处在于换一台上网电脑，好友信息就得重新添加一遍。QQ就很聪明地把好友信息自动上传到公司服务器里，下次在网吧等其他地方再登录时，好友名单可自动显示出来。初期QQ就靠这招打败了ICQ，后来逐渐占领了社交市场，直至一统国内互联网社交江湖。

2009年3月初，腾讯市值还停留在500亿港元。3月18日公布2008年财报，"2008财年腾讯总收入为71.545亿元人民币，净利润为27.846亿元人民币，分别比去年同期增长87.2%和77.8%"。随后腾讯股价就开始了波澜壮阔的长牛征程。当年5月，腾讯市值第一次达到1 000亿港元，大家惊呼不已，觉得腾讯虽然游戏业务盈利，但市场给的PE太高了。5月14日，腾讯公布2009年一季度业绩，"总收入为25.044亿元人民币，环比增长19.4%，同比增长74.8%。公司期内盈利10.536亿元人民币，环比增长20.3%，同比增长94.4%"。结果到了当年10月，市值就一口气不停歇地涨到了2 000亿港元。

2019年腾讯全年收入为3 772.89亿元人民币，净利润为933.1亿元人民币，市值已超过了5万亿港元。如果知道10年后利润近1 000亿元，你还会害怕当时的1 000～2 000亿港元市值吗？可惜，谁也不会知道，创始人不知道，"小超人"不知道，私募的大佬也不知道。很多投资，需要一维的基本面、二维的技术面、三维的情绪面和四维的梦想面去支撑。

长期来看，市场真是既理性又聪明，不愧为一台合格的称重机。价值规律，放之四海而皆准。

我是在2009年10月19日第一次买的腾讯。145港元一股，共600股。股价（2020年8月）按后复权价计算，已接近3 000港元一股（见图1-1）。当年马化腾减持800万股，套现7.8亿港元。我看到新闻报道后心想，创始人都开始抛售，估计股价是虚高了。我没赚啥钱就跑了，不出意料地错失用11年增长20倍的机会。当时的我哪能看得这么长远。

图1-1　腾讯股价走势（2004年6月—2020年8月）

2010—2013年，我在港股市场上如鱼得水，连续四年盈利。A股反而没啥大机会。港股没有涨跌停板，还能T+0。我在此期间交易了一大批耳熟能详的红筹股，也初次尝到了窝轮和牛熊证的厉害。另外，港股账户也能交易美股，我又交易了很多美国中概股和热门美股，最后交易的一只股票叫特斯拉，短期大赚后我就在懊恼、沮丧和无奈中歇手了。原因随后会详述。

我详细统计了外盘股票账户里每一笔交易，分析自己的交易行为。总结出历年盈利前三名和亏损前三名的名单（见表1-1）：

表1-1　盈利前三名和亏损前三名股票（2010—2013年）

年　　份	2010	2011	2012	2013
盈利前三名品种	哈尔滨电器	中国燃气	雷士照明	TSLA
	中国全通	恒芯中国	中集安瑞科	VIPS
	海信科龙	东岳集团	好孩子国际	QIHU
亏损前三名品种	中联购证	中国全通	招行购证	民银牛证
	和黄购证	平安沽证	京信通信	民生国际
	恒指沽证	腾讯购证	博士蛙	国药购证

4年交易的累计胜率和盈亏比见表1-2：

表1-2　交易统计（2010—2013年）

2010—2013年	
累计单位净值	2.79
总胜率	44%
股票胜率	55%
权证胜率	27%
总盈亏比	1.47
股票盈亏比	2.87
权证盈亏比	0.32

权证赚少赔多，胜率极低，但我并没有从中吸取教训，并在以后的交易生涯里继续为此付出代价。

连续四年盈利带给了我"迷之自信"，感觉已经掌握了股市财富的密码。我就像一个坐在电梯里的武术爱好者，不断地研读各类轻功秘笈。然后发现自己竟然已经升到10层楼那么高。然后说你看，我这个站桩蹲马步起了成效，我的轻功练成了！

我不但错过了2008年金融危机随后数年的最佳投资机会，而且错误地高估了自己的投资能力。事后来看，那时候以美股为代表的全球发达国家股市从2008年的"次贷危机"结束后触底反转，然后连涨10多年。在这个大背景下，只要做多，选的股票基本面不要太差，大概率都是赚钱的。是大势，而不是自己的能力让我赚到了钱。

我错把时代的贝塔（β），当成了自己的阿尔法（α）。

若干年后，一名开私募投资公司的前同事谈起他如何实践价值投资。他说，我在2008年金融危机后，按1.5港元的成本买了数百万股南方航空H股（01055），一直持有到2015年4月的12港元（后复权）（见图1-2）。行业低迷时买入，行业复苏后卖出，真是一笔精彩的价值投资！

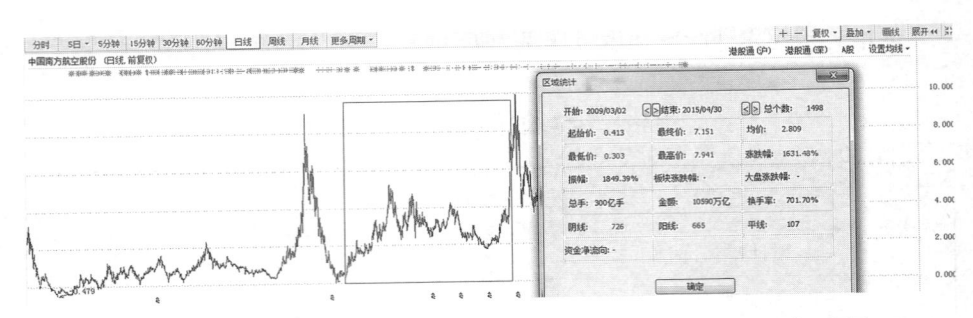

图1-2　南方航空H股（01055）股价走势（1997年7月—2016年5月）

回头看自己的交易记录，我也在2011年11月买过中国燃气（00384）这样的长牛股，也在2012年3月买过金界控股（03918）这样的高β博彩股，可惜和腾讯一样，都没能拿住。

那时候在美上市的中概股开始活跃起来。我开始在美国证券交易委员会网站上查询F-1、10-K、8-K等资料，积极研究那些在美国上市的热门股和中概股的状况，先后交易了YY、VIPS、QIHU等中概股公司股票。

特斯拉（TSLA）是我2013年及未来数年里交易的最后一只美股。直到全球新冠疫情暴发，2020年3月美股大跌，我才重新开始买卖美股。这不是我有多明智，而是我被在特斯拉上的投资盈利"伤到了"。

那是2013年4月5日，我跟一个老友小聚。他说特斯拉的电动车你了解吗？在他介绍前，我对特斯拉一无所知。然后他兴致勃勃地跟我介绍起了马斯克这个人以及为什么会起名"特斯拉"的缘由，是因为要向特斯拉先生致敬。他告诉我，有工程师情结的人，很多都认为特斯拉的伟大一点都不比爱迪生差。

晚上聚完回到家，第一件事就研究特斯拉。我在公司网站查公司公告。4月1日宣布其Model S汽车的销量超过了"2月中旬致股东信中提供的目标"。汽车销量超过了4 750辆，而不是之前预期的4 500辆。①当天股价上涨15.94%，突破3年盘整，创上市以来新高。4月2日公司召开了媒体、分析师和投资者电话会议。我认为它完全符合威廉·欧内尔的"CANSLIM"投资

---

① 数据来源：https://ir.tesla.com。

法则。当晚我就满仓杀入，每股价格41.23美元。

一个月后的5月9日，公司再发公告"预告成立十年来第一次实现季度盈利"，当天股价上涨24%。我在70.72美元美滋滋地平了仓，一个月收益70%。我心里得意极了。

然后，像曾经多次发生的那些往事一样，当我没有了仓位后，我就眼睁睁地看着股价继续上涨，很快突破100美元、150美元。到2014年2月末，股价已经到了265美元（见图1-3）。那时，网络上有人发帖总结2013年投资业绩，说2013年下半年滚动投资特斯拉认购证，10万美元变成100万美元。那一刻，我觉得我是个彻底的傻子。

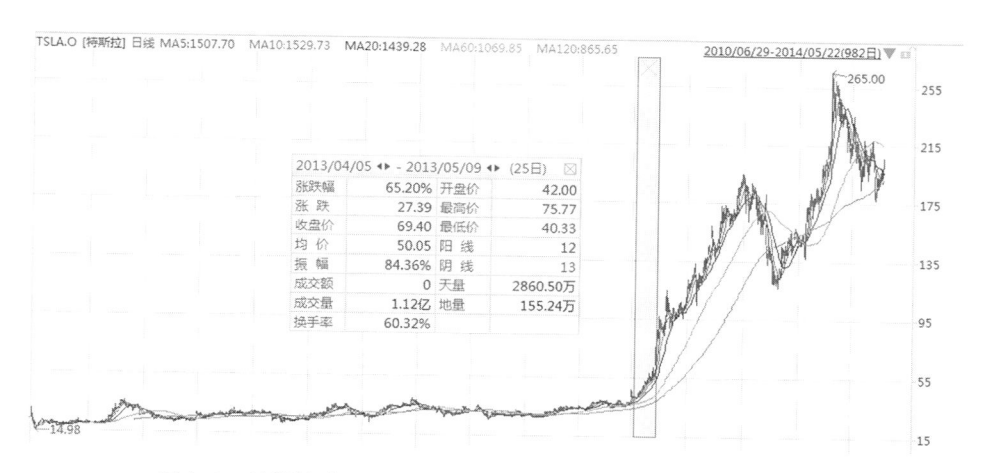

图1-3 特斯拉（TSLA）股价走势（2011年1月—2014年5月）

我发誓不再碰正股了。没有研究能力，就是一个只懂波段操作的散户，永远也无法变富。但我没有深厚的公司和行业研究能力。怎么办呢？

特斯拉在随后的5年时间里股价宽幅震荡，2020年1月起，股价2年内涨幅超过10倍，直到2021年11月股价（后复权）突破6 200美元（见图1-4）。

市场用事实告诉我一个简单的道理：股市是一个对创新和成长下注的地方。如果没有增长只有分红，那就接近债。而引发股价短期波动的，往往是市场情绪对预期差的反应。

如果我能早点明白这个道理就好了。

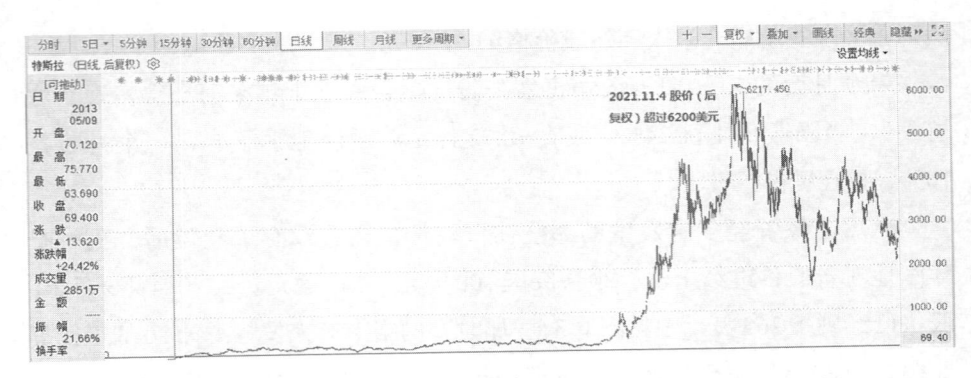

图1-4 特斯拉（TSLA）股价走势（2011年1月—2024年5月）

　　既然心不甘情不愿地放弃了正股的投资和研究，那么做什么呢？对了，港股窝轮。经过2010—2012年三年窝轮的亏损，我在十几只红筹股蓝筹股的权证上吃足了高溢价和缺乏流动性的亏。我这次吸取教训，集中火力，只盯准腾讯的窝轮做交易。

　　2011年1月，腾讯推出微信。2013年5月，随着微信用户数量的急剧上升，资本市场终于意识到"再造一个腾讯"的可能。股价开始再次创新高，很快把5 000亿港元市值踩在脚下。从2013年5月到2014年1月，股价和市值再次翻番。这8个月成为交易腾讯窝轮的黄金时间。

　　我选择100天左右到期的认购证，平均6～8倍杠杆，乘以对冲值就是实际杠杆，一般在4～5倍。有时候腾讯一天涨3%～4%。认购证当天收益就是10%～20%。感觉那时候是日进斗金！很快我发现，牛熊证杠杆更高，尤其是那些离回收价近的牛熊证，玩起来更刺激。

　　过度地玩窝轮，本身就是一个错误。从认购证切换到牛熊证，更是错上加错。终有一天玩过火了。过度追求高杠杆，在T+0交易中，对当日股价是否触及回收价过于自信，结果重仓牛证时不幸惨遭回收。交回了大半年的利润，我才就此收手。

　　在市场摸爬滚打好多年后，我无比深刻地认识到，对于一个投机客而言，最大的幸运在于：在你既愚蠢又无知、既鲁莽又勇敢、既雄心勃勃又志大才疏的时候，你的手里没有什么大钱。

随着2005年起的股改，A股在2006—2007年掀起一波轰轰烈烈的大牛市。大小非股东的全流通，批量造就了一大批富翁。但2008年美国次贷危机带来的各类资产的大崩盘以及2009年起全球央行放水，天量注入流动性，又造成了持续3～5年的商品大牛市。

那时的我还沉浸在港股和美股上，对2009—2011年的黄金、石油、铜的大牛市以及2010年棉花超级大牛市，根本看不见。

对于一个标的资产，往往没有交易，就没有切身感受。当日后在电脑面前日复一日地复盘伦铜、黄金、石油的走势图的时候，我常常在想，那时候的自己，到底在干什么呢？这么巨大的行情，难道一点儿都没有注意到吗？为什么无动于衷、没有任何行动呢？

那是因为，思路决定出路，眼界决定疆域！

三、市场从不缺机会

> 我生来一贫如洗，但决不能死时仍旧贫困潦倒！
>
> ——乔治·索罗斯

我把我的交易生涯分为2014年以前和2014年以后，因为2014年以前的交易不用杠杆。有无杠杆，对交易而言，具有本质的区别。没有杠杆，股票浮亏后，你可以关上电脑，爱做什么就做什么。有了杠杆就不同了，时间和市场波动都是你的敌人，你必须盯盘，必须缩短交易周期并提心吊胆于任何突发性事件。可以说，你在做一件与以前迥然不同的事情。我是在高杠杆交易数年，大大小小参与了成百上千次交易后，才深切地体会这一点。多么痛的领悟！但愿一切还不算太晚。后面也主要讲述自己在股指、商品、外汇领域里高杠杆交易的一些成败得失和心得体会。

悲剧的是我一开始的杠杆交易就连续盈利。我在2014年上半年开始做空国内黑色系商品期货，开头就顺风顺水。这再次给自己带来了"迷之自信"：杠杆交易没那么难。具体我会在第二章描述。

"福兮，祸之所倚。"先哲说的一点没错。

2013年起，新闻媒体开始报道金融大鳄乔治·索罗斯做空日元赚了至少超过10亿美元。我重新捡起《金融炼金术》，不知道是翻译的原因还是原文就行文晦涩，勉强读了几遍，读得很痛苦。但我看懂了他在书中披露的对冲基金资产负债表。我对他投资的品种，一行一行地仔细研究。从日元到美国国债，我一边看一边想，为什么我不能做他同样的事情呢？我在网上找出关于索罗斯的所有报道，复盘他在英镑狙击战中的投资逻辑和行动步骤，同时开始恶补外汇知识。

为了做好原油交易，我捡起中东历史，复盘"两伊战争"和"斩首行动"，研究战争进展与油价和股市的表现。我惊讶地发现，当国内上证指数2003年1月到2006年1月还在熊市底部徘徊的时候（-7%），沙特指数已经在这三年内一口气上涨了640%。我以前的视野太局限了！即使当时沙特股市不对外国投资者开放，阿联酋迪拜指数也可以是投资的标的（见图1-5）。

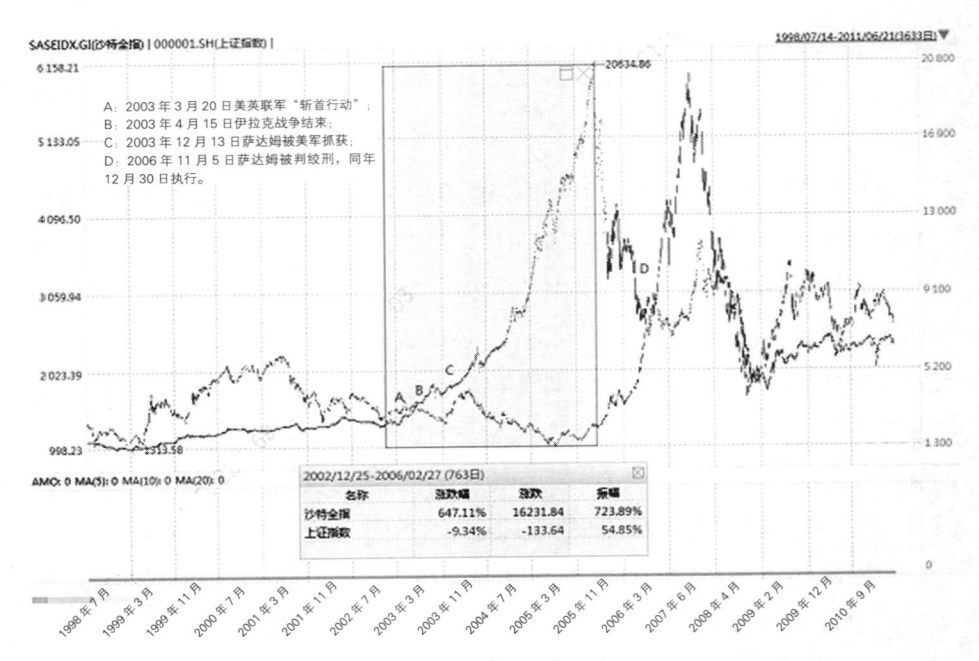

图1-5　上证指数与沙特指数对比

资本市场从来不缺机会,关键是有没有发现机会的眼光以及捕捉机会的能力。

从2017年3月到2018年3月,上证指数表现基本持平,同期越南胡志明指数上涨了62%。从政治改革到经济改革,从GDP增速7.08%(2018年)到FDI增速9.6%(2018年),再加上近1亿人口和45%的青壮劳动力,这个"小老弟"不简单(见图1-6)。

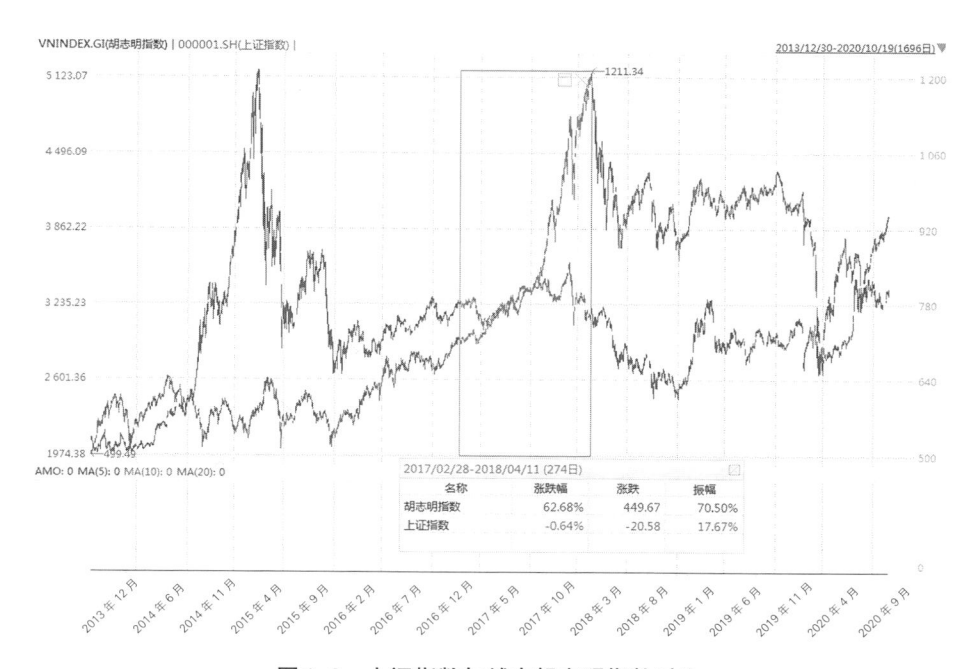

图1-6 上证指数与越南胡志明指数对比

我在网上开了境外券商和外汇经纪商的交易账户,同时又买了一些外汇交易技术的书籍回来研究。我发现在外盘账户里,投资者可以交易几乎任何你能想到的资产。从工业品到农产品,从贵金属到基本金属、各大股指、主流证券市场的股票以及各类权证衍生品,各种外汇基本盘、交叉盘,数不胜数。唯一限制你的是国家外汇管制政策,你虽然有一年等值5万美元的换汇额度,但你无法名正言顺的用于个人资本项下的投资。

我完全沉浸在外盘的世界。从港股到美股，从伦铜到美油，从日经225指数到英国富时100指数，从标准普尔500指数到纳斯达克100指数，偶尔还会参与美糖、美豆油、活牛、瘦猪肉、咖啡、可可等品种。

多年后我意识到在投资领域，没有老师指导的业余摸索，学费非常昂贵。看到与做到、做到与做成、做成与做好，每一个境界的挑战，都要付出巨大的真金白银。

从2013年开始，我观察到A股创业板指数已经开始领涨大盘。我把精力从港股上抽身出来，重新回到A股。通过买卖创业板个股，赚了一点小钱。

2014年7月，我确信A股大盘再一次走入全面牛市。同时，从周线级别看，美元指数走入牛市，石油走入熊市，国内螺纹铁矿等黑色系商品进入熊市中期。做空欧元兑美元（EURUSD）、做空美油（WTI OIL）成为不二选择。基于以上判断，我开始做如下行动：第一做多A股；第二做空欧元、英镑；第三做空美油；第四做空国内黑色系商品。随后的几个月，我不断地从A股市场取出盈利，做空欧元、石油、螺纹钢、铁矿、焦炭、焦煤。

当时A股、欧元、石油、国内商品期货四线全面盈利。我仿佛看到巨额财富的大门正在向我徐徐敞开。旗开得胜、初战告捷，让我滋生出骄傲自满和轻敌的心态，认为杠杆交易也不过如此，难度不大，完全可以轻松驾驭。这种认知上的根本性错误，为未来账户亏损和深陷泥沼埋下了祸根。

由于螺纹钢等国内商品杠杆不高，平均8～10倍，又有21:00～23:00夜盘交易（铜、铝、锌等基本金属到凌晨1:00，贵金属金、银到凌晨2:30），止损设置也没有外盘灵活，2015年起，我逐渐放弃国内商品期货，转向杠杆更高、止损止盈指令单设置更方便的外盘交易。

数年后再复盘，当时的国内资金投机的最佳策略是做多沪深300指数期货，同时做空螺纹钢期货（见图1-7）。

打开了外盘交易这扇窗，我学会了从更大的视野审视大类资产，从中寻找交易机会。随后的几年，我早上睁开眼睛，第一件事情就是看手机，看昨晚的全球市场行情。8:00开始日经指数开盘，9:00国内商品期货市场开市，

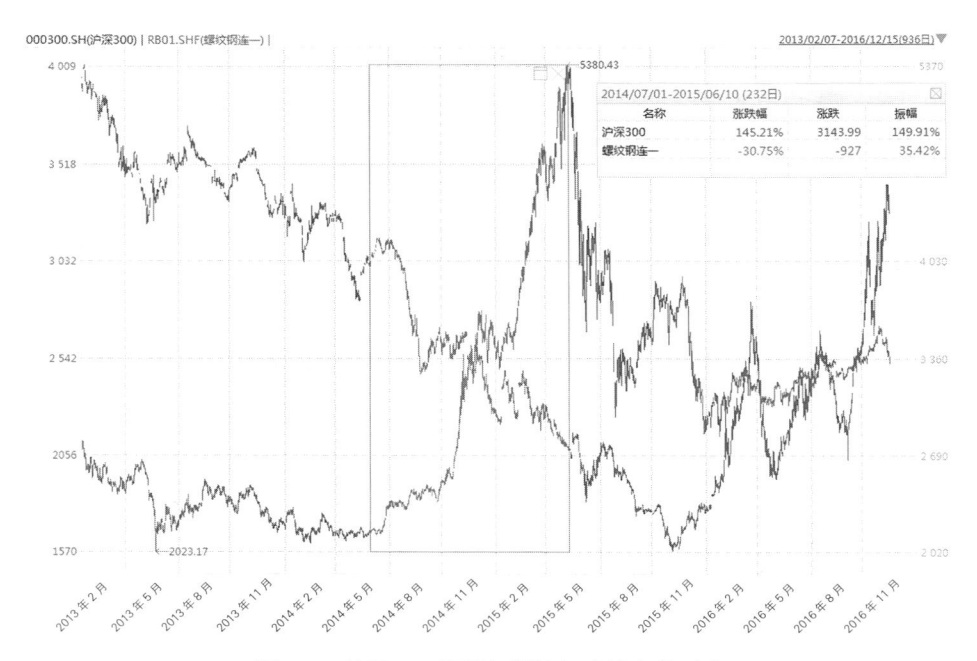

图 1-7　沪深 300 指数与螺纹钢连续合约对比

9:30 A股和港股开盘，11:30 A股结束，12:00 港股结束，13:00 A股开盘，16:00 港股结束，同时欧洲股市开盘，到晚上 10:30（夏令时 9:30）美国股市开盘。从周一至周五早上 6:00 到凌晨 5:00，石油、黄金都处于交易时间，而外汇是全天 24 小时交易。我逐渐把精力集中到 EURUSD、GBPUSD、USDJPY、黄金、石油、日经 225、纳斯达克 100、英国富时 100 和德国 DAX30 指数上。

　　交易是一项脑力活。它常常让人身心俱疲，又让人充满斗志。市场一次又一次地打垮你，但你得一次又一次地站起来。

　　这样的日子日复一日。遇上美国非农数据公布日，行情激烈，就会通宵达旦地做交易。当我一个人沉浸在电脑世界里，从来感觉不到疲劳和困倦，我总是聚精会神，精神百倍。这是一个人的战斗。每次亏损出局，总会安慰自己没事，伟大的投机者杰西·利弗莫尔都会犯一些愚蠢的低级的错误；每次懊恼不已，我都会想起斯坦利·克罗的忠告，检视自己的交易又违背了大师的哪几项原则。

身边极少有关注外盘的朋友，绝大部分时间，找不到任何人可以交流。完全靠兴趣和书本的知识自我学习、自我摸索。多少年后我反思自己的这段经历，才知道我进入了一个异常凶险、万劫不复的市场。如果有可能，我情愿不知道、不涉及、不研究、不交易。

总结这几年的交易生涯：痛并快乐着。

四、兼论投机交易的本质

> 兵者，国之大事，死生之地，存亡之道，不可不察也。
> ——《孙子兵法》

克劳塞维茨在《战争论》第一卷论战争的性质中，对战争的定义为："战争是迫使敌人服从我们意志的一种暴力行为。"在这里，暴力是手段，使敌人服从我们意志是目的。

我理解，交易就是金融领域的战争，交易就是一种间接夺取对手方金钱的暴力行为。在这里，买卖是手段，获取对手方金钱是目的。交易标的是武器，交易筹码是弹药，公开交易市场即战场。

投资者和投机者

在《有价证券分析》一书中，格雷厄姆提出了自己的定义："投资是一种通过认真分析研究，有指望保本并能获得满意收益的行为。不满足这些条件的行为就被称为投机。"

格雷厄姆认为，对于一个被视为投资的证券来说，基本金必须有某种程度的安全性和满意的报酬率。当然，所谓安全并不是指绝对安全，而是指在合理的条件下投资应不至于亏本。一旦发生极不寻常或者意想不到的突发事件，也会使安全性较高的债券顷刻间变成废纸。而满意的回报不仅包括股息或利息收入，而且包括价格增值。所谓"满意"是一个主观性的词，只要投资者做得明智，并在投资定义的界限内，投资报酬可以是任何数量，即使很低，也可称为是"满意的"。判断一个人是投资者还是投机者，关键在于他的动机。

我理解投资和投机的区别在于，投资是以标的物内在价值大小为决策依据的交易行为，市值越是低于内在价值，安全边际就越足，越值得买进；投机注重价格的未来波动，价格变动幅度越大，越有投机空间。

研究和投资

研究和投资是两个完全不同的领域，做好研究和做好投资需要的能力有天壤之别。

我曾经因为迷信许多上市公司专业研究报告而亏损累累，因此请允许我适当调侃下研究。研究，像是一场自嗨；投资，像是一场自虐。研究，怎么说都没事，因为无法当下证伪。研究不对账户盈亏负责，投资才要。投资者阅读研报的多寡，并不能确保投资胜率，但可以增强投资自信（无论带来结果好坏）。

很多时候，我作为听众参加一些投资论坛，听主席台上分析师们风度翩翩地侃侃而谈，都不由地心生羡慕。讲一些高大上的观点，再夹杂着少许风趣幽默的调侃，逻辑严谨、分析深入、研究透彻，皆是吾所不及。而经历市场的考验、承受市场的毒打、忍受内心的煎熬、遭遇行情的摧残，都是投资者的家常便饭。

赚钱并迅速从危险的境地脱身是投资者的天职，寻找赚钱或亏损的原因是分析师的事情。即使市场崩盘，也只会增加分析师的写作题材，但这关乎投资者的性命。所以，"千万不要浪费时间与分析师争论，他们靠预测和争论赚钱，而你不能，你只能靠投资盈利赚钱"。

在杠杆交易中，与其学习如何预测市场，不如学会如何应对市场。基本面分析和技术分析并不是决定性因素，面对市场的正确行为反应能力才是。

高风险和高收益

投资人承担高风险，自然就要求高收益做风险补偿，但高风险并不代表能产生高收益。期望很美好，现实很残酷，"怕就怕播下了龙种，收获的却是跳蚤"。

流传已久的"富贵险中求"的谚语，绝对是断章取义、不明就里的误导。原文出自《增广贤文》：富贵险中求，也在险中丢，求时十之一，丢时十之九。大丈夫行事，当摒弃侥幸之念，必取百炼成钢，厚积分秒之功，始得一鸣惊人。

抱着"高风险、高收益"理念的交易行为是要不得的。要理解这一点，怎么强调理解风险的重要性，都不为过。霍华德·马克斯在《周期》中说到，"投资中很多难题都是由风险造成的，因为风险就是未来变化的不确定性和出现坏结果的可能性。所以投资高手有三个突出标志：理解风险的能力突出、评估风险的能力突出、应对风险的能力突出。"

过分的风险容忍会让投资人不顾场合地拥抱市场，面临巨大的风险和灾难而不自知；而过分的风险规避，则让投资人远离市场，错失潜在的盈利机会。这在市场的顶部和底部，投资群体表现得尤为突出。不是理性，而是心理因素主宰了投资群体的行为。而逆向投资需要的那一丁点儿勇气，不是每个投机客天生具备的。

恰恰是在那一时刻，市场提供的"低风险＋高收益"机会，才是投机客理应追求的"战机"。别忘了，我们追求的结果是承担较小的风险，获得较大的收益。

杠杆交易与非杠杆交易

沃伦·巴菲特的"价值投资"理念已经是举世皆知，并且被越来越多的人学习和模仿。但很遗憾，我想告诉你，如果你试图在杠杆交易中运用以"长期价值投资"代表的投资策略，你很有可能会被市场"修理"得体无完肤。在没有无限本金支持下，杠杆交易中最大的敌人，就是价格波动。而时间成为你的敌人，站在了你的对立面。你持有的杠杆仓位越久，面临的不确定性风险就越高。

所以巴菲特不用杠杆。他在致伯克希尔·哈撒韦股东的信中多次提到杠杆：

"这种拒绝高杠杆的保守做法，会让我们的收益率略有降低，但这是唯一让我们感到踏实的做法。"

"在可接受的范围内提高杠杆获得更高收益的概率高达99%，与之相对的是仅仅有1%的概率，在一些意想不到的内外因素影响下，我们会限于短暂的困境，甚至被迫平仓。我们其实并不喜欢这种99%会赢1%会输的，而且永远也不会喜欢。"

"历史一再向我们证明，几乎所有杠杆的最终归宿都是清零，即使驾驭杠杆的是绝顶聪明之人。"

"短期内股价会跌到多少没人能知道。即使你只用了很低的杠杆，同时你不会因为暴跌而立刻被平仓，但吓人的头条新闻和令人窒息的行情点评，会让你心神不宁，时刻担心自己会不会被平仓。人在惊慌失措的情况下，是没有办法做出优秀投资决策的。"

我不知道巴菲特是天生有洞察力，无须亲身体验就能认识到杠杆的双刃剑特性，还是他悄悄尝到了杠杆的苦头，再总结出来上述真谛。

我笃定的是，清醒地认识到杠杆交易的破坏性和危害性，极可能需要向市场支付成百上千万元的学费。

为什么交易者不能做出完全理性的投资决策？什么影响了交易者的决策？

比如，我卖掉一只获利股票后，第二天发现它继续上涨，理性告诉自己要马上买回来，但心理因素让自己等待更低价。

比如，一只股票被套牢，理应认赔斩仓出局，但心理因素不想认错、认赔，寄希望股价回升到成本附近再出局，结果越赔越多；尤其是在账户总体亏损巨大时，采用"鸵鸟策略"，关掉电脑不再打开账户，以此"逃避"面对浮亏的痛苦。

对此，行为金融学和生物金融学给出了解释。人天生具有规避痛苦、逃避压力，并产生自我防御机制的本能。这是非理性交易行为的根源。对应到交易上，便是因害怕失去浮盈而过早了结盈利的头寸；对亏损的仓位却满怀希望，交易者的决策被贪婪和恐惧的情绪所影响。

非理性交易者的绝望和狂热，创造了价格走势的波谷和波峰。非理性交易者的多头偏差（倾向于多头持仓）和行为偏差（倾向于损失厌恶）是投机者获利的重要来源。

第二章

新手的甜蜜时光

如果只是向往，远方依旧是远方。

——作者

一、初涉商品期货市场

2008年金融危机后,全球资产大崩盘。从2009年到2012年,随着各国经济刺激政策的实施,货币超发,流动性泛滥,黄金、铜、石油分别走出了一波超级大牛市,创造了一个又一个造富神话。但是我们只是听到谁投资成功了,赚了多少钱,如何成功,怎么赚钱的?这方面的详细报道非常少,赚了大钱的交易员也很少愿意分享他的致富秘籍。即使有访谈,也是多谈理念,少谈细节。因此也无从学起。

我是在2014年年初开的国内期货账户。起因是我在新华书店看到了一本书,讲述了主人公做国内农产品期货大赚上亿的历程。我仿佛一下子找到了前面提到的问题的答案。我从中看到一个赚钱的期货投资,应该是如何分析市场,分析交易机会。我一边认真复盘,一边揣摩当事人交易商品期货的整个过程,建仓点、加仓点、获利平仓点、补仓点、最终清仓点。一遍又一遍地做沙盘模拟推演,然后想象,如果自己再遇到这种情况,我应该怎么处置。

为什么黄金、石油、铜、棉花大牛市的时候,自己无动于衷?是因为自身视野的局限。想自学成才的新手,一路走得坎坷,通病在于没有好老师的引领。没有引路人,往往既不知道该朝哪里下手，又不知道该如何下手。我把买来的书通宵读完，第二天又去买了一大堆关于期货交易的书籍，比如斯坦利·克罗的《职业期货交易者》《期货交易策略》等。引路人找到了，我开始跃跃欲试。

2014年6月，国内A股大盘指数开始步入牛市，而创业板指数牛市已经提前1年启动。作为一名略有经验的老股民，我捕捉到了牛市，及时参与并逐渐获利。开了期货账户后，我把股票上的盈利陆续兑现出来，转到期货账户。

国内期货平均杠杆为8～10倍。按照期货大师的教导，我必须"顺势开仓"。我做空螺纹钢、铁矿、焦炭、焦煤。记得开仓的那周，黑色系商品平均跌了5%，我的持仓有了近50%的浮盈。感觉做期货好简单啊！

我把主力合约做了个遍。然后，我开始犯新手会犯的所有错误，短线、重仓、频繁交易、亏损扛单、亏损加仓、逆市摸"顶"抄"底"。6月13日上午9:00一开盘，我的甲醇空单就被开市后的强烈上涨吞没，亏损严重。我终于领教到杠杆交易的威力，什么叫作"迅雷不及掩耳之势"。

还想找新闻网站看看，研究下甲醇基本面有啥变化。一犹豫，钱没了（见图2-1）。

图2-1 甲醇主力合约走势（2013年9月—2015年1月）

一入期市深似海。做过期货的人，很难再有兴趣做其他行业。因为期货"来钱太快"。

可惜，期货交易是个典型的"负和"游戏。股市可以靠上市公司内在价值和市值的同步增长，实现所有股东多赢。但期货市场里你挣的钱是别人输的钱，期货经纪商和交易所还要从中收取费用。普通期货散户的交易对手，一是做套期保值的现货商，他们对行业、品种和政策往往有多年经验和透彻了解；另一个是机构，他们往往有着资金优势、信息优势和研究优势。在"负和"市场里，散户面对如此强大的对手，获胜的机会在哪里？

新手入市，可能会凭运气获利，但要想长期获利，谈何容易！不被扒掉几层皮，历经多次起落沉浮，几无希望从"万人坑"里爬出来。

市场就是战场。孙子兵法云："夫未战而庙算胜者，得算多也；未战而庙算不胜者，得算少也。多算胜，少算不胜，而况于无算乎？吾以此观之，胜负见矣。"算，就是事先的谋划、考量、准备。普通散户若没有可行的交易策略、没有周详的交易计划、没有完善的交易体系，贸然入市就是给对手送钱。在期货市场轻易给对手"损己利人式的送温暖"，实非明智之举。

但人会不由自主地把乐观精神带到交易。大脑往往会高估交易获胜的可能性，如同买彩票者总希望下一个中奖的是自己。我们并不能理性对待显而易见的概率。我们的行为常常被情绪和梦想支配着做出一些基于期待和希望的"非理性经济决策"。恰如那句台词："做人如果没梦想，那跟咸鱼有什么分别啊！"

或平淡无奇或激情四射的国内商品期货行情，就这样一天天过去。在多少个日子的努力以后，面对期货账户的"日渐缩水"，我不得不沮丧地承认，光会画小鸡啄米图是娶不到秋香的。

二、空欧元美油，无功而返

> 人之所以犯错误，不是因为他们不懂，而是因为他们自以为什么都懂。
> ——乔治·索罗斯

2014年下半年一路做空欧元（EURUSD）和美油（WTI OIL），我方向正确，但一分钱没赚到。原因很简单，我在一个明确的单边趋势市场做短线。

一方面，我告诫自己要顺着主要趋势方向开仓；另一方面，遇到反弹时，我又不断"恐吓"自己，趋势可能随时逆转，可能随时丢掉到手的利润。为了保住盈利，我一有获利就主动平仓了结。我不断开仓又不断丢掉筹码，往复循环。更糟糕的是，我还想预测"底部"，试图通过抓住逆向次级趋势的微小反弹做多赚钱。

我顺着大趋势一次一次做空，赚到的钱，最终通过几次抄底做反弹交易，悉数还给了市场。我判断正确的方向，并且在这个正确的方向上建立了有利的仓位，但我最终并没有赚到钱，没有什么比这个更为沮丧的事情了。

请看下图：

2014年7月1日到2015年3月31日，欧元（EURUSD）单边下跌了近21%（见图2-2）。

图2-2　EURUSD走势（2004年6月—2020年5月）

2014年7月1日到2015年3月31日，美油（WTI OIL）单边下跌了近55%（见图2-3）。

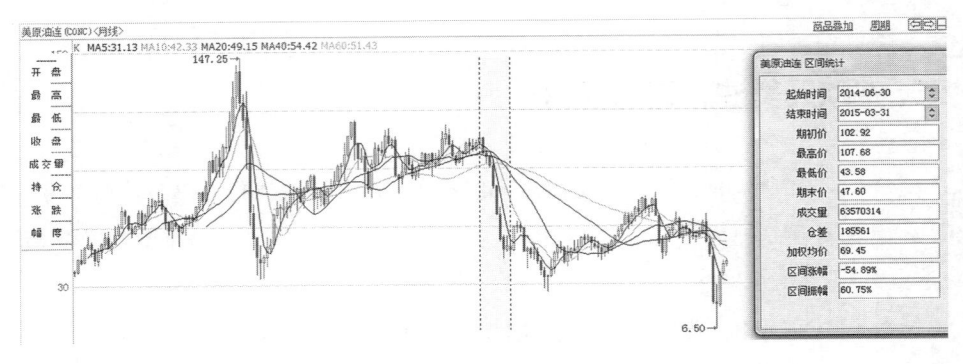

图2-3　美原油连续合约走势（2004年6月—2020年5月）

这种大级别的做空机遇，在投资生涯里能遇上1～2次就不错了。绝佳的机会就这样被我白白挥霍，我将为此心疼十年。

我在欧元上至少犯了两个错误。第一，我"聪明"到试图做摸底交易。试图逆着大趋势的方向开仓。试图违背大趋势，通过在次级逆向趋势的方向上开仓赚钱，世界上没有比这个更愚蠢的事情了。这是冒着巨大的风险赚蝇头小利。第二，我看不到那么远。当顺着主要趋势开仓后。仓位很快就有了浮盈。害怕在反弹的波动中失去浮盈，从而急于获利了结，在交易心理学上，这叫处置效应，即让交易者早早兑现利润，却让损失持续下去。

在盈利的仓位上，会产生对失去盈利的恐惧。所以你会过早地获利了结，落袋为安。但是在浮亏的仓位上，却有一种强烈无比的损失厌恶心理。认为浮亏不算真正亏损，不割肉出来，不认输，就不算真正赔钱，忽略了已经发生的损失。而等到账户浮亏一天天扩大，严重到心理承受不住，接近崩溃时，你终于一分钟都忍受不了精神折磨，然后割在地板价上。

当你空仓看着一直想买的标的天天上涨，你总想等价格回调就买进，可价格毫不回头，一天比一天高，你每天心急如焚，懊恼没有早点行动。某一天，市场又出现强劲上涨，你害怕再次失去赚钱的机会，变得无比亢奋，终于不顾一切地冲进场去。买完了，心里终于踏实了。你的大脑完全被情绪支配，你丧失了最基本的思考能力，只想买进标的来补偿因空仓而错失利润的懊悔。

正是人身上这种贪婪与恐惧的非理性情绪，制造了交易品种曲线图上一个又一个波谷与波峰。

那时候的我还没有学会寻找贪婪与恐惧的对手做交易。

我在石油上犯的错误与欧元不完全一样。我在石油跌破90美元的地方开空单。在技术分析上，这叫跌破了"颈线"支撑位，从此支撑位变成压力位。我确信下跌的趋势已经确立，已等不及市场"反抽颈线位"确认跌势。我从89美元起开空仓，一路持有到64美元。在交易杠杆的作用下，我获得了巨大的浮盈（见图2-4）。

投机苦旅：一位投机客的凤凰涅槃

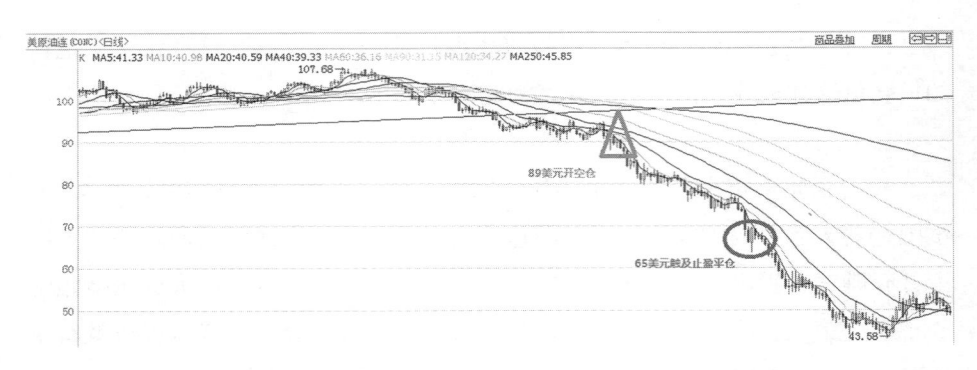

图2-4　美原油合约交易进出场价位（2014年10月—2014年12月）

2014年11月27日—28日，美油价格连续两天单边下跌超过了10%，我"预判"市场可能会有"大级别"反弹。为了防止反弹吞噬掉我的浮盈，同时想着在"更高价位开空单"，我决定把止损位从开仓成本价89美元调整到65美元。当天反弹触及69美元。我过早地获利了结，平仓了。我丢掉了还在主要趋势中的筹码。

当石油短暂的反弹结束后（事实上，2014年12月1日只反弹了一天），继续一路下跌，直至跌破40美元。市场没有给我任何机会让我舒服地"在更高价位开空单"，而心理障碍让我无法说服自己在60美元以下继续做空。这正如做股票，你20元钱卖掉的股票，在涨到30元的时候，你总是很难再买回来，你总希望能调到20元以下再去回补仓位。

在投资心理上，这叫锚定效应。我受到了锚定效应的负面影响——我盯着一个近期的价格做决策，而完全忘记了我理应做出投资决策的正当理由。这是我学到的另一个宝贵经验。

交易外汇和外盘商品，尤其是原油、铜这种基础商品，实在是太复杂、太深奥。可以想象一下，全球有多少顶级机构玩家在全天候参与这个市场！散户资金实力有限、投资管理能力有限、行业讯息获取能力有限，如若鲁莽投身其中，胜算几何？稍有不慎，就会被迅猛的行情搞得晕头转向，如果风险管理不到位，不管投入多少资金，不要说全身而退了，恐怕连渣都不剩。

后文会专门提到全球新冠疫情期间，2020年4月20日晚上至21日凌晨，给众多投资人带来惨重损失的美油5月合约负油价事件。

人若无名，专心练剑。

三、刀口舔血，抓住"瑞郎事件"

> 你所有的知识都是关于过去的，你所有的决定都是关于未来的。我们对未来一无所知，我们只有猜测。
>
> ——霍华德·马克斯

"瑞郎事件"是我在外汇交易中，少数几笔短时间获得较大利润的交易。那是一个工作日的下午。我现在在想，欧洲那天是不是一个月黑风高夜。据说那一天，很多著名的对冲基金和外汇经纪商都因此而倒闭。

亲身经历的交易，总是那么记忆犹新。

2015年1月15日，瑞士央行意外宣布欧元与瑞郎的联系汇率脱钩，使得欧元兑瑞郎（EURCHF）在短短的十几分钟内倾泻近30%，美元兑瑞郎（USDCHF）也是急跌26%。

那一刻记得是北京时间下午5:30左右，快要下班了，我还在电脑屏幕前聚精会神地看行情。突然就发现USDCHF分时走势直线下跌。我的第一直觉是屏幕显示器坏了，再仔细看一下，价格在不停往下跳。在外汇市场上如此巨幅波动，我判断一定是有大事发生了。马上一边查新闻，一边进入交易模式。由于交叉盘点差大，我在外汇市场一般做基础盘。

从17:30到17:52，我瞪大眼睛，看着USDCHF一路下泄，令人震惊地跌了26%，我没有动，我知道急跌后必然有反弹。17:57，USDCHF开始迅速反弹，从0.744 5反弹到0.890 8，跌幅也从跌26.92%，回升至跌12.55%，即已反弹至下跌50%的幅度。我进场开仓了，做空USDCHF，价格0.89。

我知道，物体迅速下落触地后大概率都会有反弹，反弹高度可参考50%等分位线或黄金分割比例位。反弹结束后，价格会沿着原有趋势继续回落。18:02，价格回落至0.849。5分钟仓位已获利了近4倍（价格从0.89到0.849，跌了4.6%，外汇交易一般100倍杠杆）。我把止损线迅速下调到0.853附近。

没过两分钟价格继续反弹触及止损，我的仓位被平仓，获利了结了。18:15，价格反弹到了0.90附近，我又如法炮制了一回。但因为价格未能恰如所料的"继续下跌形成双底"，我对这次回落心存疑虑，只下了很小的仓位，0.90开空仓，0.91止损，0.873止盈。即向上1%止损，向下3%止盈，3倍盈亏比。到晚上10点左右，居然也获利了结了（见图2-5）。

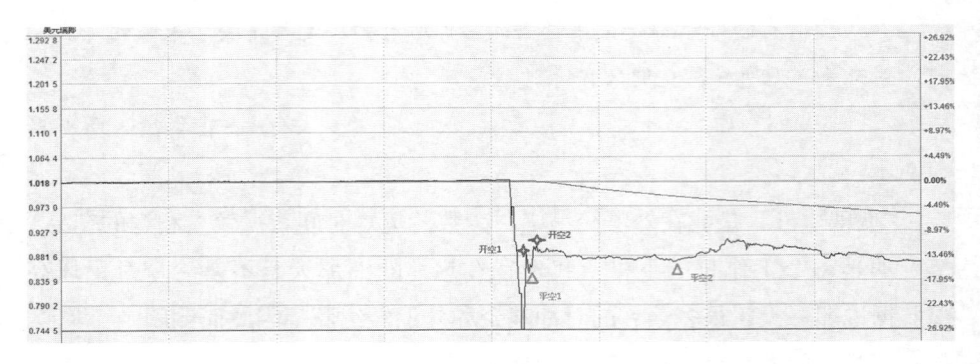

图2-5　USDCHF两次交易进出场

两个月后，瑞郎恢复到了下跌前的价位。但被极端行情洗劫的机构已经烟消云散。瑞郎交易的成功多少弥补了我持续半年做空欧元却一无所获的沮丧心理。但我预料不到的是这笔盈利也没能在账户停留过久（见图2-6）。

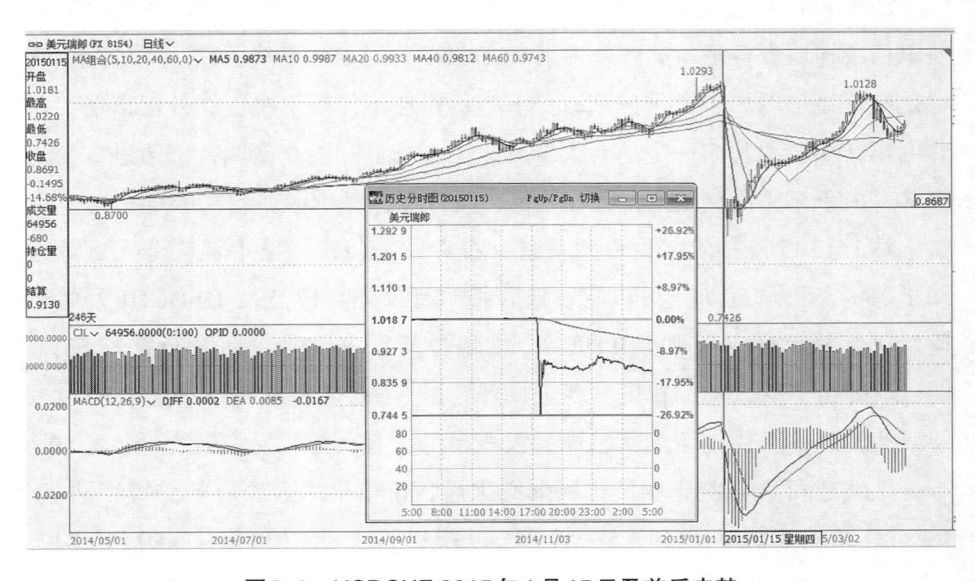

图2-6　USDCHF 2015年1月15日及前后走势

在蹦极行情中下手交易的情景，让我回忆起在2006—2007年A股高波动权证市场的淬炼。那时高溢价的虚值权证成为投机的天堂。一方面是券商利用规则天量创设套利散户，另一方面是机构大户在小市值品种里操纵价格。几分钟价格涨50%或跌50%屡见不鲜。

比如招行认沽权证（招行CMP1代码：580997）是招商银行股权分制改革内容之一，即流通股股东每10股新增股份2.596 32股，并获得非流通股股东无偿派发的6份存续期限为自权证上市之日起18个月的认沽权证。认沽权证的初始行权价为5.65元，初始行权比例为1∶1（即1份认沽权证代表1股招商银行股票的卖出权利），行权期间为权证存续期满前5个交易日。认沽权证初始发行数量22.413 366 79亿份，上市交易开始日为2006年3月2日，存续终止日为2007年8月24日。

从2007年5月31日起至2007年8月24日止，券商累计创设了近36亿～37亿份招行认沽权证，而市场中的其他投资者却无创设资格。其间招行股票价格从20.07元涨到39.04元，行权价为5.65元的认沽权证理论价值接近为零。允许券商创设权证，如同允许券商印钞票，在深度虚值期权上合理合法地"抢劫"散户。废纸在券商手里变成了黄金，但在散户手里仍旧是废纸。"只让自己玩，不让别人玩"，券商就是采用了这种"平抑过度投机"的方式保护中小投资者。后来个股权证品种就被关掉了。

印象最深刻的是2007年6月12日，招行认沽权证震幅114%，收了一根上下影线超长的十字星，最高4.949元，最低1.79元，全天成交了1.22亿份，成交额406.99亿元（见图2-7）。

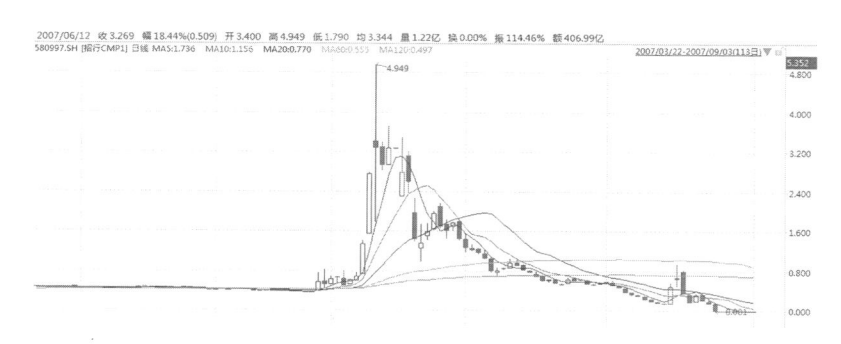

图2-7 招行认沽权证（招行CMP1代码：580997）走势

自计算机技术应用到交易以来，很多交易行为已经发生了巨大的改变，尤其是自动化交易（EA交易/程序化交易/算法交易）的崛起。当市场交投清淡之时，只要有一定的交易量，就可以在自动化交易的推波助澜下，将整个市场的波动率大幅放大。很多基于历史行情的交易策略会全部失灵。让我们来看一段日元的闪崩事件。

我从2019年1月第一周的日志上，找到了该事件记录：

> 上周的外汇市场再次出现"闪崩"，剧烈波动足以令人兴奋。核心是避险货币日元。
>
> 2019年1月3日周四亚洲交易时段，短短7分钟时间内，日元对澳元飙涨8%，对美元猛涨近4%，对"非主流"的土耳其里拉更是有两位数的涨幅。日元重现避风港威力（见图2-8、图2-9）。

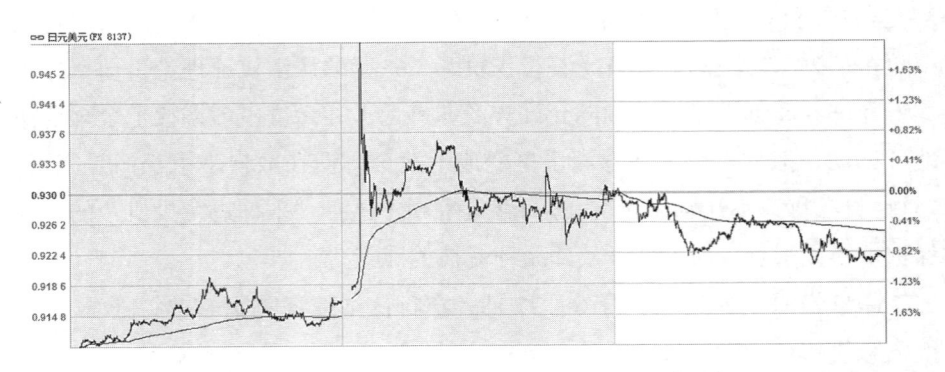

图2-8　JPYUSD走势（2019年1月3日前后）

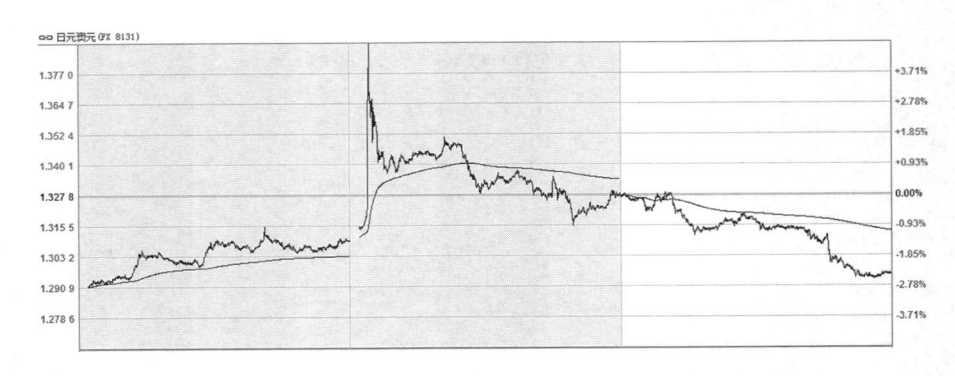

图2-9　JPYAUD走势（2019年1月3日前后）

分析1：汇市闪崩背后，对全球经济增长的担忧，使得日元仍有可能是一段时间内最为强势的货币。传统意义上的非交易高峰出现"史诗级闪崩"，苹果公司是导火索，流动性低下和程序交易放大了波动，此前集聚的空头也在踩踏式离场。

分析2：周四日元的闪崩发生在纽约时段盘后和东京时段开盘前，其间通常交投清淡，罕有大幅波动。在程序交易缺乏合理的约束控制之下，流动性会被迅速抽干，引发市场短时间内的极端波动。算法交易的核心在于追涨杀跌。资产价格越是上涨，程序越是疯狂地执行买入操作，与传统的价值投资理念完全相反。而在外汇市场中，一旦关键止损水平被触及，算法交易会使得这一趋势呈滚雪球般愈演愈烈。

我在第一章里提到，2013年新闻媒体开始报道，乔治·索罗斯做空日元赚了至少超过10亿美元。这篇新闻点燃了我交易外汇的欲望。我开始研究2012—2013年的"安倍经济学"与日元、与日经指数的变动逻辑以及更早之前欧元/美元在"科索沃战争"期间的表现。

安倍晋三在2012年12月26日第二次上台执政。安倍晋三主张货币量化宽松政策，主张让日元贬值，利用这样的货币政策刺激日本经济的发展，增加日本商品的出口，并带动日本国内的消费，实现了日本经济的复苏。这就是"安倍经济学"。

以下摘录自人民网—日本频道（http://japan.people.com.cn）"解密安倍经济学"的公开描述：

什么是"安倍经济学"

【概念】安倍经济学（Abenomics）是指日本首相安倍晋三2012年年底上台后实施的一系列经济刺激政策。灵活的财政政策、大胆的金融宽松政策、吸引民间投资为目的的经济增长战略是安倍经济学的三个主轴。

【理论背景】安倍经济学的相关经济理论始于20世纪90年代后半期。90年代初日本经济泡沫破灭，之后实施了增加消费税率等货币紧缩政策，结果名义GDP陷入停滞。90年代后期，诺贝尔经济学奖获得者保罗·克鲁格曼提出日本可能掉入了"流动性陷阱"，并指出日本要经济复苏，应大量印发纸币，增加民间需求。

【举措】

第一支箭：以量化宽松为主的金融政策。

① 2%通货膨胀目标。日本政府和日本银行（央行）1月22日发表了联合声明，宣布将通胀目标设定为2%，以摆脱通货紧缩。

② 无期限货币宽松。日本银行从2014年开始无限期地购买资产，实行新的货币宽松政策。

第二支箭：以扩大公共支出为主的财政政策。

① 最大规模预算案。在1月29日下午的临时内阁决议上，安倍政权确定了2013财年政府预算案。这一预算案总额达92.6万亿日元，是历来最大规模的预算案。在减少最低生活保障的同时，预算案增加了公共事业的投入，预算的重点正在"从人转向水泥"。

第三支箭：以振兴民间投资为主的经济增长政策。

① 民间投资。在3年内由目前63万亿日元的规模增加至70万亿日元。

② 设立"国家战略特区"，以此来营造"可与伦敦、纽约匹敌的国际性商业环境"，创建吸引全球技术、人才、投资的国际商务都市。10年后人均国民收入增加150万日元。

2012年年底前的数年间，日元走势保持坚挺和长期一蹶不振的日本经济基本面形成巨大反差。2011年的大海啸更是重创日本经济，而日本经济的复苏并非一朝一夕所能完成。这种情况下，包括索罗斯在内的全球宏观策略对冲基金，普遍认为日元被高估，并期望从中寻找沽空获利的机会。这也是索罗斯惯用的手法之一：做空外汇市场，做多股票和指数。索罗斯认为日本解决经济困局的方法只有货币贬值，而货币贬值会引发另一个现象，就是短暂的股指繁荣，这注定是一笔稳赚不赔的生意。

第二章 新手的甜蜜时光

2012年10月,索罗斯派去日本调查的得意门生斯科特·贝森特,通过如下分析得出了正确的结论:第一,当遭遇9级地震的日本开始大量进口原油时,他便预测日元会贬值并积极寻找机会做空;第二,得知"渴望"日元进一步量化宽松的安倍晋三当选首相概率最大;第三,他发现大量日本资金从澳元高息资产撤回国内。他判断时机已经来临。

同月USDJPY开始上涨,日元贬值周期开始了,日经指数也同步开始上升(见图2-10、图2-11)。

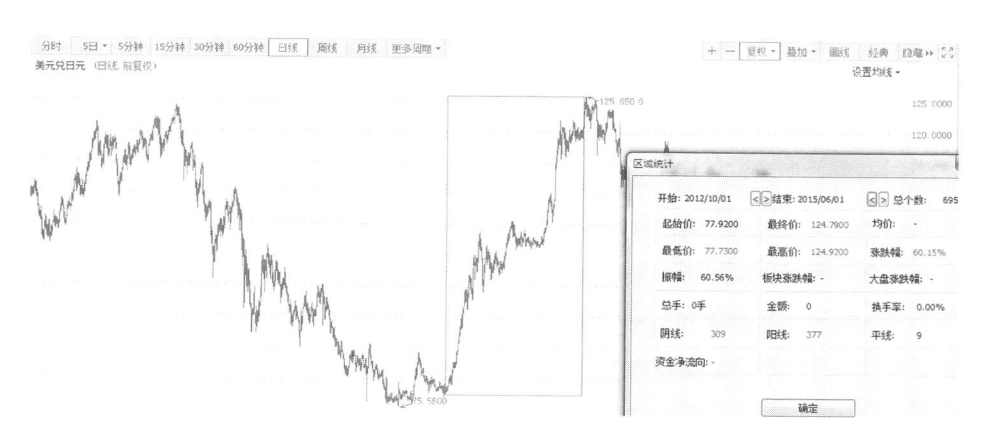

图2-10 USDJPY走势(2012年10月—2015年6月前后)

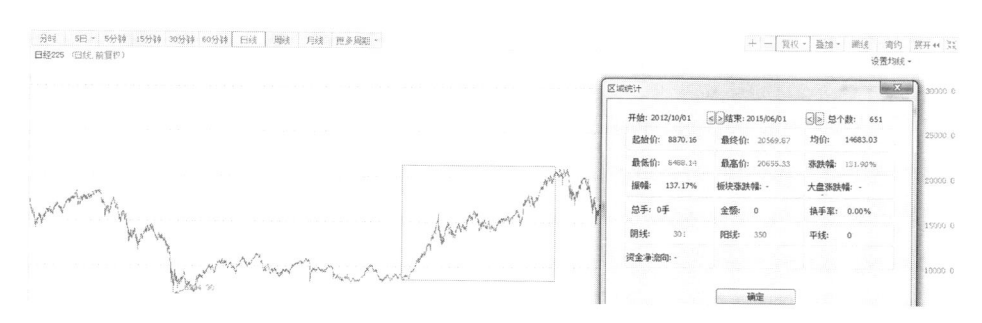

图2-11 日经225指数走势(2012年10月—2015年6月前后)

可惜2013年的我,正把精力花在QIHU、VIPS、YY等中概股和TSLA等热门美股,对日元贬值和日经指数上涨毫无知觉。

四、做多德指，短期暴富

> 我什么都不害怕，不害怕丢钱，但我害怕不确定性。
>
> ——乔治·索罗斯

2015年年初，不仅仅是A股，全球主要指数都处于牛市上升阶段。放弃做空欧元、石油后，我决定继续做外盘股指。考虑到交易时间段的便利，我选择了德国DAX30指数CFD差价合约，50倍杠杆。虽然是全天24小时交易，但是欧洲盘交易时间段为北京时间下午4:00到晚上00:30（夏令时则各提前1小时），那时候起交易的点差是最小的。

DAX30指数从2015年1月15日至3月15日，两个月从10 000点涨到了12 000点，涨幅20%。我每次动用20%～30%仓位，反复滚动日内逢低开仓做多，竟然在两周内账户总值涨了10倍（见图2-12）。加上半年来A股的盈余，我在还清昂贵的房贷后，连诗和远方的路费也攒到了。

图2-12　德国DAX30指数走势（2015年1月—2015年4月前后）

短期暴富往往让人内心飞速膨胀，就像从小好武的无名小卒，突感打通任督二脉，即将有机会问鼎武林至尊。多年后，经过多次挫败，我回忆这难得的顺风顺水的时段。我明白了，不是我的投资能力强，而是我恰恰处于强烈的单边上涨趋势中。而趋势总会有停滞和逆转的那一天。

投机德指的短期暴富带给我两大危害：

第一，认为投机很简单，可以轻易战胜市场；而且可以持续连胜下去；做空欧元、石油没获利只是下单方法不对。

第二，内心记忆的选择性偏好，只记吃不记打，总是记住盈利的交易，选择性遗忘亏钱的交易；我很快就为"战略上藐视敌人"付出了代价。

高杠杆市场会教育你，不怕你赢一万次。一次犯错，就让你粉身碎骨。

随后几年，我周遭的同学朋友中，凡是快速赚得人生第一桶金的，基本没有能守住，通通还给了市场。主要原因是两点：一是"天上掉下来的"快钱，运气成分居多，不是辛辛苦苦、一点一滴赚来的，付出太少、得到太容易，不懂珍惜；二是缺乏家传文化，没有从父母长辈那儿学到如何正确对待和处理财富。

这次快速盈利，虽然一下子赚了几倍的年薪，但对未来的交易生涯绝对是个祸害。在交易心理学上，这叫结果偏好。赚钱的结果，让你忽略了决策程序和决策方法是否正确。也就是说，正确的方法可能会赔钱，但错误的方法可能会赚钱，如果一个方法错误，你又赚钱了，你就会对这个方法做出正面评价，而忽略了决策本身是否正确与错误。

好日子没蹦跶多久，市场连本带利收回了诗与远方的路费，只给我留下了点渣渣。我被迫重新把目光转回国内A股。我会在第三章详尽描述，什么叫"凭运气赚的钱，又凭实力慢慢亏掉了"。

五、2015年上半年，回头再战A股

数学不能控制金融市场，而心理因素才是控制市场的关键。更确切地说，只有掌握住群众的本能才能控制市场，即务必了解群众将在何时以何种方式聚集在某一种股票货币或商品周围，投资者才有成功的可能。

——乔治·索罗斯

一晃到了2015年4月。年前欧元和石油上的挫败，令我沮丧。看对行情没赚到钱，没什么比这个令人更加郁闷的事情了。年后德指先赢后输，好歹保住了大部分利润。

国内这边，A股市场却是芝麻开花节节高。那时候在A股账户里，融资买的股票卖掉后，融资资金可以不还，能用来买其他非融资标的股票，这就进一步变相放大了资金杠杆。2015年4月—5月，我观察到A股已进入牛市的主升浪。自己的融资融券账户里每周都有浮盈，周围的朋友个个都喜笑颜开，赚钱的日子真是爽（见图2-13）。

图2-13　上证指数走势（2007年10月—2015年6月前后）

2015年上半年，记得5月中旬的一天，我一个大学舍友给我打电话，问我现在可以买什么股票？我明白，市场的头部快要到了。他上次给我打电话咨询股票是2007年的国庆，上证指数5 500点的时候（2007年10月16日上证即触及那波牛市最高6 124点）。他说，他办公室的同事炒股都赚钱了，他也想去开户。这次的理由也不例外。

我在5月末指数在4 900～4 950点全面清仓，拒绝品尝这场饕餮盛宴的最后几道美味佳肴。我记得清仓的第二天，我跟几个同事去成都出差。从北京到成都，飞行3个小时，飞机降落在双流机场的那一刻，大家都站起身来取行李。我对我同事说：看看，周围那些人都在干什么？他们打开手机的第一件事就是看股票行情。我说：这就是头部，建议你们都清仓。

还有两件记忆中的小事。6月12日，一位老友找我吃午饭，我知道他在做股票，我说我已经清仓了，建议你也卖掉。他说：一天赚几十万元呢，不急，等"双头"出来再走也不迟。6月28日央行双降后（降息0.25个百分点，定向降准0.5个百分点），市场继续下跌，我给他打电话问近况，他说没事，还能抗3个跌停。7月8日晚上10点，他来电说：完啦，完啦，被强平了，我的钱都被你们赚走了！我没敢告诉他，当天我已将留在股市的资金重新满仓。

另一件事情，是6月15日周一，我去一家朋友的私募公司拜访，靠满仓和场外收益互换协议，他的产品业绩当年已做到业内前5，我真心希望他就此收手，保住胜利果实，方便未来募资和持续营销宣传。结果当事人不在，另一个合伙人接待了我，也是老熟人。"老弟，咱今天不谈股票，只喝茅台，市场这么好，今天不涨停，就明天涨停！来，喝！"茅台是喝了，我心里忐忑不安，又感到非常无力。数月后，公司解散了，办公楼也退租了。我得知消息，非常沮丧。真心希望朋友们一直安好。

2015年7月1—8日，6个交易日，是我见过的最为惨烈的战场。大部分个股，要么临停，要么开盘后就跌停，然后连续跌停。系统性风险来临了。我重新翻开《1929年大崩盘》和《股票作手回忆录》，寻找内心的力量。到7月8日，我仿佛听到利弗莫尔在耳边轻声说道："小子，考验你的时候到了！这就是最黑暗的时刻，难道你不应该做点什么吗？"

是的，我要有勇气去实践一个逆向投资者。我开始建仓了，一点一点买，直至满仓。买完后，我对办公室的同事说，我刚全仓了，大胆行动吧，现在是最佳的时刻！他们用一种诧异和同情的眼光看着我，仿佛在看一个不可理喻的疯子。

7月9日，股市在9:45前惯性探底后，就绝地反击了。

当时市场狂热和绝望的情绪就是这样。事实上，在此之前，每次牛市的龙头指标股之一中信证券已经创了历史新高，这意味着这波行情已经到了顶部区域，何必再强求上证指数创2007年6 124点之上的新高呢？

2014—2015年的A股牛市是一场人造"杠杆牛"，与过去的最大区别在于杠杆的催化作用。2015年之前融资融券的业务一直不温不火，谁能想到后来市场两融余额高峰期超过10 000亿元。融资融券具有"涨时助涨、跌时助跌"的特点，在市场牛转熊后，随着股价下跌，越来越多的融资盘被强行平仓，平仓带动股价继续下跌，造成更多的融资盘平仓，于是无数的账户被爆仓强平。

虽然爆仓在国内商品期货市场早就屡见不鲜，但这却是中国普通股民第一次领教"杠杆"的威力。杠杆投资与普通投资本来就有着天渊之别，可惜包括我在内的普通投资者需要付出高昂的学费后才能深刻认识到。

在狂热的牛市氛围里，大部分人早就忘记了巴菲特给投资者的三个忠告：第一，不要做自己不懂的事情；第二，永远不要做空股票；第三，永远不要用杠杆投资。他对股东坦言说："我们完全可以肯定，动用杠杆有99%的概率可以带来更高的回报，几乎是'十拿十稳'，相应的仅有1%的机会发生痛苦……我们不喜欢这种99：1的概率，永远不会。"

对于既无知又无畏的投机者而言，杠杆是利刃、是毒品、是杀人不见血的凶器。手握杠杆，步步惊心！

我因为大学舍友的"无心之举"，让我对市场高度警觉并提前离场，躲过了一场无妄之灾。多年以后，当我在外盘被杠杆交易修理得"体无完肤"，再来回味巴菲特他老人家的金玉良言，我内心只有彻底地心悦诚服。

股票投资，长期来看是上市公司未来创造现金流折现大小的价值规律游戏，短期来看是情绪驱使下资金与筹码博弈的供求规律游戏。如果耐心能带来利润，那就保持耐心。如果机敏善变能实现盈利，那就不用拘泥于单一策略，多空长短结合，灵活运用各种金融工具，十八般武艺都可一试。

从难易程度而言，投资者理应去有牛市的地方做交易。在熊市环境里做投资，是一种执念，一种"可以捞到便宜货"的认知偏差，不但要面对抄底失败、估值中枢下移的风险，也会在股价低迷的泥潭里饱受挣扎和煎熬。

冲动性买入、恐慌性抛售、顽固持有亏损仓位、高杠杆下过量持仓……

种种导致失败的错误，总会一犯再犯。直到我意识到，在面临盈亏压力时的非理性行为，正是市场里其他参与者的获利来源，我开始修正自己的交易模式。了解输家，你才会成为赢家。

干完A股的一波牛市周期，见证了千股涨停、千股跌停、千股停牌的历史奇观。作为一名交易波动率的投机分子，我把目光再次转向海外。

A股盈利出现的恰到好处。它为我随后几年外盘交易提供了宝贵的筹码，让我在一次次大胆又鲁莽的交易后仍旧能够侥幸存活下来。一个人如果能预判风险，远离风险，约束自己的欲望，他就能从一个成功走向另一个更大的成功。

六、做多美糖，持续4个月的战斗

> 进行宏观交易的时候，你从来没办法像分析单只股票那样获得全面的信息，你甚至摸不到那些信息的边。虽然我花很多时间分析数据，收集关于基本面的信息，但最终我还是要看走势，我以此为荣。
>
> ——保罗·都铎·琼斯

2016年2月，我观察到美糖突破下降趋势，开始上涨。在此之前，美糖从2011年11月的36美元开始，到2015年8月末的10美元，连续跌了近5年（见图2-14）。

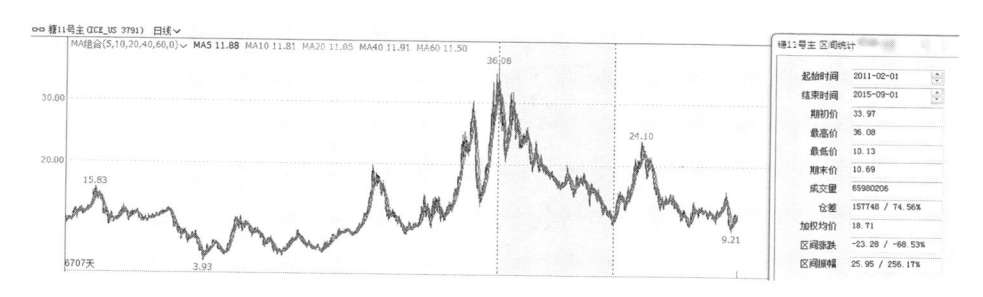

图2-14　美糖11号连续合约走势（2011年2月—2015年9月前后）

2015年9月末,美糖突破5年下跌的趋势线,我开始关注它。但连续快速地上涨让人不敢下手,总希望能等待回调时的更低价。我足足等待了6个月才开始第一次买入。

其间我一直试图寻找美糖上涨的基本面支持因素。有的报道说巴西雷亚尔升值,有的说巴西降雨阻碍收割,也有其他新闻说厄尔尼诺现象带来的极端天气影响甘蔗生长,导致全球食糖出现供应短缺。真实原因我到交易结束仍没搞清楚。我只知道我看到的事实是K线图上糖价在上涨,并且回调时不再回到上涨的起点。

从2016年3月到6月的四个月内,美糖上涨了40%。外盘账户对美糖这个交易品种给了3%保证金,即33倍杠杆。由于分次加仓,不断抬高了买入成本,最后平均仓位收益约3倍。

具体而言,我在A点开始建仓,B、C点分两次加仓,D点平仓(见图2-15)。我犯的错误有三点:第一,我没有在2015年10月突破下降趋势线后第一次建仓。我完全应该这么做,并把止损线设在建仓成本价附近。第二,我在D点不能忍受横盘震荡行情而过早全部平仓。我理应在D点平仓1/3仓位,在E点,即创新高后跌破颈线后反抽时平仓1/3仓位。最后在跌破上升趋势线后平掉剩余仓位。第三,A、B、C点的三次加仓,没有采用"倒金字塔"方式加仓。B、C点仓位比例大,抬高了整体持仓成本(见图2-16)。

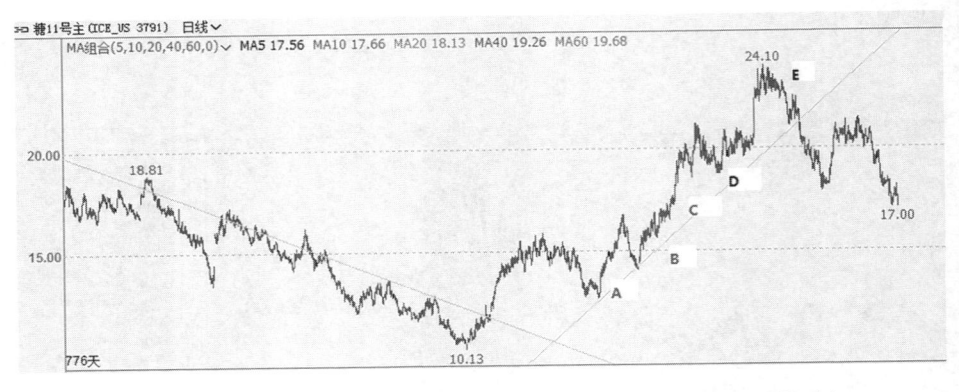

图2-15 美糖11号合约买卖点位(2016年3月—2016年6月前后)

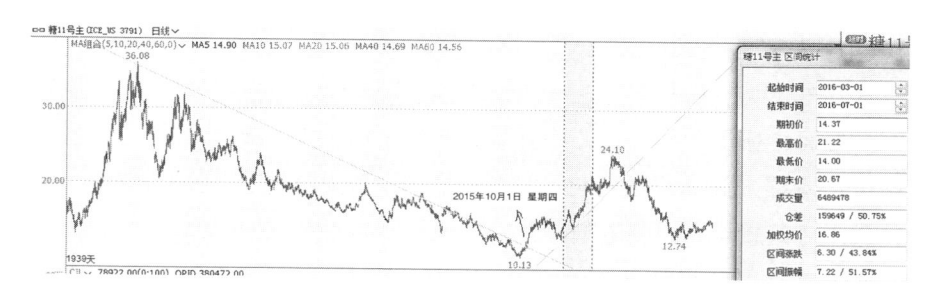

图2-16　美糖11号连续合约走势（2016年3月—2016年6月前后）

交易农产品期货，要有充足的耐心。气候变化是造成农产品丰收或减产的主要原因。在供求规律的作用下，一旦当年产量增减的事实得到确定，行情可能贯穿全年。直到下一个播种季，才能改变供需。

国内涉及禽畜类的商品期货有鸡蛋和生猪，外盘有活牛、育肥牛、瘦猪肉。禽畜类商品一旦价格跌破生产成本，农场主就会通过宰杀禽畜，避免每天继续消耗现金购买饲料。这样会造成蛋鸡、种猪、种牛数量下降。当供求关系再次失衡，禽畜类商品价格上升时，又需要等待蛋鸡、种猪、种牛的繁殖周期，形成新的一波价格上涨周期。

而工业品则不一样，尤其是化工类商品，除了受石油这个基础原材料商品价格的影响，停产和复产带来的供求关系变化周期远短于农产品。由此"农产品看供应，工业品看需求"。但我等普通小散作为非专业人士，很难有效跟踪现货市场供求数据的变化，在行情基本面的研究上，总是处于市场竞争的劣势。

七、"双十一"狂欢之夜之空头

> 羊群效应是我们每一次投机能够成功的关键，如果这种效应不存在或相当微弱，几乎可以肯定我们难以成功。
>
> ——乔治·索罗斯

在A股尝到甜头后，我喜欢上群体的癫狂，尝试着寻找狂热和绝望的对手做交易。

2016年11月11日周五,"剁手党"的"双十一"网购狂欢节。那个晚上我正好有个应酬。我一边心不在焉地吃饭,听朋友们胡侃闲聊,一边在心里面推演着国内商品行情变化的各种可能性。国内商品期货的夜盘21:00开始,我内心只想早点回到电脑屏幕前。

之前文华商品指数已连涨7周,当周上涨8.81%。几乎所有商品都连续大涨,供求规律仿佛一下抛在脑后。常识告诉我,物极必反,这是不正常的,也是不可能持久的,泡沫要破灭了,很多商品价格随时可能出现大跳水。但在泡沫足够大前,我还得耐心等待。

此刻人性的疯狂已经被调动起来了。我想,又一个机会来了。

21:00夜盘开市,所有商品价格还在惯性上冲。铁矿最高冲到550元,昨天结算价519元,又涨了6%!此前铁矿已经连续三天大涨了15%。太疯狂了!我心里暗自惊呼。21:40,我还在路边等车的时候,市场风云巨变。屠杀已经开始了,好多品种几分钟之内从涨停干到跌停。我赶紧用手机下单,却发现期货软件的交易服务器登录不上。行情太火爆了,服务器宕机了。等我完成下单,已经错过了不少利润。这又给了我一个宝贵的教训。

图2-17是当晚铁矿的跳水(分时走势显示为11月14日,是因为国内期货夜盘作为次日行情的开始)。

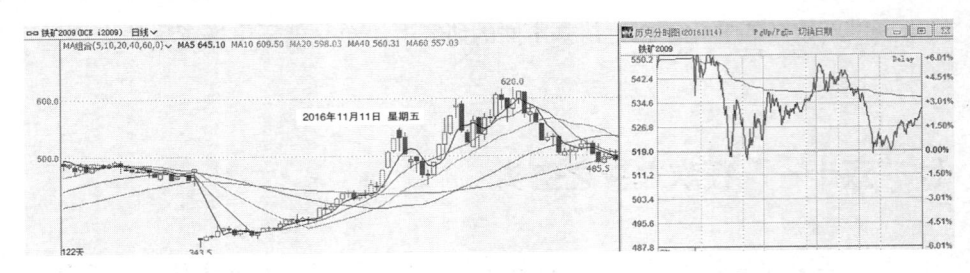

图2-17 铁矿2009合约走势(2016年11月11日前后)

图2-18是当晚PTA的跳水。

图2-19是当晚郑棉的跳水。

图2-20是当晚伦铜的跳水。

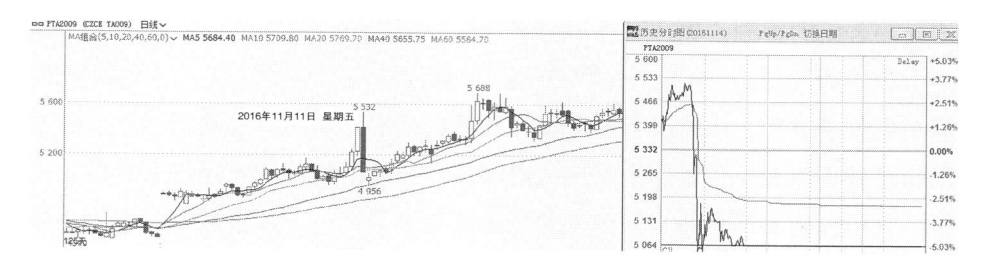

图 2-18　PTA 2009 合约走势（2016 年 11 月 11 日前后）

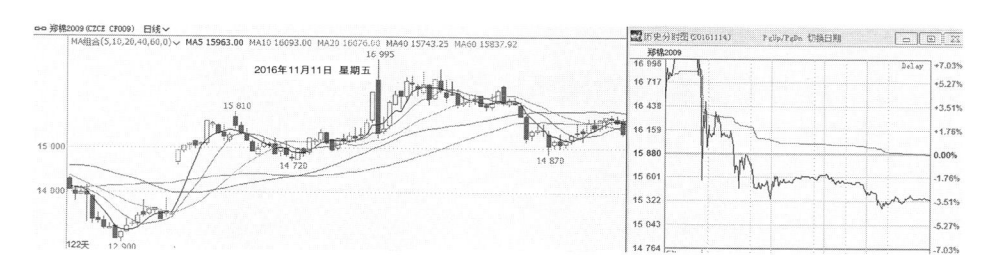

图 2-19　郑棉 2009 合约走势（2016 年 11 月 11 日前后）

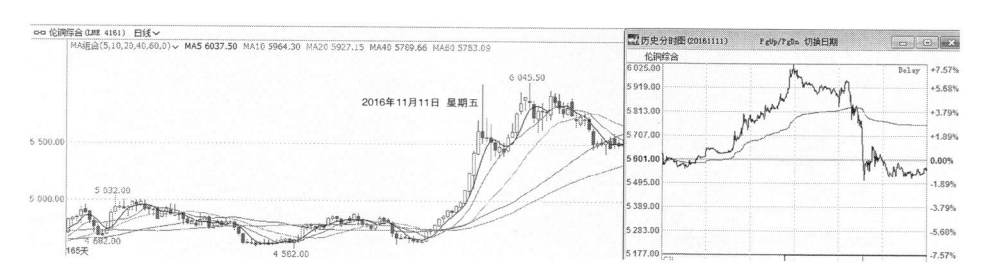

图 2-20　伦铜走势（2016 年 11 月 11 日前后）

明斯基时刻（Minsky Moment）是指美国经济学家海曼·明斯基（Hyman Minsky）所描述的资产价格崩溃的时刻。明斯基观点主要是经济长时期过热可能导致债务增加、杠杆比率上升，进而从内部滋生爆发金融危机和陷入漫长去杠杆化周期的风险。2016 年的"双 11"商品期货市场，像极了一次微型版的"明斯基时刻"。

上涨是我看不懂的行情，下跌是我看得懂的行情。进场捡钱，是对多年来在投机市场里饱受摧残和折磨的应有奖赏。投机市场里所有的回报，都是遭受痛苦后的报酬，你一点都不用客气。

投机取巧可以成功，但绝非正途。"路径依赖"会让自己不去潜心研究商品供求基本面，而是长期漂浮在"看图说话"的表面。我确信，如果这种局面长期不改变，很难在商品期货市场取得持续的成功。希望以后有机会每天认真研究交易品种基本面的变化，去实地调研第一手供求数据，不用再停留于煞费苦心赚些许市场情绪钱的阶段。

八、3个月虚值变实值的德意志银行购证

摊低成本是自讨苦吃。

——保罗·都铎·琼斯

我对2013年下半年没有参与特斯拉认购证一事耿耿于怀。

时间到了2016年年末，市场上到处在传关于德意志银行（下称"德银"）要破产的流言。我在网上搜索了相关新闻报道。

2014年9月，德银因其在2005年至2007年期间的住房抵押贷款支持证券和其他业务被美国司法部处以140亿美元罚款。

2014年12月，德银同意支付72亿美元与美国司法部达成和解协议，其中包括31亿美元民事罚款，以及提供给消费者的41亿美元补偿金。

2015年财报显示，德银全年亏损68亿欧元，创下自2008年金融危机以来首次年度亏损。

德银在2015年3月的时候宣布，为了赔付美国司法部的罚款，准备出售6.875亿股新股，筹集80亿欧元（约602亿元人民币）的资金。实际上德银并没有充足的现金应对140亿美元的罚款，这已经远远超出德银的负担。当时市场人士纷纷猜测德银会成为下一个雷曼。德银危机开始一发不可收拾。

2015年4月，德银同意向英美两国监管当局支付总额约25亿美元罚金，了结后者针对其操纵伦敦银行间同业拆借利率（LIBOR）的指控。无奈之

下,德银关闭了其在德国的188家或约25%的营业网点并裁员3 000人。

在2016年9月,美国司法部要求德银以140亿美元就抵押贷款支持证券欺诈案达成和解。经过3个多月的协商和谈判后,双方达成和解协议,德银缴纳的罚款金额降至72亿美元。

德银是德国最大的银行之一。我认为,只要对价足够便宜,这种全球系统重要性银行总会有"白衣骑士"出现。股价已经从2007年10月的135美元,跌到2016年9月的11~12美元,蒸发了90%的市值。基本面能否否极泰来?我不知道,但我认为只要加速下跌的趋势趋缓,股价反弹的概率就会变大,做多的交易胜率也会提高。我决定每天观察股价的变化,随时找机会入手。

我在2016年10月20日,股价14.48美元时买入认购权证,一份0.33美元,到期日2017年1月20日,100天左右,行权价17美元。因为是价外虚值期权,所以便宜,主要是时间价值。同日买入部分德银股票。到11月16日,股价16.12美元时清仓了股票,一个月获利11%。把权证的成本钱赚出来后,决定继续持有权证不动。

到2017年1月19日,权证到期日前一天,正股价已经站在18.8美元。价外权证变成了价内权证。不算最后一天的剩余时间价值,权证就值1.8美元一份。我不再幻想末日轮有超预期表现,清掉了所有权证仓位,兑现了利润(见图2-21、图2-22)。

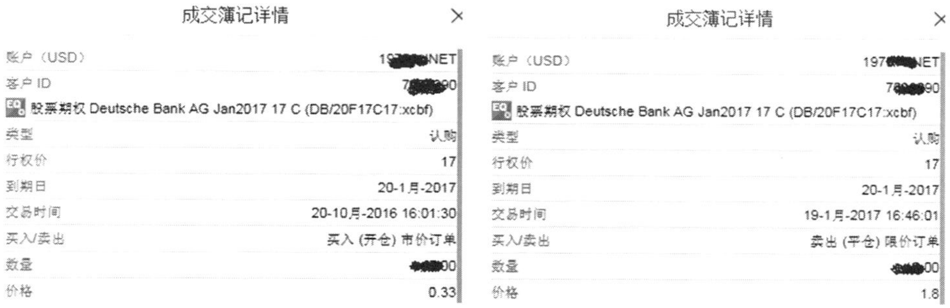

图2-21 德银认购期权成交记录

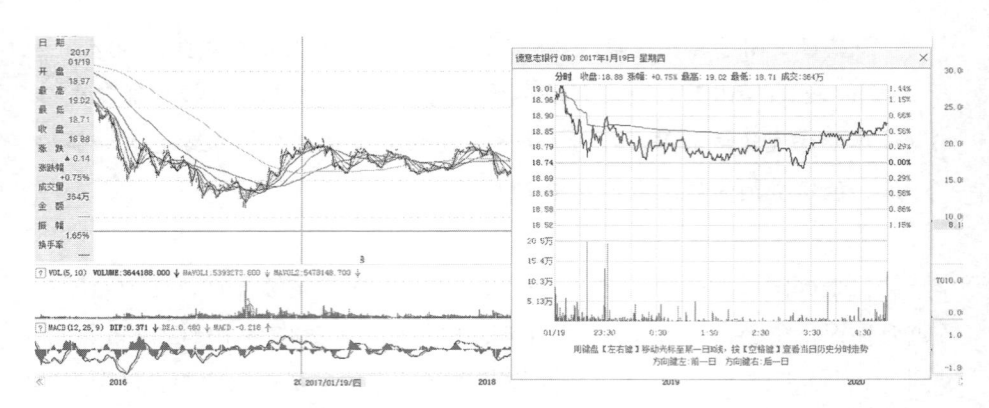

图2-22　德意志银行（DB）股价走势（2017年1月19日及前后）

从区间走势统计看，德银股价从2016年10月到2017年1月反弹了36%（见图2-23）。

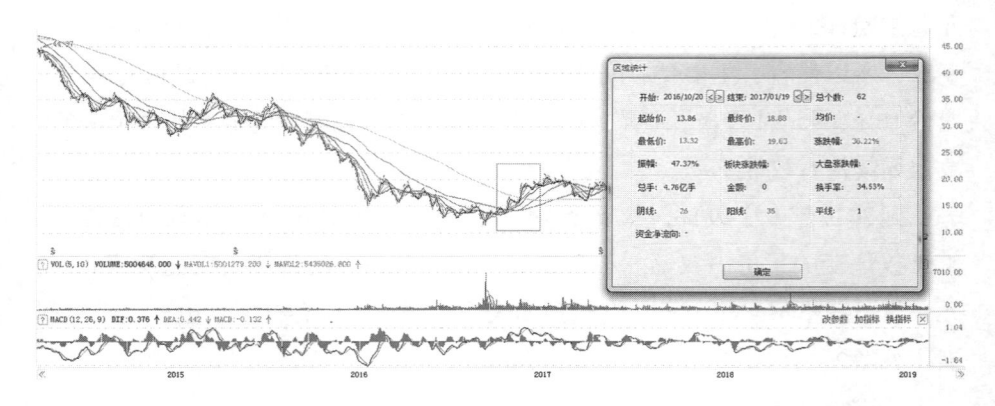

图2-23　德意志银行（DB）股价走势（2016年10月—2017年1月前后）

令我意想不到的是，2017年1月25日20.94美元的股价，竟然是随后几年的最高价，德银严重跑输指数（见图2-24）。

引起我思考的另一个话题是关于配对交易策略。如果你是通过分析两个资产的历史相关性，并相信配对资产的价差具有均值回复性，比如仅因为德银（DB）跌得比瑞银（UBS）多，就做多德银做空瑞银，那么恭喜你，你做错了。因为这回德银的下跌并非交易者非理性因素，而是致命的基本面因素。

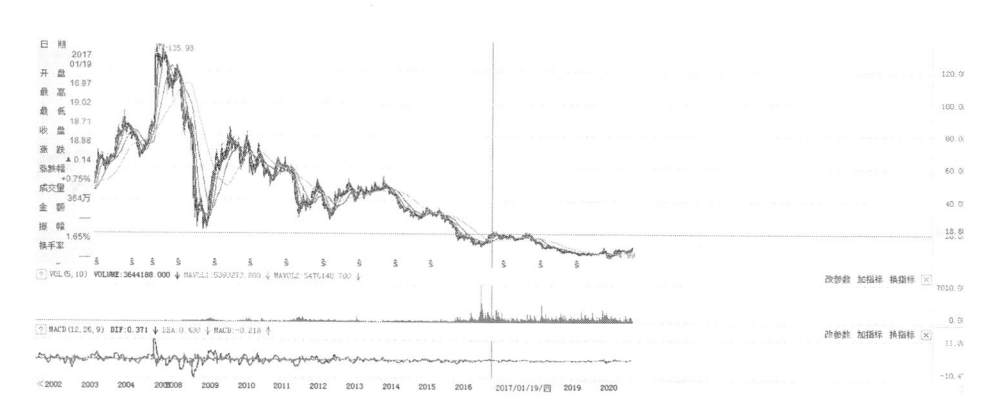

图2-24　德意志银行（DB）股价走势（2017年1月19日前后）

　　交易完德银的次月，居然海航进场了。所有人既猜不到开头，也没猜到结尾。

　　2017年2月17日，德意志银行发布的股东投票权变更通知披露，海航集团已通过其委托的欧洲投资代理公司，拥有德银3.04%的投票权，成为该银行第四大股东。

　　5月3日外媒称，中国海航（HNA）增持德银股票至近10%，成为该行最大股东。这是自今年2月海航首次披露投资德银以来，3个月内即成为德银最大股东。路透社称，海航目前持有德银9.92%的股份，超过了欧洲最大投资银行贝莱德集团（BlackRock，约6.1%）和卡塔尔国家控股的投资基金（近10%），成为德银首席股东。

　　2019年12月，海航集团的下属公司BL Capital Holdings将其所持有德意志银行剩余的股份及其衍生品出售给了Alexander Schütz的家族办公室，海航退出了德银，黯然离场。

　　这个最终结局令人唏嘘不已。不知道海航的这笔交易和2007—2008年平安保险集团入股荷兰富通银行相比，哪个亏的多？中国平安保险（集团）股份有限公司于2009年4月8日晚间发布的2008年年报显示，"去年平安投资富通出现巨亏，对该项投资平安计提了227.9亿元人民币减值准备。全年按中国会计准则及国际财务报告准则，分别实现净利润8.73亿元和4.77亿元。与2007年同期相比，在中国会计准则下，其净利润较2007年下降了

94.4%，在国际会计准则下，则较2007年下降了97.5%"。

从"株冶伦锌事件"（1997年）到"中储棉事件"（2003年），从"中航油事件"（2004年）到"国储铜事件"（2005年），从"中信泰富外汇掉期合约事件"（2008年）到"原油宝负油价事件"（2020年），中企出海的金融投资，稍有不慎，就容易"吃大亏"，成为国际资本的"猎物"，用巨大的代价为后来者提供了"有意义的借鉴价值"。

不好的东西，没人爱听，没人爱提，如同我常常选择性遗忘那些亏损交易一样。但前人吃过的苦，蹚过的路，付出的代价，与其简单的付之一炬，不如转化为暗礁上的灯塔，照亮后人前进的道路。

德银权证上的成功让自己高兴了好一阵子，多少弥补了一些未参与特斯拉权证的遗憾。从时间和收益率上看，权证投资3个月4倍收益并不稀罕。市场上一周4倍，甚至一天就4倍的屡见不鲜。深度虚值期权的末日轮，一天涨数百倍甚至上千倍的都有。

我从2009年起在港股市场买窝轮和牛熊证。前述讲过，我在腾讯上集中做了半年的窝轮和牛熊证，也在很多红筹股上吃过亏。2006—2007年，在A股市场的认购证和认沽证上已经积累了一些交易经验。我记录下德银权证交易，是因为一是它是我交易的第一个欧美市场正股权证；二是交易方法上改变了2010—2013年那种在港股市场日内短炒窝轮的交易模式；三是碰巧在交易日志中保留了交易记录，能够让自己准确地回忆起当时的交易细节。

随后几年，陆续做了一些国内商品期权、A股指数期权以及ETF期权。到了2022年10月末，恒生指数超跌的那一刻，我又回到港股市场，交易了几次恒指认购证；再过1年，美联储不再加息，我又重新回到美股市场，陆续交易了一些热门美股的期权。

期权是个有趣的话题。期权是表达市场观点的一种绝好工具，不管是股指、个股、商品、外汇，运用期权既可以对冲持仓风险，也可以博弈增大收益。期权作为一种金融衍生品，已经成为很多"固收+"产品的那个"+"的重要组成部分。

个人愚笨，摸索良久后，小结期权应用的常见场景如下：

情景一：认为标的资产后市即将大涨，就买看涨期权。

情景二：认为后市即将大跌，就买看跌期权。

情景三：认为后市在大涨后，不会进一步上涨，但也不会立即下跌（牛市顶部区域），就可以卖出看涨期权，收取权利金。

情景四：认为后市在大跌后，不会进一步下跌，但也不会马上上涨（熊市底部区域），就可以卖出看跌期权，收取权利金。

情景五：认为市场面临变盘的临界点，要么大涨，要么大跌，则可以同时买入相同标的物、相同到期日，但不同执行价格的看涨和看跌期权做个组合（"宽跨式期权策略"）。如果判断正确，则一个期权归零，另一个期权大涨，收益超过期权组合的本金即成功；如果上述看涨和看跌期权的执行价格一致，则为"跨式期权策略"。

情景六：认为市场未来在一个很窄的区间内小幅波动，则可以在价格区间上沿卖出看涨期权，同时在价格区间下沿卖出看跌期权（"卖出宽跨式期权策略"）。如果判断正确，则相比单一的卖出看涨/看跌期权，可以收取两份权利金。

情景七：后市看涨，但上面有明显的压力位，判断涨不高，后市更可能温和上涨。此时可买入实值看涨期权，同时卖出虚值看涨期权，标的、数量、到期日都一致（"牛市看涨价差策略"），属于情景一的升级版。当行情符合预期的时候，不但可以获得买入看涨期权的收益，也可以多收一份卖出看涨期权的权利金；如果行情突破了上方卖购的价位，卖出看涨期权开始出现亏损，则可以选择平仓止损出局，同时下方买入看涨期权的收益可对冲亏损；如果行情往下跌破买入看涨期权的价位，则买入看涨期权亏损甚至归零，但卖出看涨期权的权利金可弥补亏损。由此实现一方面买入实值看涨期权赚取方向的钱，另一方面卖出虚值看涨期权赚取时间价值和波动率下降的钱。

情景八：预期市场下跌，但不会大跌。买入实值看跌期权，同时卖出虚值看跌期权（熊市看跌价差策略），属于情景二的升级版。如果判断正确，则多收取一份权利金；如果判断错误，市场上涨，则买入实值看跌期权亏损甚至归零，但卖出虚值看跌期权的权利金可弥补亏损。

情景九：行情的顶部高位震荡，后市看不涨，但又担心万一发生大涨的小概率事件形成较大亏损。此时可以卖出实值看涨期权，收取权利金，同时买入虚值看涨期权，对卖出期权形成保护（"熊市看涨价差策略"），属于情景三的升级版。如果判断正确，既收到了权利金，又不用担心判断错误时损失过大。

情景十：行情底部区域，开始出现筑底迹象，认为后市不会跌，但又担心万一发生大跌的小概率事件将形成较大亏损。此时可卖出实值看跌期权，收取权利金，同时买入虚值看跌期权，对卖出期权形成保护（"牛市看跌价差策略"），属于情景四的升级版。如果判断错误标的大跌，则卖出实值看跌期权亏损，选择平仓止损出局，买入的虚值看跌期权则盈利。

通过期权各类组合可以构建多种策略，如差价组合、差期组合、对角组合、合成多头、合成空头等策略。只要你是期权的权利方，不管是买入看涨期权还是看跌期权，风险是有限的，最大亏损是期权买入成本。期权的权利方并不是在做杠杆交易，只是运用了自带杠杆的交易品种而已，所以叫"风险有限，收益无限"；但若你是期权的卖方，你就背上了"或有负债"，最大的收益是你卖出期权收取的权利金，而你担负了行权"义务"，因此是"收益有限，风险无限"。通常而言，买方胜率低，卖方胜率高。到底是做期权的买方，还是做期权的卖方，取决于个人能力圈和交易偏好。我在A股股指期权、ETF期权和商品期权上把上述策略适当尝试后，发觉期权是学会容易、学精难。

影响期权价格有三大要素，即时间、价格、波动率。罗伯特·默顿（Robert Merton）和迈伦·斯科尔斯（Myron Scholes）凭借对期权定价模型的研究，获得了1997年诺贝尔经济学奖。专业机构可以通过自动化程序，捕捉期权定价中错误报价进行期权套利，而散户只能默认公开交易市场里的期权报价基本相对合理。依个人经验看，耐心等待某个市场、某个交易标的牛市或熊市来临，在隐含波动率开始走高的时候，在行情加速上涨的"起飞"临界点，做看涨期权的买方；或者在行情加速下跌的"跳水"临界点，做看跌期权的买方。这两种情形下，抓住一两次强烈爆发的"爆发点"机会，可能会获得短期暴利。

1972年，国内离恢复高考还差五年，芝加哥期权交易所推出了全球第一个外汇期权交易品种，次年推出全球第一个场内标准化股票期权。2010年中国金融期货交易所推出了沪深300股指期货，并于2013年重新推出了5年期国债期货，2015年又推出上证50、中证500股指期货和10年期国债期货；同年上证50ETF期权于上海证券交易所上市，是国内首只场内期权品种；2017年豆粕期权作为国内首只期货期权在大连商品交易所上市；2022年中金所推出了上证50指数、沪深300指数和中证1000指数期权，上交所、深交所推出一系列指数ETF期权。截至2023年10月末，国内40个品种的商品期货有了期权。对于无法全程盯盘操作，又想参与商品期货和金融期货的投资者，期权是个很好的交易工具。

港股市场有期权、窝轮和牛熊证。窝轮是英文warrant的译音，是一种期权，但与期权有三点区别。第一，投资者只可以作为窝轮买家，买入认购证或认沽证，机构发行人担任卖家角色，创设窝轮供应上市；第二，窝轮只是投资者的权利而非义务，窝轮买家损失有限（最大损失为购买的权利金），而期权投资者可以买入或卖出期权，当投资者卖出期权时可收取权利金，但需要承担买方履行权利的义务，理论上收益有限风险无限；第三，窝轮都是欧式窝轮。窝轮持有人只可以在到期日当日行使权利，若不行权则自动现金结算。个股期权大部分是美式期权，存续期随时可以行权。

牛熊证是带有强制"回收价"的窝轮，越接近回收价，杠杆越高。

由于普通投资者不能创设卖出窝轮，窝轮的投资策略只有买入看涨窝轮、买入看跌窝轮、跨式组合等，没有那么多期权组合策略。

期权涨跌和期权标的涨跌不是简单的线性关系，这就是期权有魅力的地方。

"末日轮"是期权交易中最有意思的场景。最后几个交易日的行情总是充满戏剧性。博对了方向，如同中了彩票大奖。

请看下面这个例子。

2023年7月21日，当天中证1000股指期货IM2307合约和中证1000股指期权MO2307月份合约到期。当天IM2307的最高点是6 452.6点，最低点是6 381.8点，全天震幅1.1%。而行权价为6 400的看跌期权（MO2307-P-6400）的报价，最高22.6元，最低0.6元，全天价格波动巨大（见图2-25）。

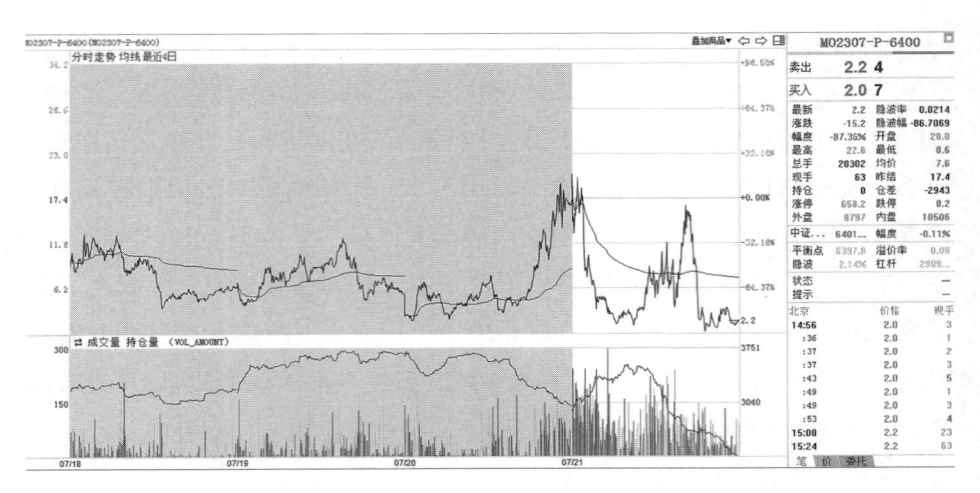

图2-25 中证1000股指期权MO2307-P-6400合约走势（2023年7月21日）

再来看一个国内原油期货期权的例子。

2023年8月11日（周五）晚上21:00，在大家开始欢度周末的时候，期货夜盘行情就开始了（对于有夜盘行情的品种，21:00开始到第二天15:00是一整个交易日）。上海国际能源交易中心的原油2309合约（SC2309）昨日收盘价642.2元（结算价639元）。21:00—2:30交易时间段，最高涨到673.6元，涨了4.89%（见图2-26）。

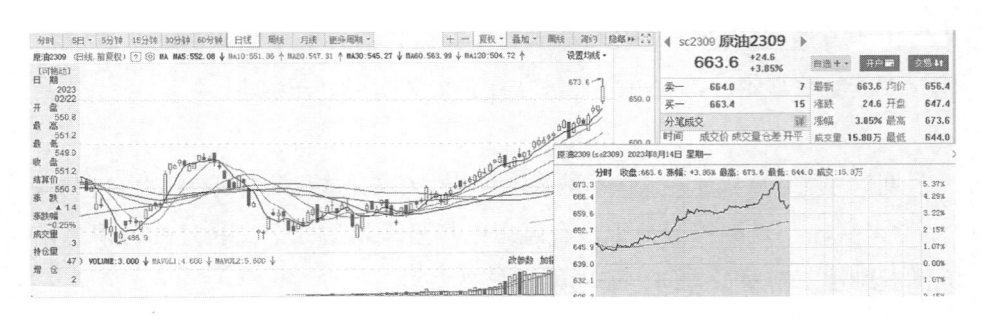

图2-26 上海国际能源交易中心原油2309合约（SC2309）走势

此刻原油2309对应的看涨期权，最后一个交易日/到期日为2023年8月15日，还剩最后2个交易日。受原油期货大涨影响，看涨期权开始了典型的近"末日轮"表演。行权价从640元到670元的看涨期权，从虚值转实值过程中，均涨幅可观。

图2-27为行权价为680元的看涨期权（SC2309C680），上个交易日的收盘价及结算价均为0.1元，当天夜盘时间，盘中一度冲高到4.1元。

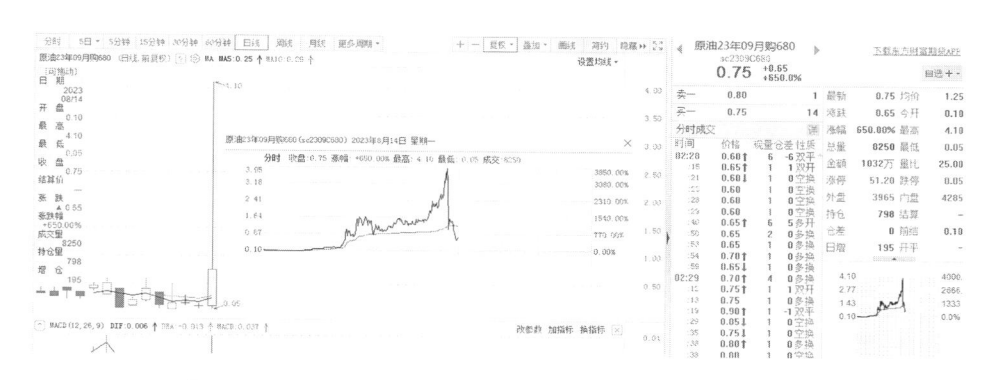

图2-27　原油2309合约购680期权（SC2309C680）走势

再看一个上海金融期货交易所的期权"末日轮"的例子。

中证1000股指期货2308合约，最后交易日2023年8月18日星期五，当天结算价6 162.5元，全天单边下跌，跌了1.3%（见图2-28）。

图2-28　中证1000股指期货2308合约（IM2308）走势

让我们看下对应的中证1000购2023年8月6200合约（MO2308-C-6200）和中证1000沽2023年8月6200合约（MO2308-P-6200）的市场表现。

认购权证在指数跌破6 200点行权价后，迅速从实值期权变为虚值期权，开盘时56.6元，收盘结算价归零（见图2-29）。

057

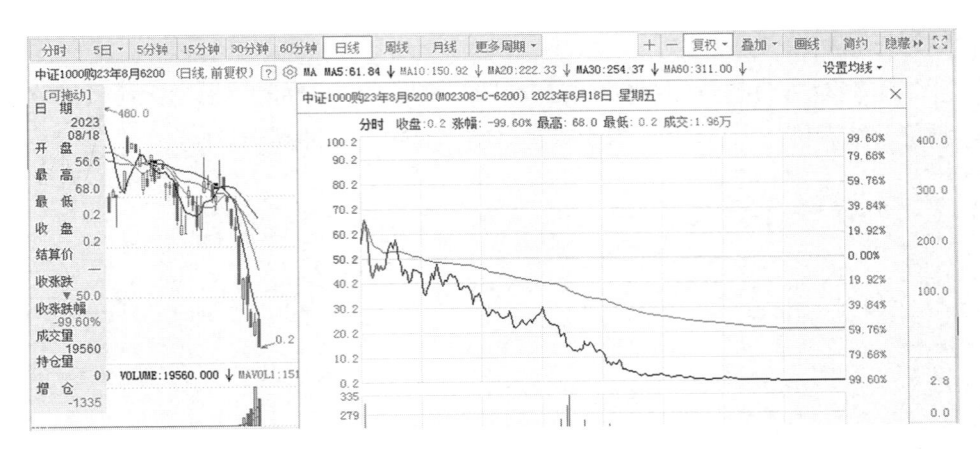

图2-29　中证1000股指期权MO2308-C-6200合约走势（2023年8月18日）

对应认沽权证，在指数跌破6 200后开始上涨，从开盘时的9元，最终收盘结算价37.5元（见图2-30）。

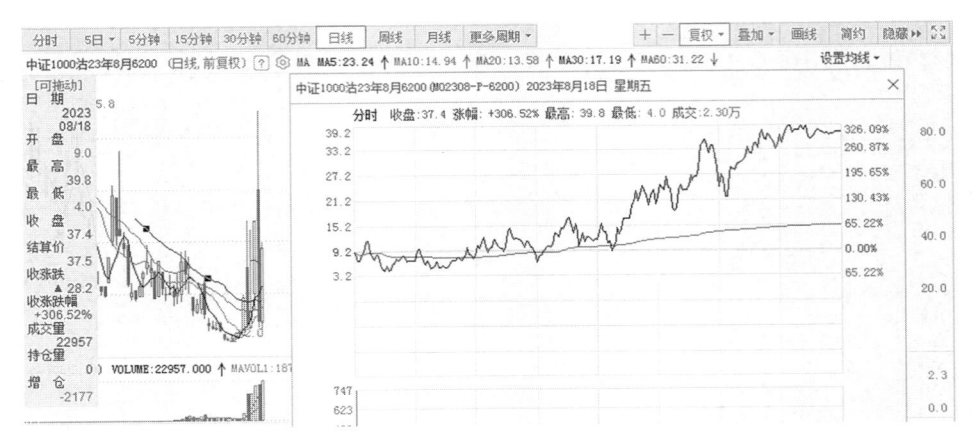

图2-30　中证1000股指期权MO2308-P-6200合约走势（2023年8月18日）

即使你看对了股指变化的方向，但如果你买的是中证1000沽2023年8月6100合约（MO2308-P-6100），即行权价6100的认沽权证，那对不起，到期照样因价外期权而归零（见图2-31）。

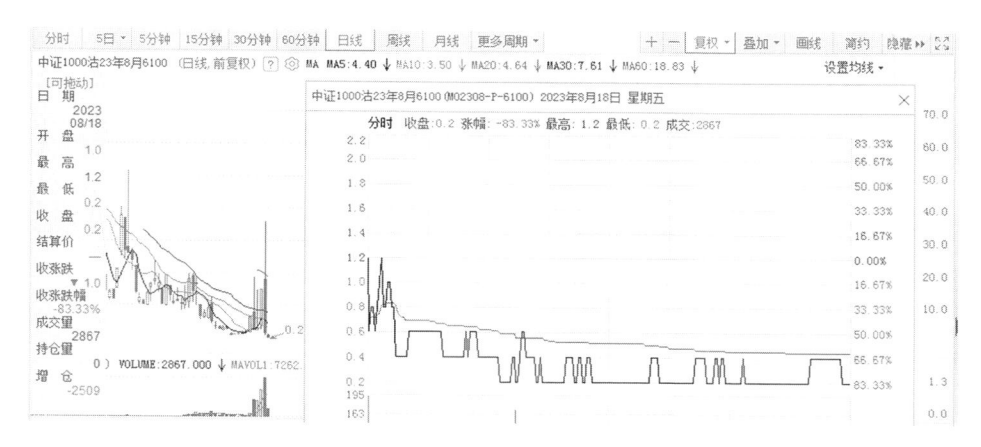

图 2-31　中证 1000 股指期权 MO2308-P-6100 合约走势（2023 年 8 月 18 日）

不像股票和期货，期权的非线性损益结构，使得投资人即使预测对了方向也会有亏损的时候。"书山有路勤为径，学海无涯苦作舟。"从 Delta（Δ）到 Gamma（Γ）、从 Vega（υ）到 Theta（θ），市场逼迫着你活到老学到老，而需要学习的知识总是那么无穷无尽。

九、做多土耳其里拉，5 天美妙之旅

> 炒作就像动物世界的森林法则，专门攻击弱者，这种做法往往能够百发百中。
>
> ——乔治·索罗斯

时间到了 2018 年 8 月。

年初上证指数摸到 3 500 点后就开始单边下跌。3 月 23 日凌晨，中美"贸易战"开始。大 A 股还没从 2 月初美股闪跌连累中缓过劲来，又开始雪上加霜，整月整月地单边下跌，惨不忍睹。股指限仓政策的负面效应——高贴水的现状，很难说服自己在股指期货做空获利。我开始寻找其他投机机会。

059

我关注到土耳其里拉的表现，是看到新闻媒体2018年8月初报道，说"里拉2018年年初至今已贬值了70%"。新闻让我瞬间想起小时候听到村里鱼塘要放水捞鱼的场景。小伙伴们第一时间打了鸡血似的往前冲，到塘边一看，已经人山人海。

我赶紧打开电脑，进市场去看USDTRY的表现，琢磨着怎么能够从这趟浑水里摸点鱼上来。在此之前，我对土耳其的了解仅停留在高中课本阶段。

从网上搜了一些关于土耳其的研究文章，重新开始理解一些关键词：奥斯曼帝国、苏丹、凯末尔、埃尔多安、北约成员；新奥斯曼主义、地缘优势、"边疆国家""桥梁国家""中枢国家"；居伦运动。

重点研究了下美土关系紧张及经济制裁的背景：

（1）2016年7月土耳其发生未遂军事政变，同年逮捕美国籍牧师布伦森。埃尔多安总统怀疑美国是同谋，由此埃尔多安向普京示好，决定购买俄罗斯的S-400导弹。而美国则将土耳其驱逐出F-35项目以此作为报复。

（2）2017年土耳其总统制公投，土耳其从议会制改为总统制，从宪法上赋予总统实权，改变了土耳其现行政体。

（3）2018年8月10日美国总统特朗普宣布，将土耳其钢铁和铝产品的进口关税分别上调至50%和20%（接近美国对伊朗制裁的等级）。土耳其出台反制关税和抵制美国电子产品等措施。当天USDTRY上涨16.71%（即土耳其里拉对美元贬值16.71%，见图2-32）。

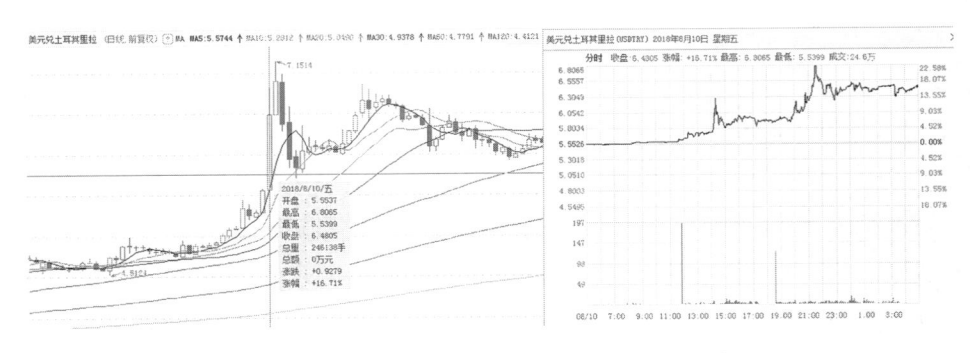

图2-32　USDTRY走势（2018年8月10日）

（4）2018年8月11日土耳其总统埃尔多安在美国媒体发表评论文章，警告如果土美关系持续紧张，可能把双方伙伴关系"置于危险境地"，土耳其届时将另谋"盟友"。8月13日的周一USDTRY上涨6.35%。

（5）在埃尔多安执政的16年间，土耳其的经济高速扩张，平均GDP增速为5.9%。但土耳其的经济增长建立在大量外债的基础上，而其经常账户常年赤字。

（6）2007年至2017年，土耳其已披露的以硬通货（美元和欧元）发行的债券及贷款总额是5 595亿美元，占2017年GDP 8 511亿美元的65.7%。

基于以上情况分析，我判断如下：

第一，土耳其是在充分利用美俄矛盾，试图把两个大国玩弄于股掌之间，从而获取本国最大利益。作为北约成员国，它不会为了一个美籍牧师与美国真正翻脸，只要美国强硬，释放是早晚的事，它只是想看看能否通过人质要挟，换到些好处，改善与俄罗斯的关系，一方面是基于地缘政治的考虑，另一方面也有助于增加对美国的谈判筹码。目前是美土关系最坏的时刻，也是土耳其里拉贬值的阶段性低点，市场已经反映了对土耳其里拉最悲观的情绪（7个月贬值70%）。

第二，绝大多数国家都不会听任本币如此快的急剧贬值而无动于衷。土耳其央行可能会提高利率，让里拉升值。

因此，此刻（指8月13日）可能是里拉贬值的阶段性高点，做空而不是做多USDTRY胜率更大（见图2-33）。

图2-33 USDTRY走势（2017年12月29日—2018年8月13日及前后）

我找到2018年8月17日的交易日志：

> 本周对USDTRY、USDZAR和USDRUB的交易出现相当多的意外。先是USDZAR和USDRUB盘中被外汇经纪商临时提高保证金比例从1%到5%再到10%，严重干扰资金头寸管理，至周五USDTRY的比例也被提到5%。交易的风险无处不在，经历过登录不上交易终端、上不了宽带网络、断电，现在又多了一项，临时提高外汇保证金比例。
>
> USDTRY全周每日宽幅波动，周一盘中大涨10%，周二、周三分别下跌7%和6%，周五又一度反弹8%。我利用市场宽幅震荡的机会，在USDTRY上过足了交易瘾。我认为是2015年1月15日瑞郎事件以来最好的短线交易机会。
>
> 在8月13到8月17的5天内，USDTRY下跌6.92%，震幅25.58%（见图2-34）。我在外汇经纪商把USDTRY保证金从1%提高至5%之前做了数笔交易，全部为单边看多TRY，即做空USDTRY，空头仓位累计获得4倍收益（见图2-35）。

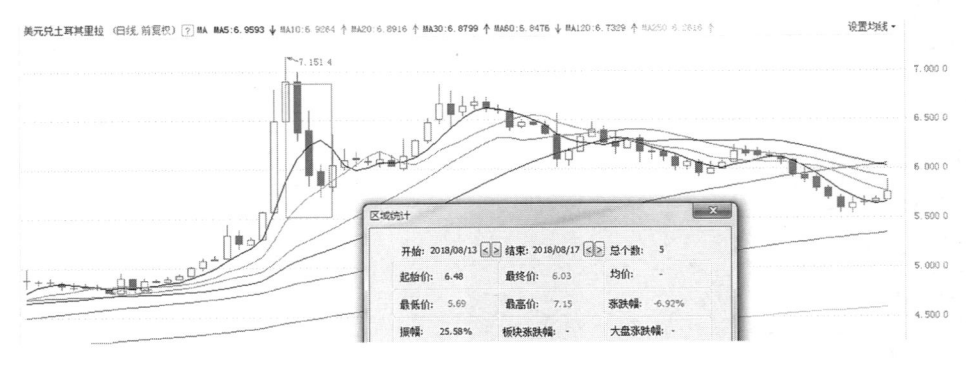

图2-34　USDTRY走势（2018年8月13日—2018年8月17日及前后）

图2-35　USDTRY 5分钟K线走势（2018年8月10日—2018年10月10日，利用短期下跌趋势进场做空）

2018年9月13日，土耳其央行宣布上调基准利率至24%。受这一消息影响，土耳其里拉兑美元瞬间大涨5%。可惜外盘账户里USDTRY还是停留在5%保证金，即20倍杠杆，对比以往的100倍杠杆，同样的一手空单，减少了5倍利润空间（见图2-36）。

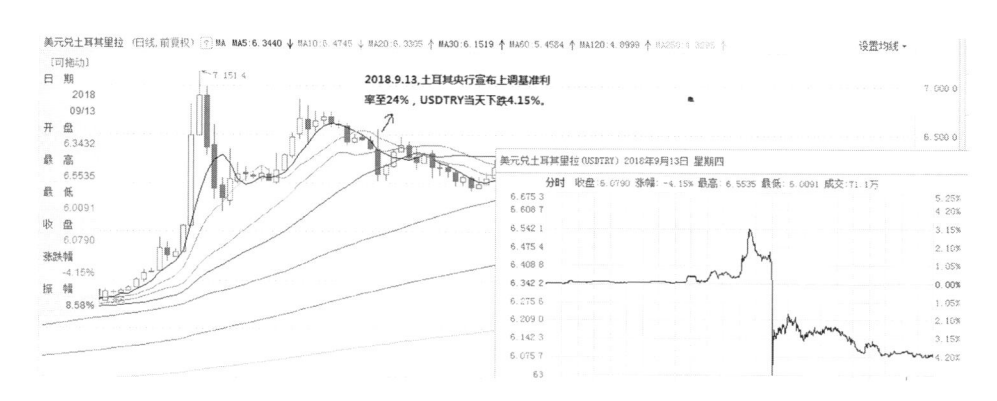

图2-36　USDTRY走势（2018年9月13日）

2018年10月12日，土耳其法院宣布当庭释放美国籍牧师布伦森。布伦森在土耳其法庭宣判后的几个小时后，迅速返回了美国。当周USDTRY下跌4.27%，次周下跌3.95%。TRY对USD的升值表明，美土关系最紧张阶段过去了。

从10月12日到11月末，USDTRY累计下跌了14.92%。我又短暂参与几次后，对USDTRY的交易也告一段落（见图2-37）。

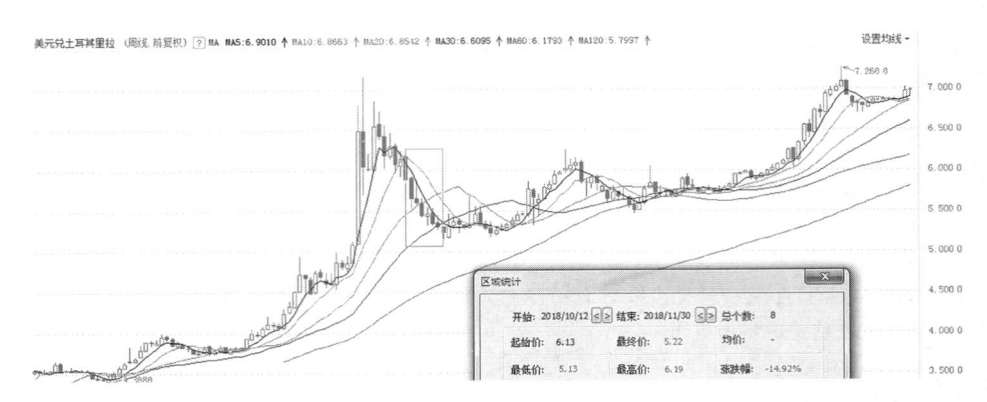

图2-37　USDTRY走势（2018年10月12日—2018年11月30日及前后）

在2021年11月至12月期间，土耳其里拉对美元又急剧贬值，USDTRY最高涨幅一度超过了80%。但到2024年4月末，USDTRY报价已经是32.412 1。与2018年4月末的报价4.061 8相比，土耳其里拉对美元的贬值之大已经远远超出了我的想象。但2018年12月后，我就没再交易USDTRY了（见图2-38）。

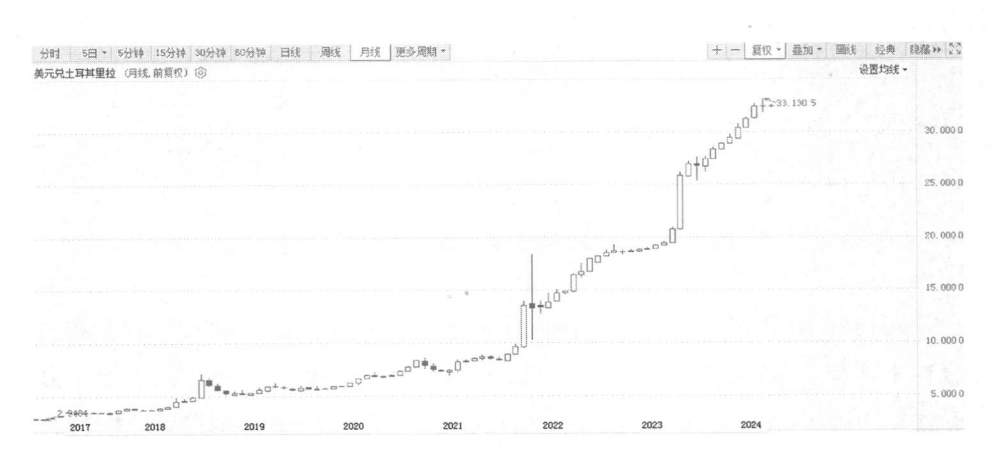

图2-38　USDTRY月K线走势（2016年8月—2024年4月）

汇率变动对个人是有很大影响的。做了外汇后我才对此有所了解。举两个例子。

[例1]假定2018年1月某土耳其家庭，拿3.3万土耳其里拉兑换1万美元去美国旅游，7个月花费了5 000美元，8月初拿着剩余的5 000美元回到土耳其，按1∶7换回了3.5万土耳其里拉。这趟旅游不但免费，还挣了钱！

[例2]假定2018年1月某土耳其家庭送小孩去美国留学，拿3.3万土耳其里拉兑换1万美元交上半年学费。8月初交下半年学费，结果发现要拿7万土耳其里拉才能兑换到1万美元。这留学预算费用半年就翻倍！

[小结]本币对美元贬值期间，持有美元资产是实现保值增值的途径，但如果不能提前准备大量美元，又有小孩在美国留学等硬性固定开支，则留学预算得大幅增加。相反，本币对美元升值期间，如果投资美股，即使美股挣钱了，都有可能因为汇率损失导致投资亏钱。

做空USDTRY的经验，尤其是预判土耳其央行可能会突发加息，大部分来自我参与过的美元对卢布（USDRUB）的交易经历。

2014年12月，卢布急剧贬值的时刻。我看空卢布，在12月10日开始陆续做多USDRUB。12月15日，USDRUB大涨了13.34%，收在65.96，我多头仓位浮盈已经超过20倍。我用浮盈加了仓，然后带着满满的幸福感进入梦乡，计划着第二天继续数钱。

12月16日清晨醒来打开电脑一看，我的妈呀，浮盈几乎全没了，USDRUB一夜跌了9%，只有60了。怎么回事？一查新闻才知道，"2014年12月16日凌晨，俄罗斯央行意外宣布，将关键利率从10.5%大幅上调650个基点到17%"。

我从幸福的云端瞬间跌落至沮丧的谷底，在惊慌失措中全部清仓。结果当晚卢布最高又涨了18%，我已经没有了仓位。那时的心情真是欲哭无泪，每看一眼行情，都感觉在被市场狠狠地扇一次耳光。

那时候刚交易外汇不久，对仓位没有敬畏。前期在USDRUB上通过浮盈加仓，一度买到了50%仓位。盈亏同源，在卢布上坐过山车，从巨大浮盈到消失殆尽，如同黄粱一梦（见图2-39）。

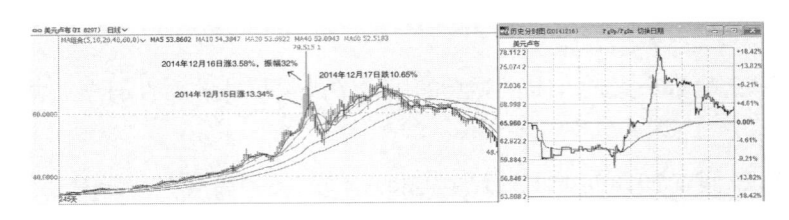

图2-39　USDRUB走势（2014年12月16日及前后）

当时看空卢布是基于以下四个原因：

一是石油价格由2014年6月的每桶100美元下跌至12月的每桶60美元，严重影响俄罗斯石油出口收入，进而影响国家预算；

二是3月克里米亚全民公投后脱离乌克兰加入俄罗斯，进而触发地缘政治危机；

三是美国和欧盟对俄罗斯实施经济制裁，导致俄罗斯经济雪上加霜；

四是从技术图形分析，USDRUB走出明显的趋势性上涨行情。

同期欧元也是单边下跌，但最优交易策略应该是持有空头不动；卢布波动剧烈，最优交易策略是短线参与行情最猛烈的一周趋势。可惜我都做错了，只赚经验不赚钱。

过快的盈利往往难以善终。这笔盈利，包括以前那些一次次成功交易累积的盈利，并没有在我的银行账户里停留太久。它们作为我的交易筹码，又在随后几年陆陆续续地替我在各类市场里交了学费。

欲戴王冠，必承其重；欲握玫瑰，必承其痛。生活就是这样，不断地得到和失去，最终让你心平气和地对待必然会经历的生、老、病、死。

市场波诡云谲，莫测高深，人就如那一叶扁舟，时而浪遏飞舟，时而随波逐流。

> 云在天边水在瓶，
> 发心随性任输赢；
> 莫测阴阳千变幻，
> 本来无心胜有心。

十、兼论投机交易的原则

> 我之所以有钱，只是因为我知道自己什么时候错了。
>
> ——乔治·索罗斯

在杠杆交易里，如何获得成功，远没有如何面对失败来得重要。我们从小到大，会听到很多关于"成功学"的教诲，但对于如何预判风险、应对风险、承担风险、管理风险，很少有系统学习的机会。反映在交易上，就是一次次微小的成功交易唾手可得，但常常因为某一次巨大损失就被市场淘汰出局。如果有"失败学"这门课程，专门研究他人失败的案例来警醒自己，那绝对物超所值。

智者从别人的代价中吸取经验，愚者从自己的代价中吸取教训。投资陷阱数不胜数，投资者了解得越多越受益。"要是知道我会死在哪里，那我将永远不去那个地方。"

某天晚上看《动物世界》非洲大草原狮群专辑，跟随镜头近距离观察狮群如何捕猎、如何训练幼狮等最真实的动物界"荒野求生"。心生几点感悟：

（1）任何肉食性动物，杀戮是生存的天性。不管是狮子、猎豹，还是鬣狗、胡狼，都有自己最擅长的捕猎方法。

——在公开市场里，赚钱是交易员唯一的目的。交易员需认清自己的优劣势，如果类比动物世界，遵循丛林法则，那自己的交易特征，更像是什么类型的动物？要想在残酷的市场中吃到肉，自己得有食肉动物的基因和天赋。如果你资金实力雄厚，研发能力一流，就可以像狮子那样跟踪、围猎角马群。如果你极具耐心，对市场周期变动有独到的理解，那你可以像鳄鱼一样，埋伏在马赛马拉国家自然保护区的马拉河里，等待一年一度迁徙的角马。

（2）幼狮从小就近距离观察学习成年母狮捕猎的行为，学习模仿并在实践中磨炼生存技能。

——这点对大部分投资者而言恰恰欠缺。投资貌似门槛很低，长期做好却是极难。大部分投资爱好者，既没有系统性的学习功底，也没有成功者的言传身教，更没有经历严格的投资训练即鲁莽入市。往往是"赚钱靠运气，赔钱靠实力"。

（3）成年母狮捕猎时全神贯注，随时观察判断最弱小、最容易下手的猎物。

——交易需讲究胜率和盈亏比，老弱病残的猎物提高了胜率，中等体型的猎物保证了盈亏比。如同蓝筹股胜率高、盈亏比低，科技股盈亏比高、胜率低，多资产组合可以让整体风险收益特征达到平衡。商品在长期低于生产成本时，做多胜率会逐渐提高；若需求量开始变大，则胜率和盈亏比开始同步变好。

（4）成年母狮捕猎成功率低，无胜算时立即放弃。面对生存绝境时有无畏的勇气，甚至敢挑战象群。

——高胜率可以适当容忍低盈亏比的交易；低胜率时必须用高盈亏比来弥补胜率不足的劣势。提高胜率必须讲究择时，有时候时机决定一切。

（5）母狮在捕猎时一旦被角马的角刺伤，容易失去捕猎能力，严重的很快就因伤口感染而死去。

——体现在交易上，就是不要遭受重大亏损，杜绝爆仓出局，唯有留在市场里，不失去战斗力，才有机会东山再起。

我常常对大师的忠告将信将疑，直至自己从杠杆交易中领悟到以下原则，才明白那些忠告的价值。自己内心的认可，心悦诚服地接受，才能变成真正属于自己的东西。

交易方法自洽原则

交易方法的自洽，我认为是投资交易的首要原则。

大家都想学巴菲特、学索罗斯、学彼得·林奇这些投资大家。但我常感到巴菲特"价值投资"方法易懂难学。除了对上市公司内在价值研判能力的高下，持股期间的情绪管理能力是一大因素。

有效控制情绪，是做好"价值投资"的一个必要条件。在执行"价值投资"的情绪管理领域里，巴菲特绝对是性格上的"天才选手"。他不会因为市场波动、股价下跌、账户浮亏而恐慌性"割肉"离场,但很多普通投资者会。细究原因,是因为浮亏产生了恐惧、后悔、沮丧、懊恼等种种负面情绪,甚至失眠、焦虑、寝食不安,给内心带来诸多痛苦感受。当无法再承受更多的痛苦折磨时,则会选择无视任何"价值投资"原则,挥泪斩仓。投资人在摆脱亏损账户的折磨后,顿时发现造成痛苦的负面因素消失了,内心一下子就轻松起来了。

但当巴菲特发现自己"做错了"的时候,会毫不犹豫卖出股票调整。但很多普通投资者做不到认赔出局,结果常年抱着套牢股票,甚至没有勇气打开账户再看一眼,学做"鸵鸟",被动等待"解套之日"。通过不看、不想,来回避痛苦、逃避现实,也是投资人服从自我内心舒适感的本能反应。

规避内心痛苦,寻求自身舒适感,是投资人"非理性决策"的根源。感性就是这样战胜了理性。而好的投资结果,要求直面痛苦,做出理性行为。

人与人千差万别,别人擅长的交易方法,未必适合自己的能力、匹配自己的特性。十八般武艺十八种兵器,有轻有重、有长有短、有刚有柔,适合自己的才是最好的。

在交易领域,每个人只会拥有自己真正领悟的东西。

掌握交易优势原则

交易优势,是指能够利用那些因交易者认知能力或认知偏差形成的、从统计学看会重复发生的市场行为。唯有掌握了交易优势,才能说是一个合格的专业投资者。

交易者必须在拟交易品种上,寻找可以被利用的获利规律,才能保证一定的胜率;规避可能发生的市场风险,才能保持胜利果实。不掌握交易优势的人,进入市场就是赌运气,很可能成为给他人"送温暖"的失败者。

擅长区分好公司和坏公司,你就增加了一份交易优势;擅长甄别低估值和高估值,你又增加了一份交易优势;擅长等待好时机和好火候,你又增加了一份交易优势;擅长觉察坏苗头和坏信号,你又增加了一份交易优势。

你要在交易生涯里,尽早确立两种交易优势:擅于发现并抓住非对称性获利机会;擅于洞察风险避免巨大亏损。行稳致远,要求我们学会用两条腿走路，学会能赚钱是一条支撑腿，学会不赔大钱是另一条支撑腿。缺一赚不到钱，缺二留不住钱。

不与市场对抗原则

坚持"长期主义"，实现"复利效应"的门槛很高。复利看上去很美，长期稳定的复利能产生惊人的投资收益。但那是理想化的，中途某段时期产生重大亏损，则收益率会迅速回归均值。因此光能够发现并利用市场中的获利规律，还远远不够。一旦市场通过账户浮亏告诉你，你错了，不管之前你有多么充分的持仓理由，你都必须立即考量，如果我真的判断错了，会发生什么？要承担多大的风险？如何避免大的损失？

"呜呼！灭六国者，六国也，非秦也。族秦者，秦也，非天下也。"（唐·杜牧《阿房宫赋》）。赔大钱的根源在于不肯尽早退出亏损的头寸，"相信自己正确，是市场错了"。自信，往往来源于书本理论、研发报告、实地调研、历史数据归纳总结，以及过往种种投资经验。在杠杆交易中，与市场对抗，代价可能会大到难以想象、难以承受。不管是股票市场，还是期货市场，因"逆市死扛"被市场扫地出门的悲剧故事屡见不鲜。市场往往涨时涨过头，跌时跌过头，恰如伟大的数学家、物理学家、天文学家和自然哲学家牛顿所言，"我能算准天体的运行，却无法预测人类的疯狂"。

一旦建立了"不与市场对抗"的投资哲学，你就会把避免大亏损当成最大的生存准则，并围绕这个准则制定投资策略。留在市场里，不要出局，不与市场对抗，随时认错，生存下来，在杠杆交易领域，无论怎么强调这点的重要性都不为过。

试错交易原则

当市场出现符合你入市交易信号时，你就开始建立仓位，但不要假想它会立即带给你利润，要设想它极可能会带给你亏损。那是交易游戏的一部分，盈亏只有让市场来告诉你。不用害怕亏损，要害怕的是无法控制亏损。不去一笔笔地做交易，你就不会知道哪些交易最终会带来丰厚的利润。就如用渔网捕鱼，你并不知道哪个网孔能够卡住鱼，但你得先结好整张网，再去有鱼的地方尽可能多次撒网。交易就是这么一个聚焦胜率和盈亏比的游戏。

投资就像用有限认知对抗无限未知的大自然，能掌握局部规律就了不得了。尽量用弱者求生策略，做高容错率的生存行为。钱是赚不完的，但钱可以亏完。你必须假定你持有的仓位方向、介入时机，可能被市场证明是错的。这迫使你想清楚，一旦错了，会损失多少，损失开始发生时，要怎么处置。擅于承担小的损失来避免巨大亏损，远比主动承担风险获取收益来得重要。

在交易上，赔多少靠人（止损），赚多少靠势（行情）。当你建立了一个仓位，你并不清楚它会带给你多大的利润。那不是你决定的，而是市场决定的。你应该做到或仅能做到的，就是限制该笔仓位的损失。假定你做10笔交易，8笔赔钱，2笔赚钱。要想有收益，理想状态是每笔赔钱的交易只赔1元，合计赔了8元；赚钱的交易每笔赚了5元，合计赚了10元。在试错交易原则下，主动设置止损，是杠杆交易的标准动作之一。如果希望自己的账户净值曲线按照"进二退一"的螺旋式上升节奏，那么"退一"是必须要做到的。如果是"进二退三"，很快就会从游戏中出局。

杠杆交易的天然缺陷，在于它是一个低容错率的交易模式。而不带杠杆的长期价值投资策略，是一个高容错率的交易模式——可以用耐心扛过非理性的市场波动期。杠杆交易的天敌是波动性。要提高杠杆交易容错率，核心在于找准支点。支点就是多空变盘的转折点、行情拐点、趋势启动点。拐点找对了，容错率就提高了，仓位过大、扛不了正常市场波动风险，都会有效降低。

在试错交易原则下，一旦市场证明你的仓位正确，你要尽可能地留在对你有利的趋势里。当市价脱离了你的成本区，产生盈利后，你可以提高止损位到成本价位，确保你不会输钱；当浮盈达到你的目标价位，你可以为头寸设置止盈——确保你能从本次交易中赢到钱。设置止盈，保护浮盈，没有平仓兑现的利润都不真正属于你。如果你一直在正确的趋势之中，不用着急获利了结，要敢于加仓。如处于不利位置，则需迅速清仓脱身。

做对了，就多赚一点，做错了，就少赔一点，这就是在试错交易原则下投机客应该做的。

行情选择原则

并非所有的行情都值得参与。选择交易最强烈的趋势，不要参与震荡行情。

交易中，胜败虽为兵家常事，但你的本金是有限的，亏损会直接削弱战斗力。务必学会"慎战"，在交易行情的选择上，做到"有所为，有所不为"。

《孙子兵法》中的慎战三原则是：非利不动，非得不用，非危不战。"非利不动"指除非有利可图，否则不应轻易发动战争；"非得不用"指若无必胜把握，就不要发动战争；"非危不战"指除非到了危急关头，否则不要轻易挑起战争。慎重对待交易，如同慎重对待战争。《孙子兵法》在"军形篇"中提出，"古之所谓善战者，胜于易胜者也"。"易胜"，就是在自己能力范围内，容易获利的机会。

赚点小钱，来源于你睿智的判断加上敏捷的身手；赚大钱，来源于你在正确的趋势上定力如山。大行情数年一遇，十分难得。抓住大行情获大利，是弥补平时频繁小额亏损的唯一办法。一旦天上落下金钱雨，不要用盆接，要拿出所有的桶去接。

能看势，是一种大能力，得花费数十年的积累。逮住大行情后，需克服交易心理上的"处置效应"，避免过早"兑现盈利、落袋为安"，这是投资人获取大利必须过的心理关。内心的强大与人生阅历和经历有关，无路可寻，我归之为"造化"。

资金性质可投原则

对于个人投资者而言，投入杠杆交易的资金必须是可亏损甚至可亏光，绝对不能是来源于借贷、急用、有时限或者亏不起、必须保本的资金。上述性质的资金会让你陷入"受迫交易"境地，令交易者极容易心理失衡，交易动作变形，在重压下增大犯错的概率。

没有大钱那就从小钱做起。大钱往往都是从小钱做起来的，不要嫌本金小，能够依循赚大赔小的盈利模式交易，小钱变大钱只是时间问题。

盈利出金原则

月有阴晴圆缺，人有悲欢离合。身处市场的潮起潮落，交易者理应明白，自己既会有顺风顺水的高光时刻，也会有逆水行舟的艰难岁月。以往的我总喜欢在盈利之后，在下一笔交易中投入更大的筹码，但遇到净值回落，才后悔没有能够定期出金。丰年易过，荒年难熬！以后就长记性了，盈利落袋为安后，必须从交易账户中取出 1/3 盈利转到银行账户，以备不时之需。

在持仓过程中，如果开始产生浮盈，一旦达到预先设定的目标，则兑现一部分利润，会更有助于耐心持有剩余仓位。

大起大落后停手原则

"久利之事勿为，众争之地勿往。"你最顺风顺水的时候，往往是你最麻痹大意的时候。短期一次性获得大的盈利后，理应让自己恢复平静，不可信心爆棚，试图乘胜追击。

一旦账户出现大的亏损，必须强制性停止交易、关掉电脑，不看行情，等待情绪平复。此刻最容易犯的大错就是急于交易，甚至是加仓交易，妄想尽快挽回损失。

交易工具可靠原则

交易环境要安全、安静，不容易受外界干扰；交易工具要可靠，电脑不能轻易死机、断电、断网；要有应急措施，要有备用安全电源、备用交易电脑；手机上必须装有可看行情、可交易的 App；每次开市前，都必须打开行情软件和交易软件，做好准备。

某次看到市场里出现交易机会，随即打开交易软件准备下单，结果交易软件启动了自动升级程序，足足耽搁了宝贵的 3 分钟，让人欲哭无泪。又有一次所在大楼突然断电，此刻即使台式电脑有 UPS、笔记本电脑有自带电池，但连接宽带的无线路由器没电了，电脑无法上网。此刻唯有手机借助通信网络信号，可以临时救急。

交易者身心健康原则

人是交易的制定者、执行者、主宰者，是所有交易环节中最具决定性的因素。交易者精神要好，身体要健康，要有自信心。我在复盘中发现那些决策失误、心理脆弱、执行力不到位等频频犯错的时刻，往往是自身处于两种情况：一是隔夜做夜盘熬夜，导致睡眠不足、精神不济的时候；二是连续亏损，丧失判断力、耗尽自信心，甚至处于无法停止交易、无法恢复冷静的低潮期。

精神状态是交易成败的关键因素。交易者临战时的情绪控制特别重要。有效控制情绪的基础是"心力"，即心理战力，交易者内心的力量，包括面对行情和账户净值跌宕起伏的情绪控制能力、面对连续亏损的抗击打能力、面对浮盈浮亏而不为所动的抗压能力、遭受重大挫折后的自我修复能力。战凭智，斗需勇，内心力量越强大，交易计划的贯彻执行力就越强。心力是一种非常关键的心理素质，心力高下与年纪、性格、阅历、经历休戚相关。我理解，培养交易员的心理战力与训练特种兵顽强坚毅的意志品质非常类似。

智力、财力、心力，是交易者立足市场的稳定三角。重复犯错、缺乏耐心、过度交易，直接的后果就是削弱本金、打击士气、丧失斗志，不断耗竭上述三种力量。如果交易者发现自身不是处于最佳的身体和精神状态，则要学会控制自己远离市场，杜绝交易，避免决策出错。你无法带着虚弱的精神力量，进入前线战斗。要给自己足够的时间自我疗愈、自我修复。待到满血复活的那一刻，再重新出发。

"养兵千日，用兵一时。"做好"千日养兵"，即是做好自身研究。提升"心力"，就是提升交易者在市场压力下的正确应对能力。研究自我与研究市场两者同等重要。

第三章

爆仓！领教市场凶险

凡战，智也；斗，勇也；陈，巧也。用其所欲，行其所能，废其不欲不能。于敌反是。

——《司马法·定爵》

村上春树说："所谓人生，无非是一个不断丧失的过程。很宝贵的东西，会一个接一个，像梳子豁了齿一样，从你手中滑落；你所爱的人，一人接着一人，从你身旁悄然消逝。"

我一边活着，一边交易，一边不断失去我的筹码。

我那些可怜的仓位啊！生得艰难，死得窝囊；来得平庸，走得猥琐。它们承载了我无数的梦想，像烟花般炫亮登场，划破深邃的夜空，又在无尽的黑暗中灭寂，归于虚无。

我想记住我所有的亏钱经历，以便能让自己"亡羊补牢"，补齐木桶上一块又一块短板。但当我努力回忆的时候，大脑竟然一片空白，我自动进入选择性遗忘境地。就像一个被大人一次次狠揍的小孩，疼时哭爹喊娘，事过了又围着大人撒欢。

我要狠斗私字一闪念，灵魂深处找原因。

不长记性，选择性偏好记忆，有原则不遵守不执行……一次又一次犯同样错误的深层次原因是什么？这是一个长期困扰我的问题。每次自问，每次回答都模棱两可。

我想，最深层次的原因是人性让你贪婪和恐惧，让你不执行计划和不遵守纪律。我既对不断在眼前闪动的虚妄的财富充满渴望，又对失去本金和盈利的担忧坐立不安。

从1万元到1亿元可能需要一辈子，但从1亿元到1万元却只需要一瞬间！经过反复盈利—亏损—爆仓—盈利—亏损—爆仓的N次循环后，现在的我充分理解了这句话。

如果每笔交易，都如第二章讲的那么神奇。那么，我早就应该成为超级大富翁了。事实上，仅靠资本市场投资进入世界富豪排行榜的人寥寥无几，绝大部分都是做实业起家。在金融市场里投机，很难形成一个稳定增长的复利模式，标的物波动的不确定性太大了。

不怕你一年翻了5倍，就怕你5年不能翻一倍。墨菲法则告诉我："如果事情有变坏的可能，不管这种可能性有多小，它总会发生。"

下面讲述记忆深刻的几次爆仓经历。

一、恒指牛熊证的全军覆没

我并没有真正吸取2013年下半年玩腾讯牛熊证惨遭回收的教训。我心里并不服气。我认为那只是一次"阶段性过度自信的不小心"，未来有机会还是会卷土重来。从小咱不就是被教育，要"从哪里跌倒，就从哪里爬起来"嘛！

时间到了2018年元月。当时的市场情况是，美股指数从2016年年底开始一口气不停歇地连涨2年，三大股指屡创历史新高，尤其是进入2018年1月后，指数曾加速上涨，市场情绪一片欢腾。

我一直耐心等待，静静地观察着恒生指数的表现。2018年1月，指数再次突破3万点，直冲3.3万点。到了1月29日，恒指创历史新高33 484.08点。

我坚信地球上的东西不会长到月亮上去，这是常识。指数涨得越高，离崩盘就越近。指数的山峰都是投资者的狂热情绪塑造的。

2月初，美股指数毫无征兆地连续急跌，10个交易日平均跌了近13%。连累恒生指数也跳水。2月27日，恒生指数反弹至31 798.89点，弥补了2月5日向下跳空缺口。

直觉告诉我，我一直等待的做空机会来临了。当日我买入恒指熊证，并在随后的几天恒指下跌中陆续加仓，每张熊证的杠杆为30～45倍。

我对恒指头部的判断是如此自信，为了追求高杠杆，选择的熊证回收价都在31 950～31 960点附近。理由很简单，从市场表现看，恒指反弹无力，短期内大概率不会站上32 000点。

恒指果然没有站上32 000点，而且随后的三年也没能站上这个点位。但我却大败而归，血本全无。我为自己的自负交了很大一笔学费。恒指在3月21日最高触及31 978.14点，正好触及我所有熊证的回收价（见图3-1）。

图3-1　恒生指数走势（右侧为2018年3月21日分时走势）

白花花的银票一转眼就变成了一张废纸。我欲哭无泪、追悔莫及，但又无可奈何。

2018年是灾难性的一年。年初的重大失利不但亏完了我在外盘中的宝贵筹码，也直接打击了交易自信。全年A股也是一路下行，没有最低，只有更低。我眼睁睁地看着恒指一路下行，到2018年下半年跌破25 000点。我与数倍收益擦肩而过。它离我曾是如此接近，又离我如此遥远。

为什么当初不选择回收价在32 500点左右的熊证呢？为什么当初不接受15～20倍杠杆的熊证呢？一遍又一遍地扪心自问，已经无济于事。找不到问题根源，未来就会用更大的代价重复之前的错误。牛熊证就是吃人不吐骨头的"老虎机"，它主要的作用是用来对正股仓位对冲保护，而不是纯粹投机。

遭受重大挫折后的心理重建需要很多时间，需要很多坚韧，需要很多勇气。很多时候，只能依靠被动地默默等待，等待时间来治愈一切。

还好，我还有足够长的寿命来自愈。痛苦绝望的时刻，我往往这样安慰自己。解决不了问题，那就远离问题。何必纠结于容错率低的交易模式？不争气的是，每每顿足捶胸之余，我的耳边会再次响起灰太狼那句经典台词："喜羊羊，我一定会回来的！"

二、欧元交易上的致命错误

> 论至德者，不和于俗；成大功者，不谋于众。
>
> ——《商君书》

欧元兑美元（EURUSD）是外汇领域交易量排名第一的主流货币对。一般初涉外汇领域的人都会选择从交易欧元开始，先是学习基本的技术分析，然后变得异乎寻常地关心欧美央行政策变化、经济数据指标。我也不例外。

可惜我在欧元上一直没赚到什么钱，主要来源于一次爆亏。这次亏损来得如此毫无征兆，以一种出乎意料的死法和迅雷不及掩耳之势的速度，让我悄无声息地爆仓，从而让我第一次领教了外汇市场的凶险，也让我对书本上提及的止损和仓位概念有了直观且深刻的认识。

那是2015年3月18日，从2014年7月开始的RUEUSD熊市，整整持续了9个月，使得EURUSD从1.4一口气下跌至1.05，3月16日最低下探至1.045 2。其间1月跌到1.1时，出现貌似止跌反弹迹象，但盘整1个月后市场继续创新低。那时我每日都积极关注国际大行的分析文章，很多专家都头头是道地写道：EURUSD很可能会跌到1。

由于过往几个月的做空利润，都被几次勇敢地抄底还给了市场，因此在没有见到趋势反转之前，我坚定只参与做空交易。

悲剧就是这么毫无征兆地到来了。某天早晨醒来，睁开眼第一件事，习惯性地打开手机交易软件查看账户情况。我赫然发现账户余额几乎归零了！赶紧查历史交易记录。元凶找到了！隔夜欧元大幅反弹，盘中最高涨了

3.97%（前天收盘1.059 6，昨夜最高1.101 7），触及了我多个高挂预埋空单（1.08、1.09、1.1），而那些卖单没有设保护性止损！

事实上，我几乎已经忘了我还有那些高价位卖单挂单指令的存在，完全遗忘掉了，更为要命的是，那些卖单下单的同时，没有下止损指令。

我不得不咽下疏忽大意的苦果。第一，我将自己暴露在巨大的风险面前而一无所知，这是不可饶恕的错误。第二，不管是1.08还是1.1位置的预埋空单，按照隔夜（3月17日）14天平均真实波动指标（ATR）值0.013 8算，虽然过往半年中极少出现过超过2ATR值的波动，但还是有，而且过往没有的东西，并不能说明未来不会有。一旦出现，触发预埋空单入场，随着价格继续上涨，新仓位即出现浮亏。能否抗住浮亏是关键。

事后看，爆仓的原因很简单：当天发生3ATR值的波动，触发了多个未设保护性止损指令的空单挂单入场，造成仓位过大，浮亏后引发爆仓（见图3-2）。

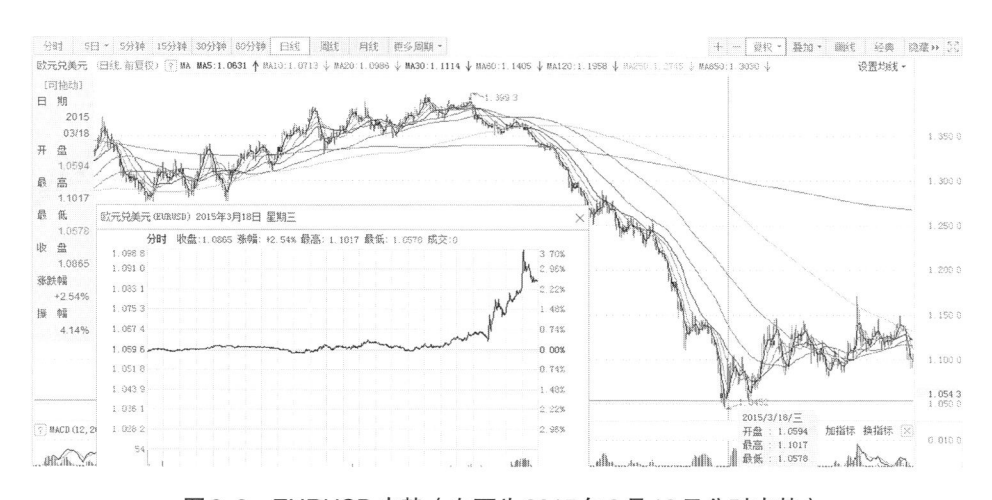

图3-2　EURUSD走势（左下为2015年3月18日分时走势）

我领悟到的教训就是，未来不管有多大把握的单子，都必须同时设止损指令；另外仓位不能过大，适度合理的波动带来的浮亏，是必须扛过去的。但什么是适度的仓位，以及适度合理的波动？那时我只是隐约感到这是个重大问题，但没有答案。

我一直在思索当时为什么会下那些不曾设止损指令的预埋单？本质上，是一种投机取巧的心理，即指望着市场某刻会突然受某事件影响（比如欧洲央行行长公开发言中的一句话）从而带来市场短期急剧波动，随即又恢复平静，价格回归原位，你即赚到了瞬间波动的差价。出现这种投机心理，是因为市场经常上演这种把戏，技术上类似"假突破"，常能诓骗一些短期趋势交易者入场。

趋势交易者的大敌是趋势的终结和反转，这必然会发生，但总是事后才能知晓。1.045成为欧元一个阶段性底部，并在1.05～1.15区间盘整了2年。如果在那段时间坚持做空，那大概率就是被市场反复打脸。这次欧元爆仓之后，我很长时间没再做外汇。

2015年3月，国内A股如火如荼，我正日进斗金，欧元带来的伤痛没几天就忘得一干二净。

三、痛心疾首的天然气交易

> 故国虽大，好战必亡；天下虽安，忘战必危。
> ——《司马法·仁本》

据说在商品期货市场里，天然气交易是最难的，其次是白银。我深以为然。

我不知从哪里得来这么个概念，地球上天然气储存量巨大，几百年都开采不完。因此天然气的市场定价，刨去基本的采掘、运输、存储成本，其他就是季节性的需求变化带来的价格波动。

做天然气交易，源于我被两则市场报道深深地吸引住了。

一则是美国某对冲基金交易员的故事。我从网站上找出了这段描述：

布雷恩·亨特（Brain Hunter）曾经在德意志银行当过三年的天然气期货交易员，在这期间他有过辉煌的交易战绩，也曾一周爆仓亏损

5 120万美元。让布雷恩·亨特一战成名的那场战役是从他跳槽到对冲基金Amaranth开始的。

2005年夏天，布雷恩·亨特发现了一个"捡钱"的交易机会，他发现当时美国的天然气价格非常低，每百万英热（MMBTU）仅为6到8美元。布雷恩·亨特认定，只要等到夏天一过，进入冬季后美国每家每户都要依靠天然气来取暖，到时候需求必然飙升，价格也将随之水涨船高，于是他大量买入价格低廉的天然气看涨期权，等待价格回升。

然而，还没等到冬季来临，幸运之神就降临到布雷恩·亨特头上。2005年8月25日，一场史上最大规模的飓风——卡特里娜飓风——席卷了美国。美国大量的天然气生产运营基地被毁，导致供应严重受损。天然气价格立即暴涨，从6美元飙升至10月的14美元，到12月中旬涨至15.38美元的顶峰，随后又快速回落至原先的6美元。

布雷恩·亨特一战成名，他持有的天然气看涨期权给他带来了巨额回报，更幸运的是，连他用来对冲风险的天然气空头仓位也在之后的天然气价格回落中获利不少。他所在的对冲基金Amaranth在2005年的前半年业绩还是负1%，结果8月的业绩直接实现了5%的正收益，9月达到了7.5%，当年该基金的收益达到了15%，管理规模增长至72亿美元。布雷恩·亨特个人拿到了1.13亿美元的巨额奖金。

进入2006年后，亨特再次布局天然气，那个冬天是个暖冬，天然气需求并不旺盛，导致天然气价格起不来。亨特认为，下个冬天一定不会再出现暖冬的情况，到时候天然气需求会非常旺盛。于是，他开始短期做空天然气合约，同时做多天然气远期合约。截至2006年2月，NYMEX中11月天然气空头合约中有70%是他的仓位，2007年1月的远期天然气多头看涨合约中有60%也是他的仓位。可见他当时的仓位有多重。

但这一次，幸运之神没有再眷顾他。2006年8月底至9月初，NYMEX天然气期货的远期合约价格大幅下降，亨特的"短期做空，长期做多"的策略失败了。Amaranth对冲基金遭遇巨额亏损。到了2006

年9月底,这家基金的亏损扩大至66亿美元,被迫宣布破产。

从名声响彻华尔街到陨落,亨特只用了一年多的时间。他的传奇故事就像一颗划过华尔街上空的流星,璀璨,但也短暂。

我查了下2005—2006年的天然气连续合约走势(见图3-3)。真是盈亏同源!

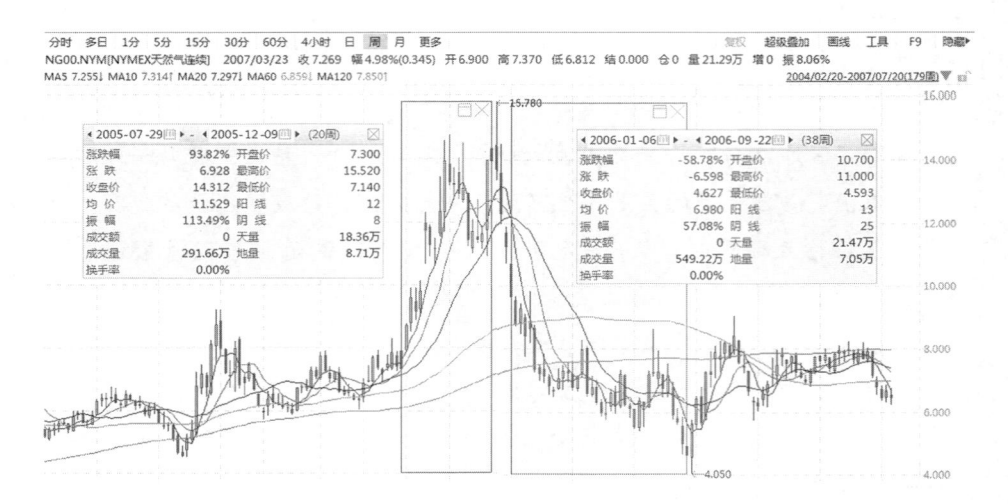

图3-3　NYMEX天然气连续合约走势(2006年1月—2006年9月及前后)

天然气有个特点就是由于存储成本的存在,放置得越长,成本越高,因此远月合约价格往往高于近月合约价格。避开季节转换期的合约价格差异,天然气倒是比较适合做"买近月+空远月"的正向套利。

另一则是2018年11月的视频新闻,视频里某对冲基金经理自述因过量卖出天然气看涨期权,遇到天然气价格暴涨而面临巨大亏损,基金被迫清算倒闭(有篇评论网文叫《那个写书教你交易期权的人爆仓了》)。网络新闻报道如下:

经典期权教材《期权出售完全指南》作者、30年期权老兵詹姆斯·考迪尔(James Cordier)上周因裸空天然气爆仓,亏掉了290名投资者总计约1.5亿美元（据彭博估计）的资金。

詹姆斯·考迪尔之前研究过，期权市场中85%以上的期权都不会被行权，也就意味着卖方最后都白白赚取了期权费（权利金），他觉得这是个好买卖。而且他卖出的期权，行权价格距离当前市场价格都非常远，安全垫非常足。

所以詹姆斯·考迪尔一直认为，他们既利用了期权的特点，放大了交易杠杆，又让组合的波动性比期货更低，说自己是在用保守的方法利用激进的金融工具。这个交易方法詹姆斯·考迪尔是经过自己验证的，后来成功赚到钱，才开了OptionSellers公司。在2009年—2015年10月近7年期间，公司管理的净值涨幅是142.4%，相当于年化为投资者赚了13.8%。

我观看了好几遍视频，对他赖以生存的交易策略的"保守性"仍旧迷惑不解。做期权的卖方，权利金收得爽，但那可是要冒着亏光的风险的！

詹姆斯·考迪尔看空天然气价格，卖看涨期权，且如他所述"行权价格距离当前市场价格都非常远，安全垫非常足"。等接近期权到期日，价格低于行权价，就可以白赚卖出期权的权利金。不过，这样做的风险在于，如果在看涨期权到期日之前，天然气价格突然飙升，超过行权价，期权价格就会一飞冲天。如果此刻没有做任何对冲，那么看涨期权的卖方就等着破产吧！

大起大落的资产总是能引起我的兴趣。

我检视了NYMEX上市交易的美天然气连续合约价格走势，2013年11月—2014年2月，有一波翻倍行情。2018年11月14日，当天天然气价格飙升14.39%，盘中最高涨幅20%，次日又跌了19.35%。这种罕见的巨幅波动引发了媒体的报道。我开始密切关注每日走势，寻找战机。

图3-4是2018年11月前后的价格走势。

图3-5是2018年11月14日的价格走势，涨14.39%。

真正的交易过程很简单。我在2018年11月19日—27日，7个交易日中开仓，并浮盈加仓，做空天然气。我认为我"逮到了一个千载难逢的机会"，

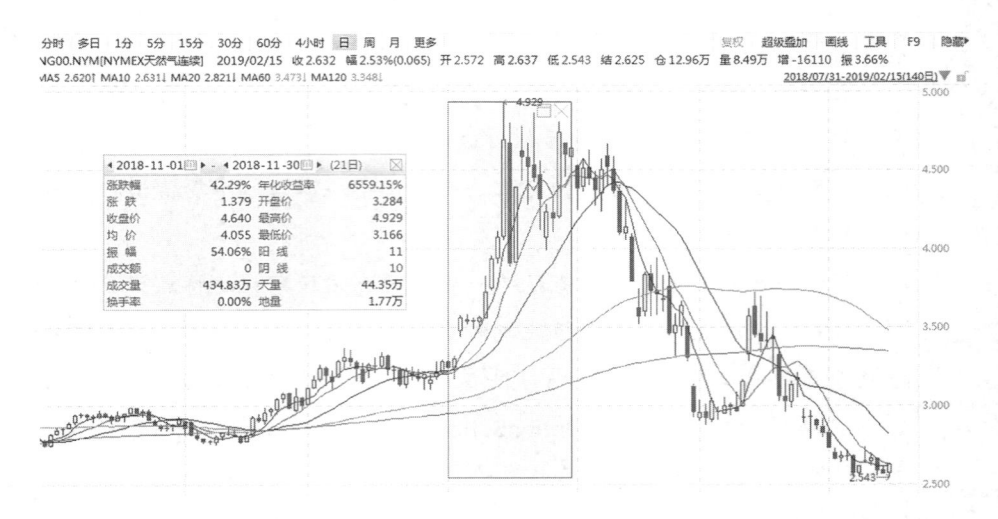

图3-4　NYMEX天然气连续合约走势（2018年11月1日—2018年11月30日及前后）

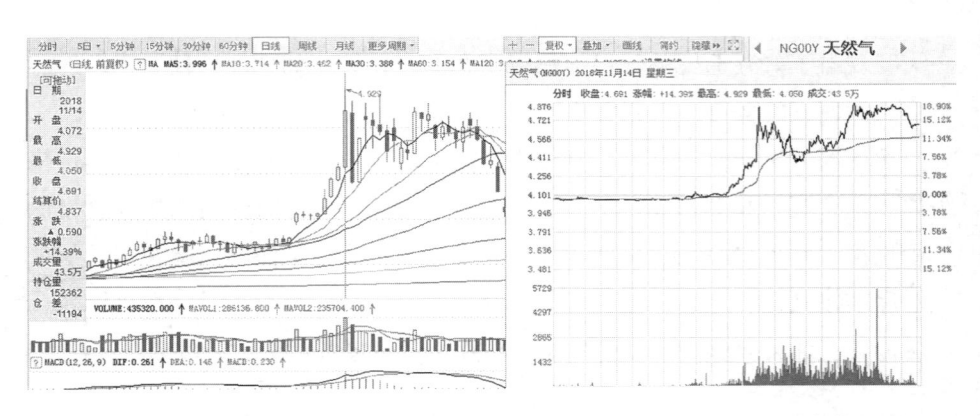

图3-5　NYMEX天然气合约走势（右侧为2018年11月14日分时走势）

我确信天然气价格是不会长久维持在这个高位的。11月14日后，每天的价格走势一直没有超过那天的新高，表明14日那天盘中近20%的涨幅，很可能是空头平仓引发的挤兑交易。如果事实是这样，那么14日的价格会是一个阶段性高点。

　　我被自己的逻辑说服了，前3天在4.5美元之上小心翼翼地开空仓，后4天价格下跌，我一边暗自得意，一边陆续浮盈加仓。我不知不觉把总仓位加到了6成，平均成本4.5美元左右。按11月27日结算价4.292计算，我的空单单笔浮盈4.62%，总账户收益为91%（4.62%×60%仓位/3%保证金）。短短7

天，账户接近翻番。

天有不测风云，11月28日，天然气价格大幅反弹，盘中最高价格4.728，比昨日结算价涨了10.16%。我账户持仓均价浮亏5.07%，总账户亏损100%（5.07%×60%仓位/3%保证金）（见图3-6、图3-7）。

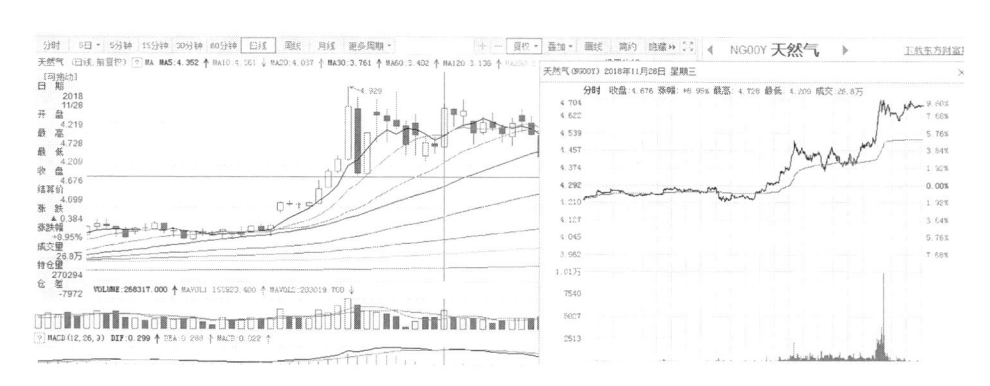

图3-6　NYMEX天然气合约走势（2018年11月28日及前后）

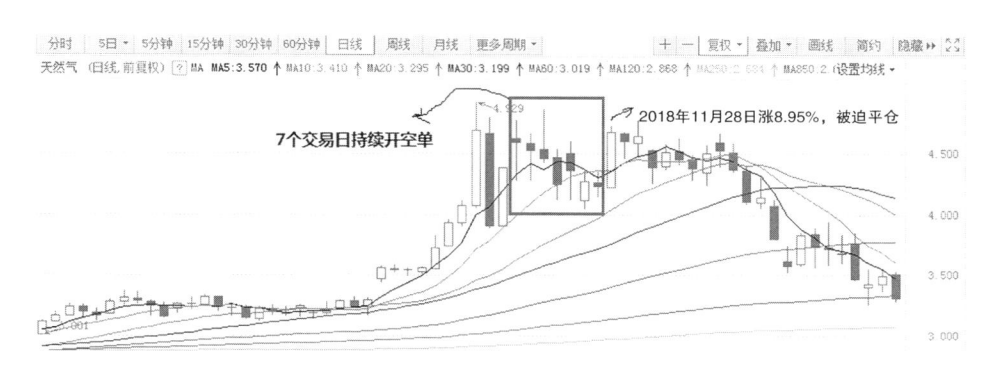

图3-7　NYMEX天然气合约走势（2018年11月中旬开仓区间）

我抱着"干一票大的"的想法交易，浮盈加仓，不设止损，然后眼睁睁地看着仓位强平归零。

失去空头仓位10个交易日后，天然气价格跌破4美元，然后一路下行，2019年1月28日跌破3美元，4月份跌破2.5美元（见图3-8）。我与巨额浮盈失之交臂。

图3-8　NYMEX天然气合约走势

账户里好不容易积攒下来的美元就这么全完了,我被市场波动割了韭菜,轻车熟路地交了学费。

好几个晚上,我都心痛不已,辗转反侧,难以入眠,反复咀嚼《股票作手回忆录》里利弗莫尔的那段话:

> 我确定自己错在做得太早了,但我当时实在抑制不住进场的冲动。后来市场又开始下跌,机会来了。我全力做空,可没料到价格再次反弹,而且弹到很高的价位。我被扫地出门了。我预测对了,却输得精光。跟你说,这事可有意思了,感觉就像这样:我看到前面有一大堆金币,插着一块牌子,用斗大的字写着"随便取用",旁边还有辆卡车,车身印着"劳伦斯利文斯顿运输公司",我手上是一把崭新的铲子,四下无人,所以也没人会跟我抢这座金矿。比别人早看到钱堆,可真是件美事。其实如果停下来看一眼,很多人都可以看到,可惜他们都在看棒球赛,开车兜风,买房子。这是我第一次看到这么多钱摆在我面前,我自然向它猛冲过去。可还没跑到,逆风吹起,把我吹倒在地。钱还在那儿,可我手里的铲子丢了,卡车也不见了。这就是太早冲刺的后果……这件事让我明白了一个道理:即使从一开始就算准了大盘的走势,也不要一上来就大批交易,不然引擎可能会熄火,那可就危险了。

可悲的是，即使接受了亏损的结果，那时的我还是没有学会如何根据每一个标的资产的特定波动率设定合理仓位。我只是能够看到，不同交易标的有着不同的波动率，从而带来不一样的每日浮动盈亏，由此仓位的设定绝对不能一概而论。

重仓本身就是一种不理智的表现。仓位过大，来源于自信，自信是你认为胜率高，或者说你的欲望和情绪高。那么如何理性客观地衡量交易机会的胜率呢？我理解这涉及两个因素：一是判断趋势涨跌结果的正确性，你看多做多，未来果然涨了，这个涨有确定性、有必然性，那么恭喜你，你成功了一半，起码你走在正确的道路上；二是过程管理的正确性。你看多做多，可惜价格在未来上涨之前先跌了，你扛不住浮亏出局了，你丢掉了筹码，你最终一败涂地。

从均值回归的角度看，4.5美元之上的天然气价格是阶段性的，回落是大概率事件。你迫不及待地开了空单，价格果然回落了，你有浮盈，然后就浮盈加仓。很不幸，价格反弹了，你被瞬间扫地出局，后面的行情对你再有利，也与你无关了。

波动是市场的常态，即使处于一个对你非常有利的大趋势里，你也要面对次级逆向趋势和无规律的微小趋势（无序波动）。仓位能否扛过这两种波动？我理解取决于两个因素：一是仓位大小；二是建仓时机或位置。

"重仓+无风控"是一种极其危险的交易方式。即使你对未来趋势的判断极其精准，但过程管理同等重要。其间标的价格的反复会让你失去仓位，甚至失去所有，让你等不到明天的太阳。

这也解释了我在2014年下半年一路做空欧元和石油，但没赚到钱的原因。同样，即使我在2012年12月底开始做空日元，估计自己也不会赚到什么钱。因为我不懂仓位、风控和过程管理。

只要你的仓位不设任何保护性的对冲或止损措施，"爆仓可能会迟到，但永远不会缺席"。即使设了止损，但在类似瑞郎事件的极端行情里，止损单入场的真实成交价都在地板价上，这无疑毫无作用。

我不会放弃天然气交易的，我相信再过几年，市场又会面临极寒或极热天气，导致天然气阶段性供不应求。不过下次我会在隐含波动率较低的情况下，尝试通过做期权权利方来表达市场观点。

很多时候，我都在自我怀疑，我是不是一个纯粹押注点大点小的赌徒？赌徒和一个真正的投机客之间的区别是什么？猜交易标的未来价格的涨跌，凭的是经验还是已经被验证且可以被重复的规律？这个未来是多久？短期、中期还是长期？可这三个模糊的时间段概率又应该怎么被定义？还有，交易标的未来价格的涨跌，趋势级别有多大？趋势过程有多久？它是基本面变化导致的，还是参与者资金面改变导致的？还是纯粹的市场噪音和情绪导致的？又如何跟踪研究各种不同标的的基本面变化？

还有，分析师的思维模式是什么样的？交易员的思维模式应该是什么样的？如果交易员采用分析师的思维逻辑，有什么样的利弊？分析师是否会关注交易员每天面对的生死问题？交易员面临哪些生死问题？交易员如何在枪林弹雨的战场上活着回来？这笔交易决策，思考深刻、透彻、全面吗？所有的因素都考虑进去了吗？是更侧重市场信号分析，还是依赖某个新闻消息事件？

4年后（2022年2月）俄乌战争爆发，欧洲天然气期货价格一飞冲天，我却只是做了回心有余悸的旁观者，这是后话。

回顾这次天然气交易，简单点说，我学了些打虎的皮毛本事，随即鲁莽地跳入斗兽场与猛兽以命相搏，结果被咬得鲜血淋漓、体无完肤。每一次，我都得花很长时间才能从奄奄一息的状态中勉强复活。我本以为自己是"螺旋式上升"，但往往发现其实是处于一种原地踏步的"死亡螺旋"，无法突破。没有什么比这个更令人苦恼了。

一次次的挫败，让自己长期处于身心遭受重创之后的痊愈期。无法自我突破的沮丧，如同日日饮那杯自酿的苦酒。失败的滋味，总是那么苦涩。仿佛总是回到那个满天飞雪的冬夜，自己拖着疲倦的身躯，满怀沉重的心情，在意兴阑珊中一步步迈向归家的路。满腔悲愤，难以言表，作诗以记之：

乌云飞雪遮人眼，
草履蓑衣难御寒；
心倦神乏生归意，

极目四顾两茫茫。
我欲提刀马上跃，
岂奈心有力不足；
日复一日何从去，
空留壮志笑河山。

四、赌错英国脱欧结局大亏三日

明者远见于未萌，知者避危于无形。

——汉·司马相如《上书谏猎》

众所周知，索罗斯在1992年9月狙击英镑一役中扬名天下。1992年9月的我在干什么？正在"两耳不闻窗外事"的准备高考冲刺。没有走出过所在的四线小县城，对苏联解体这种20世纪末期的国际大事件也是毫无感知。

我一直对这种历史性的机遇艳羡不已，希望交易生涯里也能遇上一次，让自己大胆的"练练手"过把瘾。这不，英国要"脱欧公投"了。

为了做好功课，我还是认真复习了一下索罗斯的英镑战役。

英国在1990年加入欧洲货币汇率机制（ERM），汇率中间价锁定为1英镑兑2.95德国马克。为了遵守欧洲货币汇率机制的规则，英国政府有义务保持英镑在中间汇率价6%上下幅度内波动，即2.778 0～3.132 0。

1990年，东、西德统一，东德基建如火如荼，通货膨胀升温，迫使德国采取高利率政策。英国政府为了和德国政府保持一致，被迫也维持高利率政策。但1989年初到1990年9月加入ERM之前，英国CPI从5%升至8%，高利率对通货膨胀无效，反而加大经济衰退风险。由此，保持高利率，面临经济大萧条风险；降息，通胀又下不去，陷入两难。

市场认为英镑币值被高估，会导致英国经济衰退，迟早要降息。交易商开始卖出英镑兑德国马克。为了遏制投机活动，英国央行将英镑利率从10%提高到12%，9月15日当天两次提高利率到15%。

在衰退的经济环境中加息是不可持续的政策，交易员深谙其味。国际炒家瞬间抛出积累了几个月的天量英镑筹码，英格兰银行无力接盘。英镑兑德国马克一泻千里。市场站在了投机客这一边。

1992年9月16日黑色星期三，英镑危机日。下午5:00，梅杰召集内阁成员开会。晚上7:00，莱蒙宣布"政府认为只有中止作为汇率机制成员的资格，英国的最高利益才能得以维护"。晚上7:30，英国实行英镑自由浮动，当天收盘2.71。几周内英镑兑德国马克贬值15%，9月末跌到2.5。

在此之前，索罗斯通过德国联邦银行总裁在一次集会上的讲话，推断出意大利里拉极可能贬值。于是他通过做空里拉获得了一些利润，这些利润增加了他做空英镑的筹码。

客观地说，那时外汇市场每天的交易额高达1万亿美元，索罗斯的100亿美元相对而言还是小的。所以并不仅仅是索罗斯打倒了英格兰银行，而是市场投机资金集体行为导致的。索罗斯只是当时市场投机客中最大的一个而已。他的水晶球在于逻辑分析和现象观察。市场发生的现象包括：第一，1992年7月德国把贴现利率提升至8.75%，英镑从2.95跌到2.796 4，直至英格兰银行买入33亿英镑才止跌。第二，9月初，芬兰马克对德国马克急剧贬值，随后与德国马克脱钩。意大利里拉对德国马克也急剧贬值7%。第三，9月11日德国央行行长继续表示不会降息。因此，从基本面和市场反馈看，英镑不可能长时间维持在高利率，那就意味着英镑迟早要降息、贬值。做空英镑已不是能不能做，而是何时去做的问题。

必然性保证了胜率。如同股票价值投资，剩下的就是交易工具（期货或期权）、仓位和时机选择问题。

"脱欧"公投于英国当地时间2016年6月23日上午7点（北京时间6月23日下午3点）开始。公投结果将影响英国未来是否留在欧盟。

英国1973年加入欧盟前身的欧洲经济共同体（EEC）。但英国并非欧元区国家，可以发行自己独立的货币，拥有自主的财政政策。这使英国很难真正加入欧洲大陆的事务处理。英国保守党内部认为欧盟未来一些政策趋势也可能损害英国的利益。而欧债危机时期，各种利益分歧明显，不仅使英国的疑欧之心快速发酵，也加快了脱欧脚步。

最终的计票结果，支持脱欧选民票数17 176 006票，占总投票数52%。支持留欧选民票数15 952 444票，占总投票数48%。公投拉开了英国脱欧的序幕。在此之前，分析欧盟成员国资格对英国利弊的文章很多，我看得一头雾水，捉摸不透脱欧对英国股市短期涨跌的影响。

6月24日下午3点欧洲盘开盘。英国富时100指数开盘就单边往下跌。我看到"市场已表明了对英国脱欧的态度，站在了空头那一边"，随即下了空单。开盘不到10分钟，指数就跌了8.6%，账户里的空单迅速呈现出浮盈。这更加坚定了我的判断，即"英国脱欧对英国股市是利空"，接下来股指很有可能再下一个台阶。于是我在盘中连续加空仓。当天收盘前市场大幅回升，仅跌了3.15%。我的空单回吐了利润，略有亏损（见图3-9）。

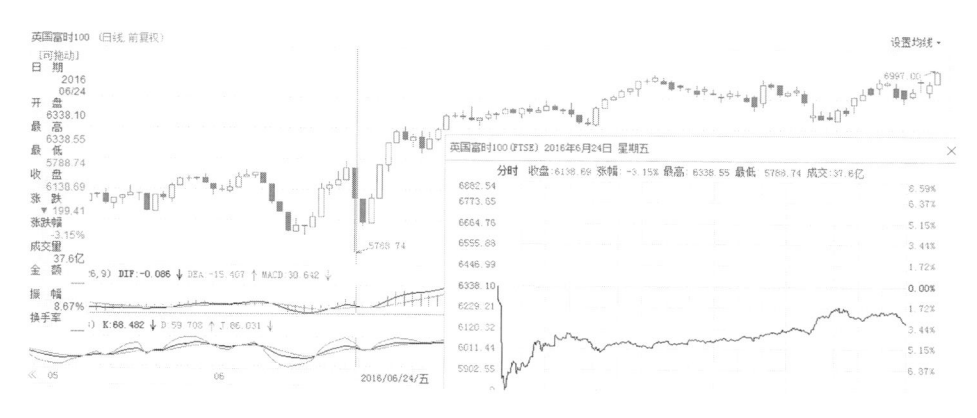

图3-9 英国富时100指数走势

第二天，指数单边下跌了2.55%，这额外给了我信心，让我确信"下跌趋势开始形成"，于是继续加空仓。

结果，随后富时指数连涨四天。我空仓全部被强平，再次爆仓出局了。

我本应该没有观点，马上"空翻多"，这才是真正按"市场事实交易"。但我突然"聪明到"开始"预测市场"，先在脑子里有了一个观点。细细想来，这是开盘10分钟内的空单浮盈带给自己的自信，让我坚定地认为"市场已经开始下跌"，随后的上涨"只是反弹"，是"加仓做空的机会"。

这是一次惨痛的教训。我发现自己面对市场时，并没有想象的那样"灵活多变"，反倒显现出鲁莽、固执和孤注一掷的愚蠢。我知道，这些都是自我毁灭的因子。

我想到了索罗斯在1987年美股崩盘时的表现。之前索罗斯认为日本正在形成金融泡沫，所以预期大崩盘会在日本开始，所以做空日股做多美股。1987年10月全球股市崩盘。10月19日美国股市开盘，道琼斯工业指数一天之内暴跌508点，跌幅达22.6%。美国股市暴跌导致世界主要市场恐慌指数直线上升，全球股市在道琼斯的引领下全面崩盘。这就是著名的"黑色星期一"。索罗斯大亏一场，但靠着干净利落的斩仓，全年他的基金仍盈利14%。

我真应该用"宽跨式期权策略"对待英国脱欧这种巨大的不确定性事件。

亏钱并不会让我感到害怕。那是游戏的一部分。我担忧的是无法确定自己的交易决策是否在正确的程序上。方法错了，逻辑错了，你也可能赚到钱。但市场终究会奖赏一贯正确的人。

我整天被这些问题困扰，同时又乐在其中，无比享受。我也知道，光想是没有用的。脑子里每天一闪而过的想法犹如千军万马。还是得实践，实践出真知。在交易世界里，实践的另一个代名词就是付学费。如果你不能从别人的教训中多学一点，就得多付一点代价。

即使你付了学费，也不一定学到正确的东西。即使用昂贵的学费换来一点宝贵的教训，也不能保证以后不再犯。市场就是这么神奇，如我般拙劣的投机客活得就是那么艰难。

五、德指上的"麦城"

> 古之所谓善战者，胜于易胜者也。
>
> ——《孙子兵法·军形》

我在德指上的交易，曾经给我带来丰厚的利润。顺风顺水的时间里，我的交易胜率保持在80%（其实正好处在单边上涨市里不断做多）。

我自信心爆棚，一度认为自己在日内交易领域"颇有天赋"。交易后期，我已经轻率到不设止损（等待主动平仓）；容忍大幅回撤（想保持80%的高胜率记录，不肯主动小亏损平仓）；逆市加仓（对自己对趋势变动信心极高，把价格下跌当成趋势的小级别回调的加仓机会）。

终于有一天，市场这只无形之手来收拾我了。我把连续不断的下跌，当成上涨趋势中的小回撤，于是"抓住机会"，在每一次回调中小幅加仓，试图"摊低成本"。

世界上没什么比亏损加仓、摊低成本更愚蠢的事情了。

具体发生的时间段很有趣。那时我正在广西柳州出差，晚上柳州的朋友热情邀请我去夜游柳河。我盛情难却，带着对陌生地好奇游玩的心态欣然赴约。柳河水流湍急，颇为壮阔，沿河两岸五彩霓灯，变化万千，美不胜收。我出宾馆前还下了一单交易，所以一直心有牵挂，在游船上不时稍稍看着行情。意外的是，手机突然没电了。我知道有不少多单没有设止损。我预感不妙，心里暗暗叫苦，但又无计可施。

晚上回到宾馆，打开电脑一看，大势已去！仓位过重，扛不住下跌，多单不断被强平，几乎接近爆仓。

我在2015年1月至4月初的单边上涨30%的市道中不断做多，赚到了巨额利润，但在4月中旬至7月初的震荡下跌市道中继续做多，最终全军覆没（见图3-10）。我的大脑里保留了先入为主的"做多"的观点。我带着主观判断去交易。我既不客观也不中立。我并没有按市场事实交易，同时也违背了4大交易纪律（不设止损、亏损加仓、过量持仓、处于不利的交易环境）。

我对自己的错误一清二楚，但我不断犯错，无法彻底纠正。我心存侥幸，认为"价格很快会反弹"，我不愿割肉止损，害怕降低交易胜率。我拒绝在下单的同时设止损位。我不想交这份额外的"保险费"。

这就是逆势加仓死扛德指的交易经历。"成也萧何，败也萧何。"德指就是我的"萧何"，那一刻，我就是那个"韩信"。

就这样反反复复几年，我对如何赚小钱亏大钱已经颇有心得。

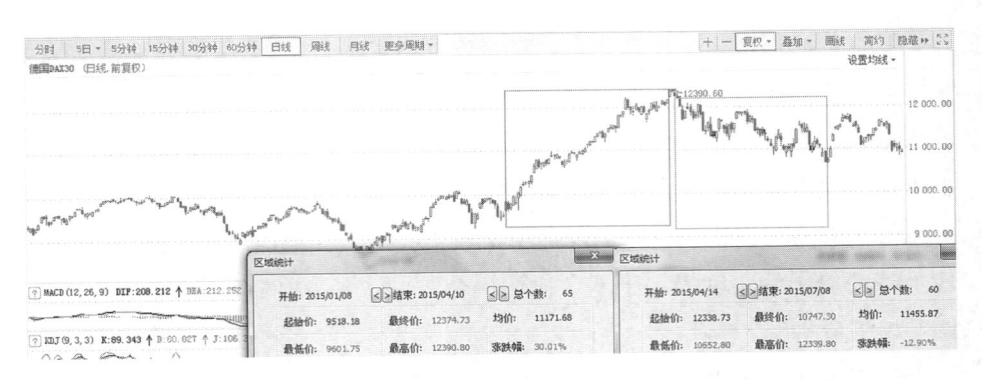

图3-10 德国DAX30指数走势（2015年1月—2015年7月及前后）

兜兜转转，一脚踏入市场，对交易的思考就永不停止。涨涨跌跌，赔赔赚赚，岁月竟然就这样蹉跎过去了。

百无一用是书生，
误国误事又误人；
贪懒馋色戒不断，
映雪偷光终可成。

六、白费心血的两年钯金战役

> 天下战国，五胜者祸，四胜者弊，三胜者霸，二胜者王，一胜者帝。是以数胜得天下者稀，以亡者众。
> ——《吴子兵法·图国第一》

投资国债是高胜率的，持有到期，稳赢稳赚，可惜盈亏比太低；外汇是高盈亏比的，可惜胜率太低，稍有不慎，就会粉身碎骨。有什么投资标的，是可以既有高胜率、又有高盈亏比呢？我整天在琢磨这件事情。

不管是某一种商品、某一个外汇交易，还是单只股票，要走出一波超级大牛市，一定是基本面改变带来的强大驱动力。基本面的变化就是最靠谱的趋势。对商品而言，就是供求关系。套用市场经济的两大基本规律之一，供求规律起着作用。商品供不应求，价格上涨，较长时间的供应紧缺叠加应用需求的激增，价格不涨才怪。

寻找这样的品种是交易者每天要做的功课。我用大脑里的交易之锚全天候扫描市场上的各类商品，就像一个24小时工作的军用雷达。通过长年累月对市场的观察，一点一滴地理解各个大类资产的运行规律，不断积累各类商品的生产成本、历史平均价格、历年波动区间，以及重大事件对价格的影响。

2016年，国内的商品期货一改2015年的颓势，涨得如火如荼，尤其是黑色系商品，呈现全面大牛市，"绝代双焦"冠绝群雄。我积极参与黑色系行情，后又在"双十一"夜大胆做了空头，短线获利颇丰。精力有限，对外盘商品的关注也就少了。进入2017年，国内商品期货开始进入震荡的牛皮市，操作难度大起来了。我重新把目光转向境外市场。

最早是在2017年年初开始关注钯金。那是一次例行的全球市场各类商品周线、月线复盘比较。通过连续几周的观察，我发现同一时期4个贵金属品种（黄金、白银、钯金、铂金），钯金走势最强（见图3-11）。

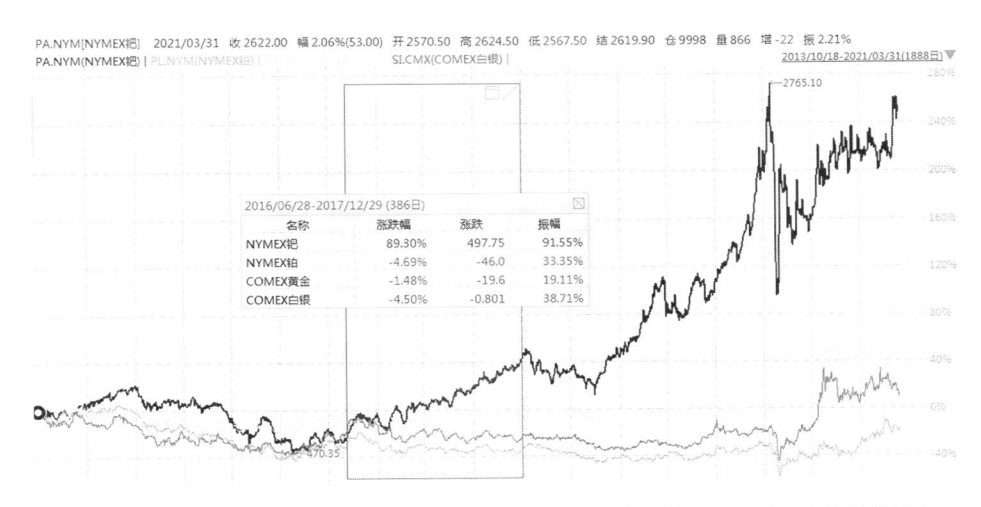

图3-11 钯金、铂金、黄金、白银走势对比（2016年6月—2017年12月及前后）

2017年全年,我在钯金上不断做短线交易,赔赔赚赚,有了盈利就浮盈加仓,后来在年底的一次深幅回调时回吐了大部分利润,最终没赚啥钱。直到2018年1月,我回头看,钯金居然走出了长达1年半的大牛市。我内心大呼后悔。

我加大了对钯金的关注频率。在整个2018年上半年,我都格外关注钯金的走势。我在耐心等待它调整结束,重回升势。我统计了当时的市场数据:从2016年6月15日至2018年1月15日,钯金从535.95美元升到1 124.5美元,涨了109.81%;从2018年1月15日至2018年8月15日,钯金从1 119.9美元跌到830美元,跌了-25.89%(见图3-12)。

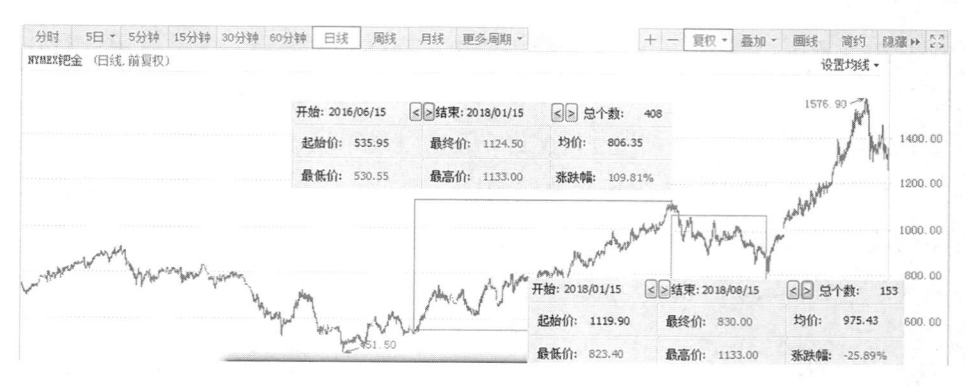

图3-12　NYMEX钯金合约走势(2016年6月15日—2018年8月15日及前后)

2018年7月—8月,市场对钯金的报道逐渐多了起来。我如饥似渴地搜寻关于钯金的一切消息,越发觉得钯金从基本面看,具备长线上涨潜力。从技术图形看,重新走出了上升趋势。

通过分析基本面的变化因素,结合技术面的趋势,不禁心里暗暗惊呼,众里寻他千百度!我心心念念要在基本面上寻找一个供不应求的商品,然后在技术面上走出牛市的商品,今天终于出现了!我终于找到了!钯金,我爱你!

外盘经纪商提供了100倍的杠杆,够刺激。基本面支持、技术面支持,我确定这是一个高胜率高盈亏比的交易。

我摩拳擦掌,准备大干一场。

我从2018年8月开始，信心满满，加入战斗。我小心谨慎地一点点建仓，一点一点地浮盈加仓。交易大师斯坦利·克罗说，顺势仓位越大越好。嗯，那就继续加仓！

我下决心要做一名"猎鲸者"——你是去猎杀一头巨鲸，而不是用数年的积累和等待去挖一小勺鱼肉。我告诫自己，金钱雨要来了，倾盆大雨时，要用桶接，不要用碗接。我拿出了所有的锅碗瓢盆。

前文已经提到，2018年是A股投资者的悲惨世界，全年单边下跌，怎么做怎么亏。这使得我更想做好钯金交易。说实话，按照严谨的投资流程，我理应先对全球前几大供应商做实地尽调，再与现货贸易商见面聊一聊销售现状，再深读几篇行业研究报告，并与资深研究员开个视频电话会议，再每周更新NYMEX里生产商、机构投资者持仓变化，最后制定交易策略和交易计划。

可惜，作为业余交易者的我并没有条件做前面那些事。分析简单，决策粗暴，个人投机客就是这么一穷二白。

我回顾了交易日志中，当时对钯金基本面的了解情况。

基本面情况：

（1）钯元素符号Pd，是铂族元素之一。具有绝佳的特性，常态下在空气中不会氧化和失去光泽。钯金是世界上最稀有的贵金属之一，世界上只有俄罗斯和南非等少数国家出产，每年总产量不到黄金的8%。钯金是镍和铂矿开采的副产品。

（2）钯是1803年英国化学家、物理学家沃拉斯顿首先从粗铂中成功地分离出来的一种白色稀有金属，它具有银白闪亮的光泽，在常态下不易氧化和失去光泽，而且非常坚硬耐磨，所以也会被拿来制作成首饰。但是由于其独特的化学及物理特性，致使加工难度大，熔炼时容易飞溅，金属损耗大，因此虽然钯金的特性比铂金更加优秀，但是一般情况下还是更多选用铂金来制作首饰。

从供应上看，钯金供应不足。

（1）数据统计，2016年俄罗斯、南非与加拿大钯金的供给占比分别达到了41.02%、38.07%与13.21%。俄罗斯是全球最大的钯金生产国和出口国。美俄关系的持续紧张造成市场对于供给稳定的担忧，南非的矿山受罢工、设备陈旧以及开采成本上升等影响导致产量大幅下降。

（2）钯金正处于结构性供应不足，这个问题未来两三年都不太可能解决。市场预计钯金供不应求将持续到2020年，导致20年来最紧张的市场。

从需求上看，工业用途的拓展使得用量激增。

（1）钯金91%的需求来自工业和生产应用。从钯金的需求端来看，钯金主要应用于汽车尾气催化剂和首饰行业，其中73%应用于汽油汽车尾气处理催化转化器，铂金主要用于柴油汽车尾气净化。

（2）钯金主要用于汽油车的催化，也可用于日益流行的混合动力汽车。由于各大经济体，特别是中国致力于减排，执行更严格的汽车排放标准，这意味着汽车制造商需要更多的钯金生产催化转化器。

2017年汽车制造商的钯金需求占整体消费的逾4/5，10年前这一比例才略超一半。

结论：

钯金今日走势，让人想起了2005年5月—2006年5月的铜，2009年8月—2011年8月的黄金，2009年11月—2010年11月的棉花。能否成为后三者，且行且珍惜。

为了调整自己急躁的心态，我不断给自己做心理疗愈，不断默念：在牛市里赚4个点就急着套现的人永远发不了财。只有大势能为你赚大钱。

前文提到，我在2018年11月做了几周天然气交易，结果功亏一篑，大败而归。所以这次对钯金的加仓，我努力要求自己不急不躁（见图3-13、图3-14）。我在2019年1月20日的周记里这么写道：

明星终于来了。过去的一周钯金加速上扬，疑似进入主升浪。钯金是从2018年8月重新开始上涨的，连续6个月月线收阳，已上涨约45%；今年前13个交易日已经上涨了11.7%。2018年1月—8月回调－9%，中途曾参与做空，浮盈后迅速反弹触及止损线（成本线）出局；

2017年全年上涨55%，12个月就5月份收阴，其余月月上涨。

全年一路做多，不断浮盈加仓，最后在顶部的一次深幅回调之后回吐全部利润；跟钯金已经斗争第3年了；历史规律：基本面决定趋势，基本面就是趋势，大行情要有大作为。

图3-13　NYMEX钯金03合约日K线走势（2019年1月2日前后）

图3-14　NYMEX钯金03合约周K线走势（2018年12月28日前后）

我在心态、研究上做了能做的所有功课，自认为对这场战役准备充分。2019年3月26日，钯金跌6.37%，3月27日，跌7.46%。一周时间，钯金价格从最高1 576美元跌到最低1 303美元，跌了17%。

我被2天的大幅下跌击溃了。我的仓位，我的十几倍的巨额浮盈，突然就消失了。它离我而去，决绝且悄无声息，就像被微风吹起的尘埃。

我白白忙活了小一年。好几天都处于悲怆的无力感之中。

缓过来后，我反思：又错过了这么一个大牛市品种，我败在哪里？我从2018年8月起开始建仓，9月、10月直到2019年3月，逐月浮盈加仓。我犯的错误起码有三个：

第一，没有设置止盈位。我不断浮盈加仓、累积多单，大有"毕其功于一役"的架势，我在浮盈的喜悦中，全然忘了市场价格会急剧波动，忘了自己能否扛过波动。

第二，没有"倒金字塔"式的加仓，以致平均建仓成本不断上移，从最初的1 100美元到超过1 400美元。

第三，对新加仓的多单没有设置止损。

总之，我犯了2017年交易钯金时同样的错误。究其原因，是我没有从根本上吸取上次错误的教训，也没有真正改正错误。浮盈加仓不断提高平均持仓成本，对回撤幅度的预估远远不足。如果这种交易策略不改变，未来再遇上大行情，还是会重蹈覆辙。

"盈利的仓位，越大越好；亏损的仓位，越小越好。"我一知半解地执行了这句话，选对了方向，却没能保护住账户的盈利。

图3-15是2018年8月—2019年3月NYMEX钯金走势。7个月，单边上涨了70%。

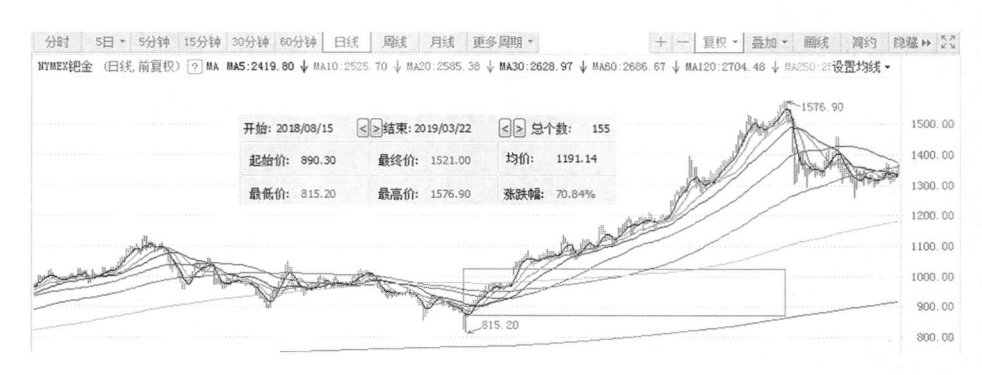

图3-15　NYMEX钯金走势（2018年8月—2019年3月）

图3-16是2019年3月下旬连续一周的下跌，跌幅12.77%。

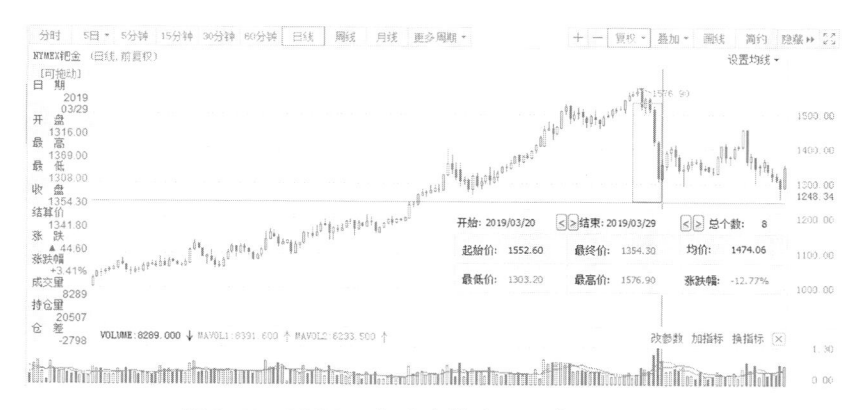

图3-16　NYMEX钯金走势（2019年3月下旬）

2016年6月开始第一次做钯金交易，到2018年8月—2019年3月的全身心投入，整整持续2年的钯金战役，我依然一无所获。我为不正确的加仓策略、不止盈、不止损付出了巨大的代价。钯金的交易结局让我不得不接受一个现实，我根本不具备持续的、稳定的赚钱能力。

事后我沉痛反思此次交易，一度认为自己已经吸取了足够的教训。又过了2年，我才明白，那时候的钯金只是给你个小教训，精彩的还在后面呢。在2020年年初的新冠疫情造成了美股崩盘，同时在黄金暴涨的那一战役中，我在黄金上谨小慎微地逐步分批建仓，不到一个月内又取得了数十倍的盈利。具体在随后章节详细描述。

激烈的战斗过后，内心渐渐地冷静下来。我明白了，我赚不到钱，是因为我还配不上那些钱，一如你还配不上那些如花似玉的姑娘！

那些冷冰冰的商品啊，恰如情窦初开时朝思暮想的她，让你情不自禁，思绪翩跹。

想听你音，

想见你影；

想乱你心，

想动你情；

想 吻 你 发，
想 亲 你 颊；
想 执 你 手，
想 梦 不 醒。

七、兼论止损和止盈

知止而后能定，定而后能静，静而后能安，安而后能虑，虑而后能得。
——《礼记·大学》

限定你的风险，但不要限定你的回报。

一直认为这句话是交易的精髓，但做到极难。因为人性有逃避压力和痛苦的本能，这是非理性交易行为的根源。在痛苦焦虑、紧张不安的情绪中，人会自发产生免遭心灵折磨的自我防御机制。这就出现了在交易中最普遍的现象：对亏损的仓位心怀希望，牢牢抱住不放任其损失扩大，并常常假装视而不见；对浮盈的仓位心怀恐惧，因害怕浮盈消失而过早卖出，从而错失后续唾手可得的利润。

失去浮盈的恐惧，会驱使投资者做出非理性行为：过早平仓。尤其当浮盈在市场反复震荡中失而复得后，内心对再次失去浮盈的焦虑，会更快做出平仓决策。随后你会大大松一口气，压力一下子舒缓了。当你平仓后，市场朝着不利于原来仓位的方向走时，你会庆幸自己竟然如此"睿智"；当趋势继续发展，让你错失一大笔利润时，你又懊恼沮丧。但当上述情形再一次出现时，你未必就能变得更加理智。

如果你每次面对大机会时只能赚小钱，那很难成为一个交易成功者。往往那些小盈利还不够弥补其他交易的亏损。克服内心对失去浮盈的恐惧，是一件艰巨的任务。

而浮亏，每天都是煎熬和折磨，会让人内心产生压力和痛苦。内心回避痛苦的本能方式就是对亏损仓位不闻不问，同时产生侥幸心理，希望市场很快会扭转颓势、扭亏为盈。因此浮亏的交易者会下意识地避免打开账户、查看行情，并试图让自己遗忘掉亏损的仓位，心里则暗暗祈祷等价位回升到成本，就马上平仓出局。实际上，不管你看不看它，浮亏实实在在地出现在你的账户里。你不去处理，不去直面问题，情况可能会越来越糟。遗憾的是，不能限定大的损失，在投资的路上不可能走得很远。

通过产生希望来逃避痛苦是人性使然。促使投资者做出那些非理性行为的驱动力，是本能地远离不愉悦的负面情绪，把自己从压力中解脱出来。由此出现这样一个现象：在盈利时，投资者是风险回避者，投资风格会更加保守，趋向于回避风险，尽快卖出锁定利润；在亏损时，投资者又变身为风险偏好者，投资风格变得更加激进，敢于持有亏损仓位，无视市场风险。

紧张、焦虑、恐惧、痛苦，种种因心理负面情绪产生的自我防御机制，带来了"处置效应"和"损失厌恶心理"，让投资者卖出盈利仓位，放任亏损仓位。很遗憾，只有学会直面痛苦、处理痛苦，你才有机会成为一名成功的交易者。那就是在大灾难发生之前，迅速了结亏损的仓位。同时采用有效停损的实用方法，下单时同时设置止损价位。

唯有你改变了应对之道，学会了如何处理那些人的天性、与生俱来的负面情绪，你才有可能成功。在交易世界里，必须做一个不受情绪支配的人。

杠杆投机交易，如同在太平洋里游泳，在飓风面前，业余游泳爱好者和专业运动员差别不大，但是否有救生圈差别很大。有救生圈的业余选手有可能存活下来，没有救生圈的专业选手也可能命丧大海。

我曾经一度质疑杠杆交易是否真的要每单都设置止损？每次想到这个问题心里就五味杂陈，因为我被止损和不止损来回打脸，反复接受市场教训。设置了止损，被市场触发后，价格又沿着原开仓方向一去不回头；不设置止损，在经历多次爆仓后，终于回归理性和现实。

现在我的答案很明确：必须止损，错了也对。不设止损，如同开车不安装刹车系统，你是不能上路的。这是事关生死存亡的大事。如果把交易当作一门生意，因止损发生的损失——房租、人工等经营成本，是必须承担的。在杠杆交易中，不设止损，面临的爆仓风险是100%，只是发生的时间问题。

安德烈·科斯托拉尼说："最难的是在证券市场里承认赔钱，但就像外科手术，在病毒扩散之前，必须把手臂截肢，愈早愈好。要这样做很难，100个投机家中也许只有5个人能做到。证券交易玩家所犯下的最不可原谅的错误，是设定获利的上限，却让亏损不断膨胀。一名正确操作且有经验的投机家会让利润增加，然后以相对较小的损失出场。"

　　投机客不能只知道止损而不去调整。如果你没调整，唯一可能的结果是你被亏损修理得还不够深刻。当然，你可以站起来大声地反驳一个我无法反驳的理由：你不止损，是因为你已经破产到无法再开仓。如果是这样，你真是一个不折不扣的机智的老二。

　　为了做好止损，我尝试过很多种方法。

　　（1）技术指标止损，比如在上涨趋势中，价格跌破20日移动平均线即止损；或者下跌突破技术支撑位即止损；

　　（2）价格定额止损，比如开多单后，价格跌2%即止损；

　　（3）绝对金额定额止损，即亏损达到一个固定金额后止损，比如一个具体数值，或总账户市值或开仓金额的一个比例；

　　（4）保本止损，当开仓有浮盈后，迅速将止损线调整到开仓成本价，确保本金安全；

　　（5）动态止损，类似于止盈，当仓位有浮盈后，将止损价调整至75%浮盈的价格，或者设置一个价格点差，跟踪止损；

　　（6）离场止损，当发生身心健康、情绪控制、交易环境、资金性质、行情基本面等重大不利变化时，无条件平仓离场，退出交易。

　　我常常感叹合适的止损太难。止损设置是艺术。设得过窄，来回止损白白损失本金，设得过宽，一旦触及损失太大。怎么样的止损能够兼顾科学与艺术？一直在摸索的路上，没有标准答案。

　　请看下面一个案例。

　　我在2021年2月23日开仓做空美国罗素2000指数CFD差价合约（见图3-17）。从5分钟K线图上，我在2 200.4点开空，随后的10分钟内指数跌至2 170点，技术走势出现加速下跌迹象。于是将止损位调整到成本价附近2 199.4点。不料20分钟后，股价反弹触及止损，本次交易近乎平手出局（见图3-18）。

图3-17　罗素2000指数CFD合约5分钟K线走势（2021年2月23日）

图3-18　罗素2000指数CFD合约买卖交易记录（2021年2月23日）

标的随后涨到2 300点，又上涨了100点，即涨幅4.5%，庆幸的是我设置了止损，否则就亏大了。

记一次不完美的持仓和止损。

2020年4月9日，欧佩克原油减产会议达成一致，原油价格瞬间飙升（见图3-19）。此时原油价格仍处于下降通道，"买消息，卖事实"，我判断市场出现了最好的卖空时机！我入场开了空单，但一分钱没赚到。主要原因是我设置了过窄的止损价位。

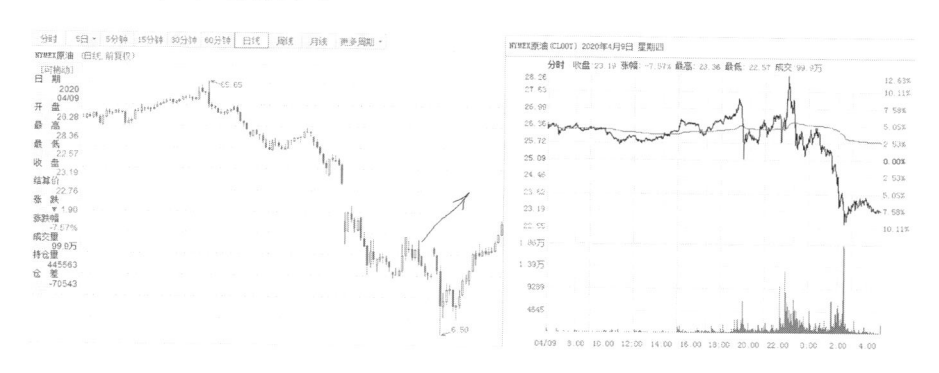

图3-19　NYMEX原油2020年4月9日分时走势

图3-20的圆圈位置为开空单处,结果止损设置过窄,触及止损被强平,随后油价一路下行。

图3-20　NYMEX原油2020年4月9日分时走势

实际交易见图3-21:22:40开空单,29.326美元;22:55触及止损29.411美元,被强平,亏损0.85美元/份;22:57继续开空单,28.876美元,22:58触及止损28.94美元,被强平,亏损0.64美元/份。在我失去仓位后,原油价格一路下行。

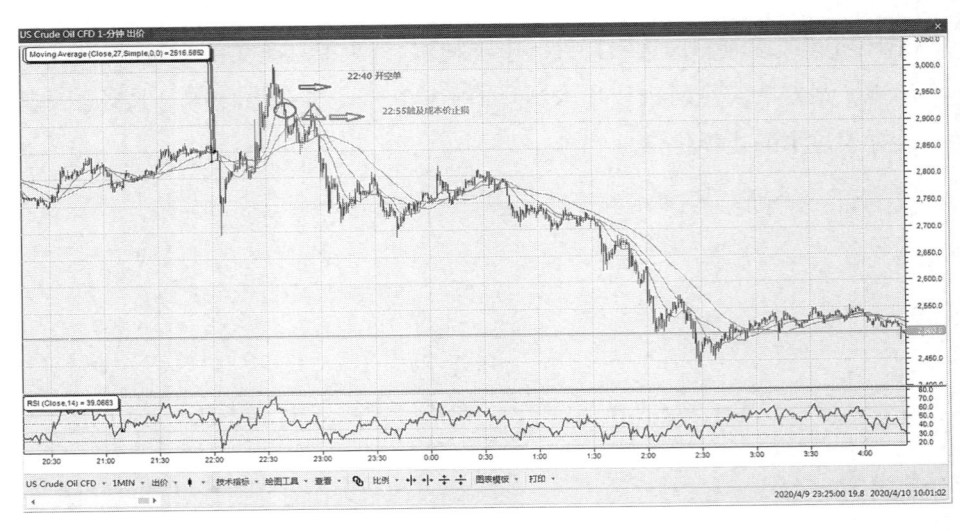

图3-21　美原油CFD合约1分钟K线走势(2020年4月9日分时走势)

原油波动巨大，为了尽可能保全本金，我设置了过窄的止损位，结果触及止损后，价格沿原开仓方向一路前行。在大行情面前，我丢掉了潜力巨大的筹码。过于保守的止损单，被随后的反弹瞬间触及。连续两次受挫，信心受到打击，内心退却了，对盘面的反弹感到迷惑，忘记了初衷，想继续观望一下。然后眼看着油价一路下跌，无能为力。

事后反思，自己未能成功的原因如下：

（1）对行情有预判，事后看相对准确，如成功将是一笔"完美的交易"，但当下那刻内心仍将信将疑，不相信油价真的会在利好飙升后"迅速翻脸"；

（2）使用1分钟K线走势图做交易辅助，并在此短周期趋势变化上设置了过窄的止损位；

（3）接近午夜，身心疲惫，精气神不足，没有战斗的激情；次日要上班，想早点睡觉，不想连续熬夜，没有长时间作战的欲望；

（4）4月10日是复活节，欧美休市，不敢持仓过周末，也怕当日套牢后无交易时间等待解套；

（5）对仓位和机会大小没有深入的思考和规划，"不敢相信行情又会有这么大"，认为即使小仓位试空、追空，也赚不了太多，损失点交易机会也无所谓。

按凌晨2:30油价24.50美元算，一时的犹豫，错失了16%的下跌幅度！哎，反正错过的总是大鱼！

在杠杆交易中，不止损绝对是不行的，市场总会涨到你无法容忍的价格，让你巨亏止损后再回落。指标、波动性、图形形态、金额，止损方法很多种，每个人都有不同的止损方法。我比较认可这样一个观点：如果我是对的，那什么事不应该发生？这个问题的答案就是止损点。

止损是如此的重要，以至于直至我学会并做到了止损，才真正感受并拥有了交易的自由。撒旦之门需从内部关闭，从此不受魔鬼的诱惑和侵扰。止损如同你每年为你车辆缴纳的机动车交通事故责任强制保险（交强险），需要统一计算在交易成本之内。想省小额保险费用的，市场总会某一天一次性过来收笔大的，收到你痛彻心扉、痛不欲生。

但止损位的设置极富挑战性。过窄容易频繁触发，过宽触及一次就是大损失。要命的是，往往触及止损平仓后，市场继续沿原有开仓方向前进。止损真像是一门艺术。止损金额（亏损金额）既和仓位资金比例有关，也与总账户资金比例有关，这就涉及采用多大仓位的问题。仓位大小又跟交易标的日均波幅（ATR）大小有关。

设定止损是容易的，难在执行。只要你有能力控制大的损失，什么方法都可以试。市场常常会出乎意料地大起大落，如果进场点位不理想，被打止损是家常便饭，你要学会心平气和地接受。

不用害怕成为短期输家，你的目标是成为长期赢家。

止盈的设定。

一旦入场建立仓位，浮盈最终会有多大，只能由市场告诉你。有时候浮盈会像过山车那样大起大落。这是一个是否要设置固定止盈位的问题。市面上通常有几种解决方案。比如，前期压力位、黄金分割位、心里财务目标价位等。当仓位市价小幅度脱离成本区，且已出现明确趋势后，我会动态调整止损位到成本位，由此确保该笔交易不会损失本金。

设置止盈线往往和设置止损一样困难。我尝试过几种方法。第一种是放在价格趋势的前期压力位；第二种是2～3倍盈亏比的价位；第三种是根据自己历史平均收益率设定止盈；第四种是回撤止盈，浮盈回撤到75%的位置即出局；第五种是固定点位跟踪止盈。采用哪一种方法，需结合交易周期（日内、趋势、中长线）、交易品种以及仓位大小灵活运用。对于期货品种到达目标价位后，按每次10%的仓位比例逐步减仓、平仓，能够守住一个大波动后的胜利果实；对于期权权利方品种，有了浮盈后收回本金，仅让利润继续持仓，心理压力会小很多。

如果价格刚过成本线，就迫不及待地把止损线调整到成本价，确保本金不受损失，这样做的代价往往是价格一个正常回调，容易扫到止损线，从而过早丢失仓位。如何保护盈利，就通过动态调整止盈线来实现。不过，不要轻易挪开止损线，保住本金总是好过由盈转亏。

交易不是为了完全规避损失，而是控制损失。只要有仓位，就得面对市场的正常波动，就得面对必然发生的浮盈浮亏。把控制损失的环节做好就行。

在出现了较大浮盈后，我会继续动态调整止盈位。为了防止浮盈大幅回落，我通常设置为已有浮盈的75%位置。确保每次盈利能实现其中的75%。

如果止盈后趋势继续朝着原有仓位的方向，此时需忘掉上一笔交易，把接下来的行情当成全新的建仓机会去操作。立即以更高价买回刚刚低价卖掉的仓位，对很多投资者而言都是艰难的，这是"锚定效应"在作怪。记住，不受上一笔交易的负面影响，把每一笔交易当成独立事件对待，是成功交易者最显著的心理优势。

胜率与盈亏比。

胜率，是指获利次数与总交易次数的比例。交易10次，盈利6次，胜率是60%。但光有胜率是不行的，盈利6次，每次赚5%，亏损4次，每次亏30%，结局可想而知。

盈亏比，是指盈利交易的单笔平均盈利额与亏损交易的单笔平均亏损额的比例。（盈亏比另一种表述为，账户累计盈利与累计亏损的比例，本文不采用此种表述含义。）盈亏比高，即使胜率低，总体也可盈利。比如交易10次，7次亏损，3次赚钱，胜率30%；但盈亏比4∶1，平均盈利=胜率×盈亏比-（1-胜率），即0.3×4-0.7=0.5。

赌博中的赔率概念，与交易中的盈亏比略有差别。赔率包含了本金，盈亏比不包含本金，即2∶1的赔率就是1∶1的盈亏比。赌博只有赔率固定的输和赢，交易不但跟胜率、盈亏比相关，还跟盈亏幅度相关。

假定止损已经设定，且能够100%保证执行，那么在不同胜率下，至少盈利多少，才能保证账户整体盈利呢？

交易实战中，常见的是亏损和盈利交替发生，投资者使用账户余额一会盈利一会亏损的连续交易。由此引发出一个问题：在不同胜率下，亏钱的交易每次亏多少，赚钱的交易每次赚多少，是最合理的？或者说，在既定情况下设置了止损和止盈后盈亏比，不同胜率对应什么样的止损额和止盈额，才是最合理的？这是交易中的盈亏幅度问题。

假定胜率50%，盈亏比为2∶1，账户1万元初始本金。情形1：其中5次交易每次赚10%止盈，5次交易每次亏5%止损，累积10次的结果是12 461.82元。情形2～9，以此类推。采用复利投资，10个回合后结果如表3-1所示。

表3-1　胜率50%、盈亏比2∶1的交易结果

本金（元）	10 000	
交易回合	10次	
情景	止盈/止损	市值（元）
情景1	10%/−5%	12 461.82
情景2	20%/−10%	14 693.28
情景3	30%/−15%	16 474.47
情景4	40%/−20%	17 623.42
情景5	50%/−25%	18 020.32
情景6	60%/−30%	17 623.42
情景7	80%/−40%	14 693.28
情景8	100%/−50%	10 000.00
情景9	120%/−60%	5 277.32
情景10	200%/−100%	0.00

结论如下：

（1）从情形5的数据看，账户市值是最高的。

（2）今天赚100%、明天亏50%的交易是赚不到钱的。

（3）任何时候，不管你之前赚了多少，亏损100%账户就归0。这就是爆仓的危害，本金永久损失会让你再无翻身的机会。

（4）固定盈亏比会带来思维误区，大的亏损，需要更高的回报率才能弥补。

（5）复利投资的情形下，最终结果与盈亏发生的先后顺序无关。

关于胜率和盈亏比的讨论，《股票魔法师Ⅱ：像冠军一样思考和交易》[①]里的相关阐述如图3-22所示：

---

① ［美］Mark Minervini：《股票魔法师Ⅱ：像冠军一样思考和交易》，电子工业出版社2018版，第36页。

%回报	%亏损	收益/风险比	@30%平均成功率	@40%平均成功率	@50%成功回报率
4.00%	2.00%	2:1	-2.35%	3.63%	10.00%
6.00%	3.00%	2:1	-3.77%	5.16%	14.92%
8.00%	4.00%	2:1	-5.34%	6.49%	19.80%
12.00%	6.00%	2:1	-8.89%	8.55%	29.34%
14.00%	7.00%	2:1	-10.86%	9.27%	33.95%
16.00%	8.00%	2:1	-12.93%	9.79%	38.43%
20.00%	10.00%	2:1	-17.35%	**10.20%**	46.93%
24.00%	12.00%	2:1	-22.08%	9.80%	54.71%
30.00%	15.00%	2:1	-29.57%	7.71%	64.75%
36.00%	18.00%	2:1	-37.23%	4.00%	72.49%
42.00%	21.00%	2:1	-45.01%	-1.16%	77.66%
48.00%	24.00%	2:1	-52.52%	-7.55%	**80.04%**
54.00%	27.00%	2:1	-59.65%	-14.88%	79.56%
60.00%	30.00%	2:1	-66.27%	-22.90%	76.23%
70.00%	35.00%	2:1	-75.92%	-37.01%	64.75%
80.00%	40.00%	2:1	-83.67%	-51.02%	46.93%
90.00%	45.00%	2:1	-89.56%	-63.93%	24.62%
100.00%	50.00%	2:1	-93.75%	-75.00%	0.00%

图3-22　10次交易的投资回报率（ROI）

图3-22中，固定盈亏比为2∶1，在40%的胜率下，最佳收益率和亏损率是20%和10%，更高或更低都会让你少赚钱。在50%的胜率下，最佳收益率和亏损率变成了48%和24%。如果胜率只有30%，2∶1的盈亏比下，任何努力都是徒劳。在较低的胜率中，要想使账户盈利，唯一的办法就是提高盈亏比。

如果大概率上涨，对应的仅是"小幅上涨"，而小概率下跌，对应的却是"大幅下跌"。这样的预测和赔付的关系，你会选择吗？投资中风险管理的本质在于改变赔付关系，而不在于追求正确预测。限定好每笔交易的赔付额，至关重要。

总的来说，盈利的次数，越多越好；单次盈利的幅度，越大越好；单次盈利的仓位，越重越好；盈利的频率，越高越好。要做到以上诸种，就得选定对的方向、选定好的入市时机，在有利的形势下加仓，不利的情形下减仓，在危险来临前止损清仓。

我常常因为设置过窄的止损，或者刚把止损位调整到成本位，就被市场扫地出门。但这是交易游戏的一部分，必须接受。懊恼毫无意义，能做的就是立即把注意力转向接下来的市场变化。止损不是失败，盈利也不代表成功，在一段上涨数倍的大行情中只赚了10%即过早出局，就是另一种形式的失败。因此，按照交易策略和交易原则执行，即使亏损也是一笔成功的交易。

在很多次大胜及随之而来的大败后，我已不会因短期大胜而洋洋自得，也不会因为迅速溃败而垂头丧气。甚至在大胜之后，内心反而会惴惴不安起来。浮盈后会因为担心失去账面利润而过早平仓；浮亏后却又幻想会很快扭亏而不愿斩仓止损。这两点是小赚大赔的主因，也是业余选手屡屡败北或在杠杆市场里迅速爆仓的根源。

能够忘掉上一笔盈亏带来的负面影响，专注于下一笔交易，是一种无与伦比的能力。自我情绪的重置能力，是一种天赋。真希望自己有这种天赋！

第四章

风云际会，激战多空

日子一天天地走远了，
可我还在原地徘徊；
我那梦中的姑娘啊！
可曾为谁停留；
墙外盛开的蔷薇，
如您往日的问候；
挥不去的思绪哟，
想被飞鸟带走。

——作者

窗外，若隐若现地传来那首惆怅忧伤又悠远绵长的《守候》：

> 还要我等多久
> 见到你的笑容
> 你在哪里追求
> 是否已经拥有
> 你离开的出口
> 变成我的缺口
> 只有你的迁就
> 能解我的忧愁……

哎，又是一年了。今年市场的机会在哪里呢？机会不是交易者创造出来的，机会只能是用耐心等待出来的。当机会出现的时候，她只青睐为她苦苦守候的白马王子。

2020年注定是不平凡的一年。年初暴发的新冠疫情，给全球资本市场带来剧烈的动荡，美国股市发生历史性的3次"熔断"，纽约商品交易所西得州轻质原油（WTI）期货5月合约的结算价出现罕见的"负油价"。在美联储再次量化宽松的"注水"下，市场宽裕的流动性把市场危机变成了一次绝佳的投机与博弈的机会。

到了2022年，世界再次进入"多事之秋"。2月24日起爆发俄乌冲突；同月发生逼空"伦镍事件"；9月英国政坛动荡，首相特拉斯上台一个半月即下台，前后引发英国股指、汇率、国债市场大幅波动；10月，中国香港市场一片风声鹤唳；全年美国加息如火如荼，美债收益率屡创新高。

投机像山岳一样古老。投机客要做的就是寻找那些"远离均衡"状态的价格波动，然后运用杠杆对标的下注。具体什么标的并不重要，重要的是标的价格波动远离均衡状态的程度。

"彼之砒霜，吾之蜜糖。"把眼光投向充满狂热和令人绝望的领域，交易者总能找到新的风口。

很多事情能否成功，首先要看是否在对的时间行动。我花了很多年才意识到这点的重要性，为此我付出了巨额的学费。对于杠杆交易而言，往往时机决定一切。

解决了品种、仓位、止损、持仓等诸多问题，我再次信心满满，准备大干一场。这次目标，是新冠疫情下的全球股市和商品市场。危机，大危就有大机会。我自认为补尽了所有的短板。可我是人不是神，我不停地犯错。疫情行情下的2个月内，历经多次数倍收益后，再遭市场无情惩罚。

奇怪的是，每次赚了钱，那些钱躺在账户里，你总感觉那只是一个货币符号，或者说只是你下一次下赌注的筹码；而每一次亏了钱，总会忍不住把亏掉的金额折算成可以买多少只老母鸡。成千上万只老母鸡就这样从餐桌上飞走了。

一、A股反弹与外盘A50指数合约

行情总是在平淡与出乎意料之间交替轮回。平淡占绝大多数，出乎意料的行情不时出现。有时候就像夏天的台风，你总是希望不断预测它的可能性、必然性和强弱程度。

如同这一次突发的新冠疫情，对国内A股市场，造成短期较大冲击。但对投资者而言，危和机总是相辅相成。

时间到了2020年2月。国内A股市场由于春节休市，外盘新加坡A50期货市场比A股市场多6天交易时间，这6天的变化，带来了意外的机会。

时至今日，要考虑机会在哪里？属于自己的机会在哪里？那就得先考虑过期的机会何时发生的？为什么会发生？

2020年受春节放假影响，A股是1月23日休市，2月3日开市。这个春节可过得不太平，武汉封城了，大家有点人心惶惶，担心新冠疫情蔓延。记得那时我回了老家，政府已经要求饭店不得多人聚餐，且尽量不要串门拜年。没辙了，想在春节期间与亲戚朋友推杯换盏、觥筹交错，就此告吹了。

不能走亲访友，春节几天只能待在家里看外盘行情了。新加坡A50指数期货在1月23日—31日的6个交易日中跌了9.58%，同期标准普尔500指数只跌了3%。2月1日—2日是周末，我预判2月3日开盘，国内的上证50指数大概率低开高走，同时带动新加坡A50指数反弹（见图4-1、图4-2）。

图4-1　新加坡A50指数期货当月连续合约走势（2020年1月24日—2020年1月31日及前后）

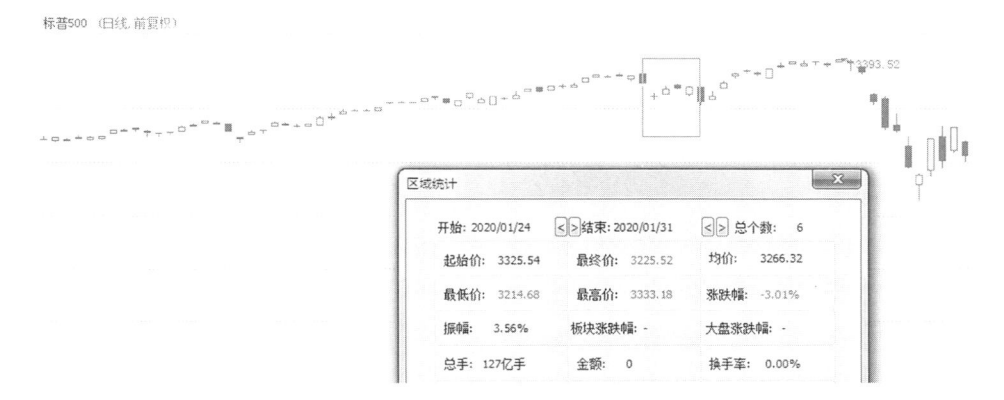

图4-2　标准普尔500指数走势（2020年1月24日—2020年1月31日及前后）

为什么呢？因为上证50指数代表的是上海证券市场规模大、流动性好的且具有代表性的50只股票，是具有市场影响力的一批龙头企业，是国计民生的大型企业。我认为，如果上证50指数大幅跳空低开，那主要是受春节期间国内疫情带来的情绪性影响，属于短暂的恐慌性抛盘，大概率不会维持很长时间。

2月3日，A股开盘，上证50指数大幅低开，下跌8.75%。机会来了（见图4-3）！

图4-3 上证50指数走势

2020年2月1日和2日为周末休市。2月3日一开盘，我便紧盯住新加坡A50指数，随时准备入场交易。图4-4是外盘A50合约2020年2月3日从早上5点到次日早上5点的24小时走势。

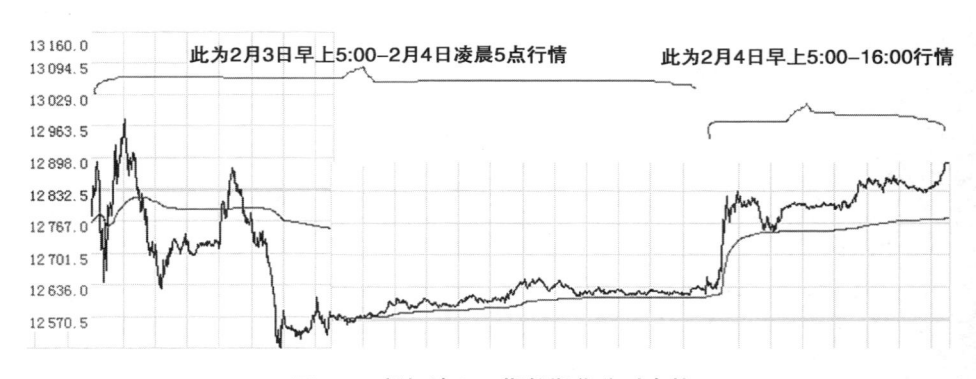

图4-4 新加坡A50指数期货分时走势

我在12 670点～12 700点～12 750点附近逢低建仓，不断累积多单，期间还做了一回1%的短差。我坚信，上证50不需要几天就会迎来反弹，把向下的跳空缺口给弥补上，并带动外盘A50指数上涨。

天有不测风云，从14:45至14:55，10分钟内，外盘A50指数从12 622点跌到12 510点，跌幅从1.5%增加到2.5%。这最后一个1%的下跌，让我交出了宝贵的多头头寸（见图4-5）。我因为内心的害怕、恐惧而割肉斩仓了。我并没有爆仓，而是因为意志不坚定，从而失去了所有多头仓位。我知道极可能会犯错，但内心就是扛不住这种下跌，我几乎就是割在了地板上。

图4-5　新加坡A50指数期货分时走势（2020年2月3日）

平完仓，我在想，搞不好这又是一出"刚刚净身完，却被告知大清亡了"的悲剧。

市场从来不怜悯犯错的人。2月4日早上9:30，上证50指数一开盘就上涨，新加坡A50指数也同时迅速拉升。来不及心痛隔夜的多单，我只能立刻入场，追高建仓。价格比我昨天割肉价高了1.8%。

上证50指数全天涨了2.48%，几乎收在最高点，走出一根光头中阳线。

新加坡A50指数因为隔日结算价的原因，暴涨4.75%。

我为薄弱的意志力付了昂贵的学费，但知错就改，由此开始了连续几周盈利之路。从2月4日至2月21日，每天逢低做多，控制10%仓位，账户总市值收获了数倍收益（见图4-6、图4-7）。

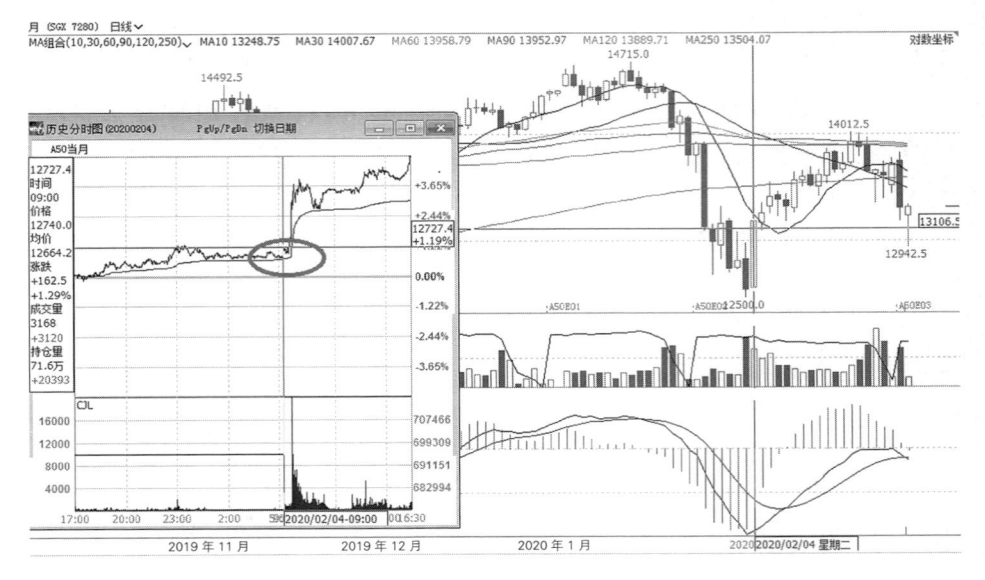

图4-6　新加坡A50指数期货分时走势（2020年2月4日）

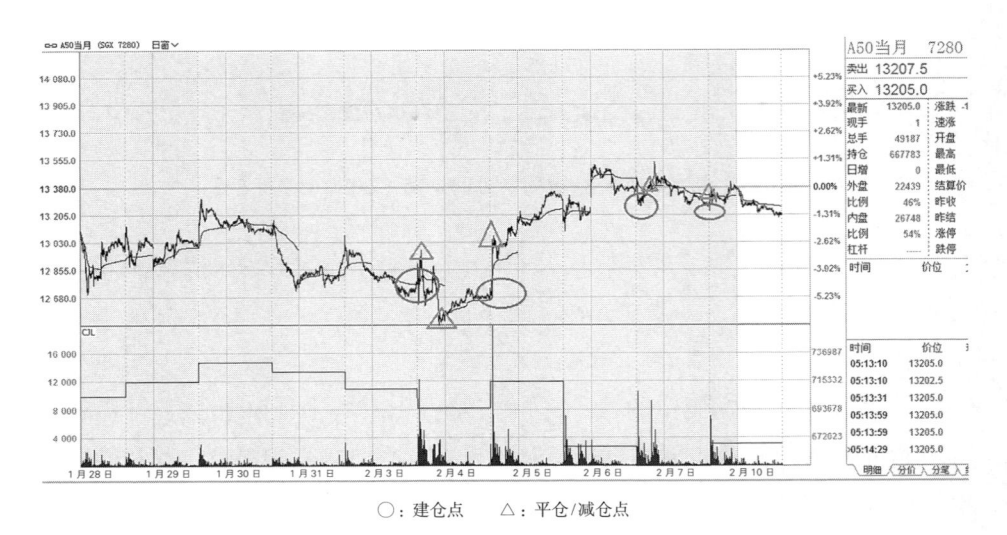

图4-7　新加坡A50指数期货分时走势（2020年1月28日—2020年2月10日）

二、新冠疫情下激战外盘股指

> 如果操作过量,即使对市场决定正确,仍会一败涂地。
>
> ——乔治·索罗斯

2020年2月21日到3月23日,受新冠疫情的影响,全球主流股市单边下跌了整整一个月,美国股指出现了历史上罕见的1个月4次熔断,连巴菲特都惊叹活久见!

第一次:1997年10月27日,美国股市当天收盘跌7.18%;

第二次:2020年3月9日,美股盘中出现暴跌,开启了熔断机制,成为历史上第二次熔断,当天收盘为7.79%;

第三次:2020年3月12日,美股第三次熔断,当天收盘跌9.99%;

第四次:2020年3月16日,美股当天创历史年最大跌幅,大幅低开低走,当天收盘暴跌12.93%;

第五次:2020年3月18日,美国股市直接开盘在7%,开盘熔断,停盘15分钟,当天收盘跌6.3%。

我从网上搜索了美国股市熔断机制的相关规则。

熔断机制,也叫自动停盘机制,是指当股指波幅达到规定的熔断点时,交易所为控制风险采取的暂停交易措施。

1987年10月19日,美国纽约股票市场爆发了史上最大的一次崩盘事件,道琼斯工业指数一天之内跌幅达22.6%,由于没有熔断机制和涨跌幅限制,许多百万富翁一夜之间沦为贫民,这一天也被美国金融界称为"黑色星期一"。

1988年10月19日,美国商品期货交易委员会与证券交易委员会批准了纽约股票交易所和芝加哥商业交易所的熔断机制。

熔断机制在美国交易时间内有什么规定?在美国交易时段,熔断机制可以分为三级。

（1）一级市场熔断，是指市场下跌达到7%。

（2）二级市场熔断，是指市场下跌达到13%。

（3）三级市场熔断，是指市场下跌达到20%。

如果触发一级或者二级市场熔断，且时间是在：美东时间9：30—15：25（含），全市场所有股票暂停交易15分钟；美东时间15：25之后，不暂停交易；另外，如果该交易日为半天交易，则时间分界点为12：25。全天任意交易时段，如果触发三级市场熔断，全市场停止交易，直至下个交易日开盘。

在恐慌性抛售和流动性缺乏的双重影响下，各类商品短期暴跌。从2020年2月21日至3月9日，美元指数跌了4.87%。一些小品种商品短期跌幅之大，看得人瞠目结舌、惊叹不已！

危机来临之际，越是危险，越是蕴藏着机遇。这个理念早就深入我心。尤其是那种突发事件对大众心理造成负面影响，引发市场恐慌性抛售的时候，总是捡金子的好时机。

我曾在研究黄金的历史表现时，把"里根遇刺案""9·11事件"等突发性国际大事发生的那一刻国际黄金价格的反应刻在脑子里。也曾在2011年国庆欢乐的假期中，错失了"欧债危机"带来的港股中资银行股急跌的捡钱机会。不平淡的日子总会诞生好的投机机会。

市场总是以一种出人意料的方式，将机会呈现眼前。

从2020年2月21日至3月23日，全球主要股指受新冠疫情影响，呈现单边下跌的趋势，美国股市1个月内发生4次暴跌熔断（见图4-8）。从4月开始，随着各种经济金融政策刺激和疫苗的逐渐推出，股指又走出一个深V的反转（见表4-1）。

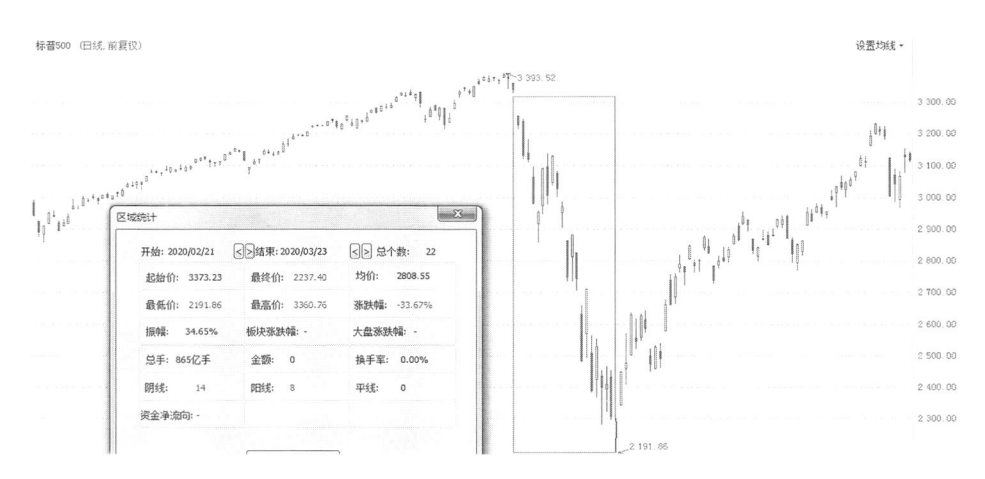

图4-8 标准普尔500指数走势（2020年2月21日—2020年3月23日及前后）

表4-1 美国主要股指月度表现

	2020年2月21日—3月23日	2020年3月	2020年4月	2020年5月
标准普尔500指数	−32.97%	−12.51%	12.68%	4.53%
道琼斯指数	−35.87%	−13.74%	11.08%	4.26%
纳斯达克科技100指数	−25.83%	−7.79%	15.17%	6.17%

下跌初期，我通过连续做空日经225、英国富时100、德国DAX30、标准普尔500，获得了数倍收益；但一次错误的做反弹开多单，造成严重损失！由此让我深刻地领悟到，为什么会有投资大师说"从1万元到1亿元可能需要一辈子，但从1亿元到1万元有时却只需要一瞬间"！

以图4-9的德国DAX30指数交易为例，从2月21日到2月28日，从13 500点连续5天下跌，跌破12 000点。

图4-9　德国DAX30指数走势

2月24日开始，我顺势开空单，随后获利平仓；随后小仓位开多博反弹，很快被打脸，跌至止损位，被强制平仓；2月28日跌破12 000点后，走出一个整理平台，疑似企稳筑底，我尝试着陆续开多单（见图4-10）。2020年2月14日—2020年2月28日期间多次开平仓，2月28日过早开仓做多博反弹，损失惨重（见图4-11）。

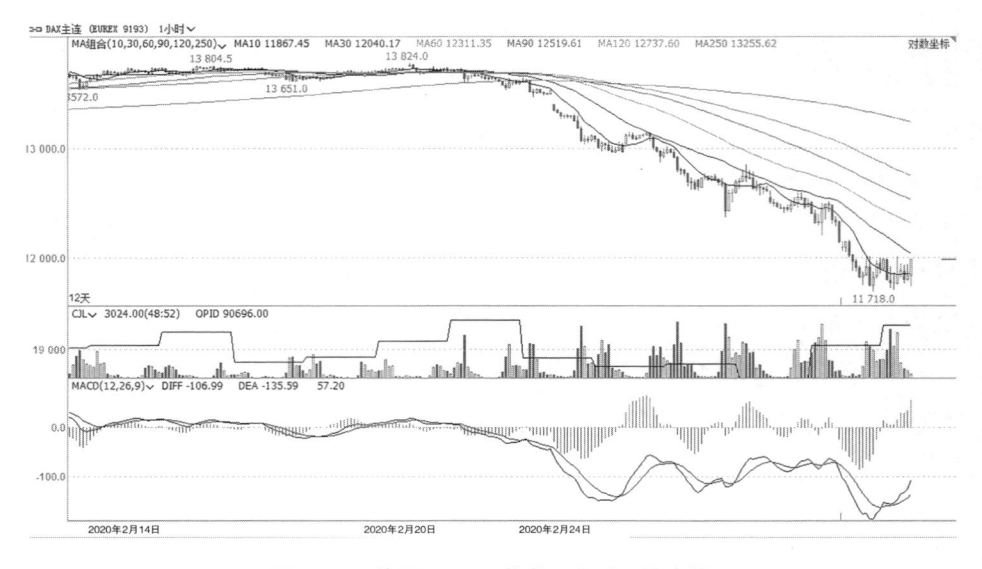

图4-10　德国DAX30指数1小时K线走势

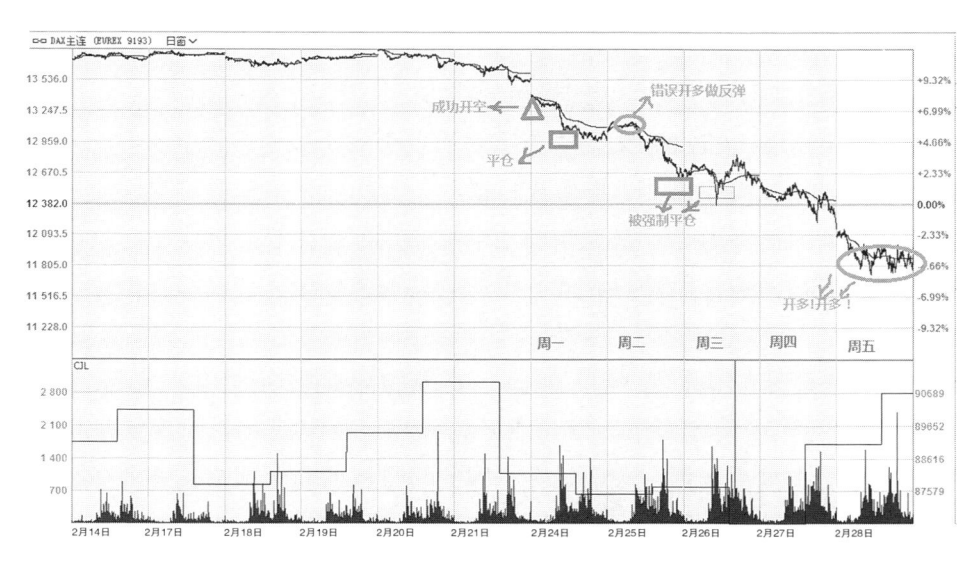

图 4-11　德国DAX30指数分时走势

指数从2月28日至3月5日在12 000点附近震荡了5个交易日，结果变成一个下跌的中继平台，坑杀了我们一众抄底做多者。从3月6日开始继续跳空低开，一直跌到3月16日，最低下探至8 239.50点方才止稳。2020年2月14日—2020年3月16日，指数单边下跌了35.62%方才止稳，期间无反弹（见图4-12）。我初期做空的大额利润，就这样被错误抄底做多给一点点吞噬了。

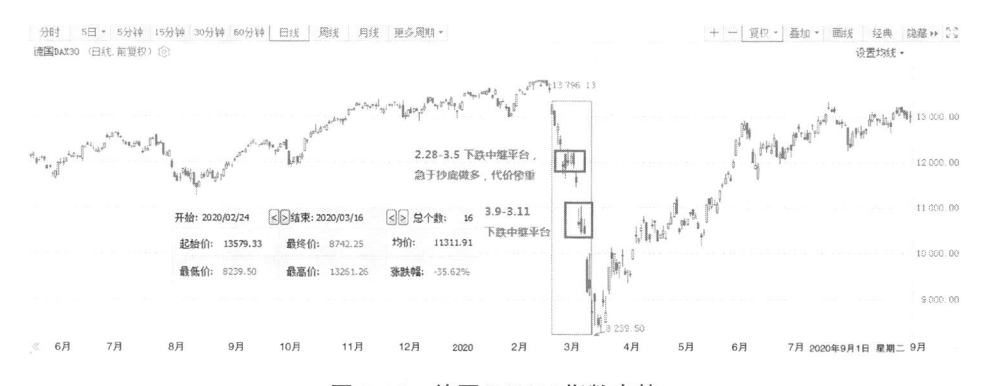

图 4-12　德国DAX30指数走势

很多次我都在回忆疫情防控期间的股指交易。我先赢后输，做得很不好，没有真正抓住历史性的单边快速下跌的交易机会。我一边做空、一边又主观臆测"可能来临的超跌反弹"，我没有能够真正按照市场事实做交易决策。或者说，我因犯错、止损形成亏损后，实际损失带来的心里伤痛和心有余悸，让自己不敢马上毫无顾虑地继续入市。在交易心理学上，这些行为本质是锚定效应，但是人性的弱点让我无法像程序化交易那样遵守交易规则。

3月23日开始，指数陆续企稳，美国股票也开始分化。以亚马逊（AMZN）为代表的电商股、医药股开始领涨。我牢记2008年次贷危机后错失的中国香港市场博彩股的机会，因此一早就研究了诸多美国上市的博彩股，重点关注了佩恩国民博彩（PENN）、博伊德赌场（BYD）等网络博彩股。

我抄底买了一些PENN，结果和当年买特斯拉一样，短期获利，长期后悔得吐血。原来2020年的我和2013年相比并没有什么进步。到2021年3月，PENN一年涨了29倍（见图4-13）。

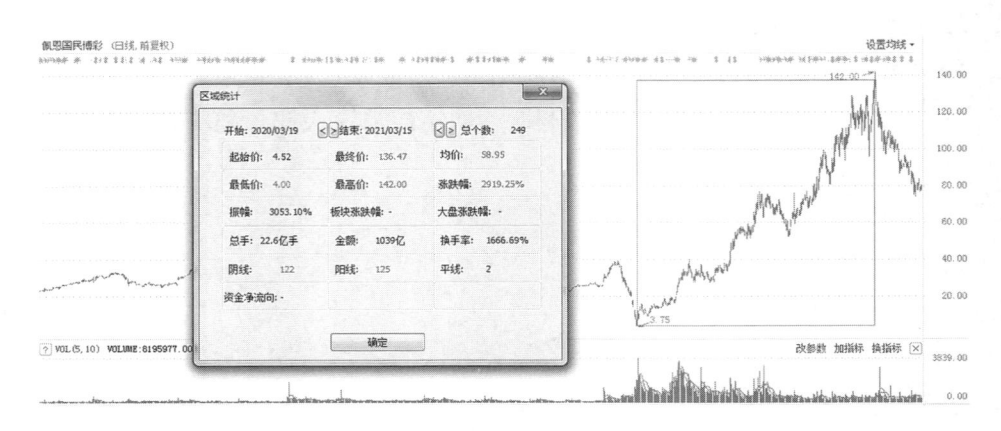

图4-13　佩恩国民博彩（PENN）股价走势

还记得那个利用2008年美国次贷危机大发横财的故事吗？约翰·保尔森预判房地产市场必然崩溃，还不起房贷造成大规模的信用违约必然会到来。因此他瞄准信用违约互换的贷款违约保险市场，一边做空危险的担保债务凭证（CDO），一边收购廉价的信用违约交换（CDS），在房地产市场崩溃时，CDO风险陡增，其价值大幅缩水，而CDS大幅增值，约翰·保尔森的对冲基金大发横财。电影《大空头》就是讲了这个故事。

2020年3月，全球股市连续暴跌崩盘，许多投资者亏损累累，但是，美国对冲基金潘兴广场的比尔·艾克曼却以2 700万美元的投入，盈利26亿美元，收益率近百倍。他在给投资者的信中写道："我3月3日已经披露，我买了一些针对部分投资级债券指数的信用保护。因为我们在利差非常窄的时候买了这些信用保护，这笔投资亏损的概率是比较低的。"比尔·艾克曼使用了信用违约互换指数（CDX）。这类指数可以直接交易，相当于是一种保险。

举例来说，航空业的CDX是针对航空业公司债违约风险的保险。市场好的时候，这类公司违约风险低，保费低廉，可能只有30个基点。受疫情影响，航空业遭受重创，航空业的债券违约风险上升到了30%，相应的保费也上升到3 000个基点。如果此前买入的CDX在这个时候卖出，获得的收益就能达到100倍。

我从网上看到比尔·艾克曼的报道，突然又想起期权这个品种。指数交易期间，没有去涉及期权真是个遗憾。直到2023年11月美联储明确停止加息，美股指数再次进入单边上涨趋势的时候，我才密集交易了大量热门股期权。后文再详述。

三、再战钯金、猛多金银

> 比反败为胜更重要的是不能重蹈覆辙。
>
> ——维克多·尼德霍夫

新冠疫情重创全球股市，流动性危机下带动金、银等贵金属价格也是一泻千里，唯有美元指数上涨。这种短期缺乏流动性导致的价格下跌，不会持续太久。市场崩盘之际，投资人初期会卖出风险资产（股票），流动性仍不足时抛售一切资产（贵金属），并纷纷涌入美元现金市场，促使美元指数走高。等市场最恐慌时期结束，避险资金会买入贵金属；待到美联储出台救市政策，向市场注入流动性的时候，贵金属价格大概率将大涨一波，股票市场也随之反弹。

图4-14为2020年3月9日至3月19日期间贵金属表现，同期美元指数上涨7.07%，标准普尔500指数下跌18.94%。

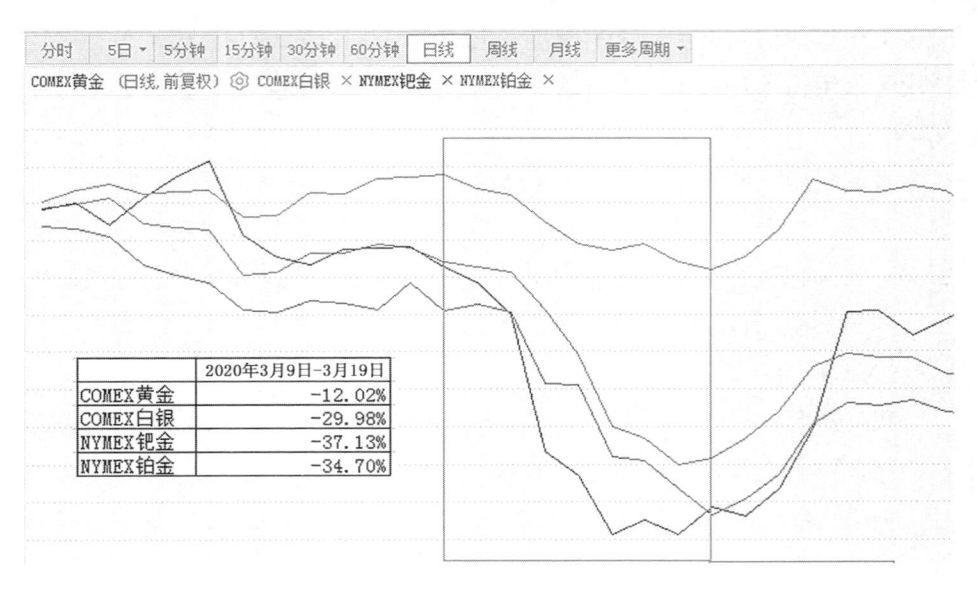

	2020年3月9日-3月19日
COMEX黄金	-12.02%
COMEX白银	-29.98%
NYMEX钯金	-37.13%
NYMEX铂金	-34.70%

图4-14　2020年3月9日—19日贵金属表现

白银小试牛刀。

3月16日晚，白银最高15.245美元，最低11.77美元，震幅29.52%，全天下跌10.93%，盘中最大跌幅为18.83%。啥情况，白银变成一点流动性都没有的小品种了？我还真不信这个邪！

我从19:46至19:54的8分钟内连续买入，建仓均价11.969美元。15分钟后，价格反弹超过5%，我马上全部平仓，平均卖价12.768美元，买卖价差6.67%，在高杠杆下，仓位再次获得数倍收益（见图4-15、图4-16）。

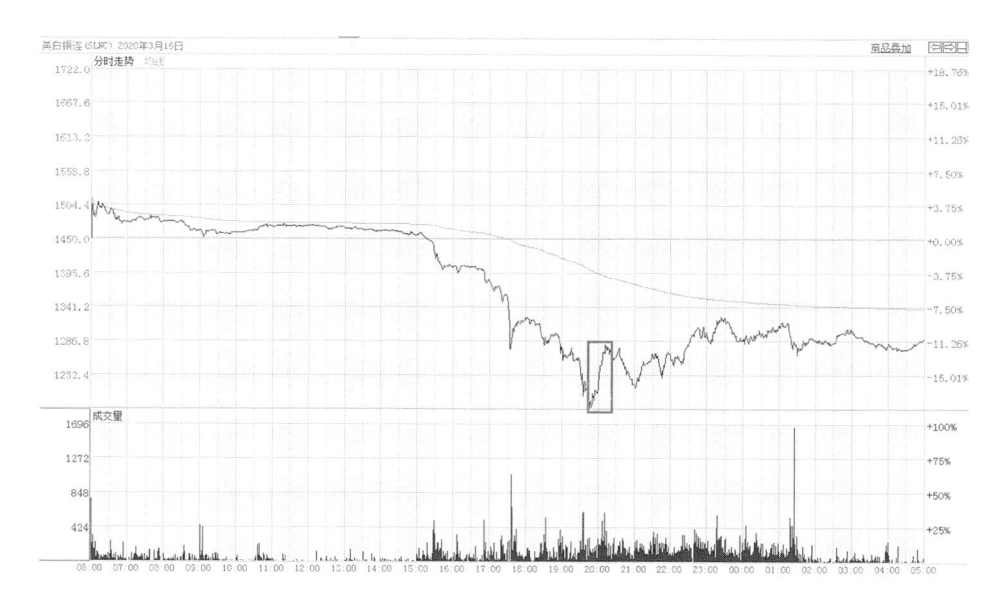

图 4-15　2020 年 3 月 16 日 COMEX 白银期货合约分时走势（框内为交易买卖区间）

图 4-16　2020 年 3 月 16 日 COMEX 白银期货合约买卖成交记录

白银只是开胃菜，精彩的还在后半夜。

我在第三章第六小节里写了钯金的交易经历，一度通过浮盈加仓，获得巨额账面利润，但在一周下跌17%的摧残下，惨遭爆仓。2020年3月9日至3月19日期间，钯金成为贵金属里面跌幅最大的品种（37.13%）。机会，终于等来了。

图4-17为2020年3月12日NYMEX市场钯金期货6月主力合约的盘中价格走势，盘中一度跳水式跌了29.76%。经验告诉我，像这种短期的恐慌性抛售结束后，大概率将反弹，反弹幅度起码10%。我准备进场了。

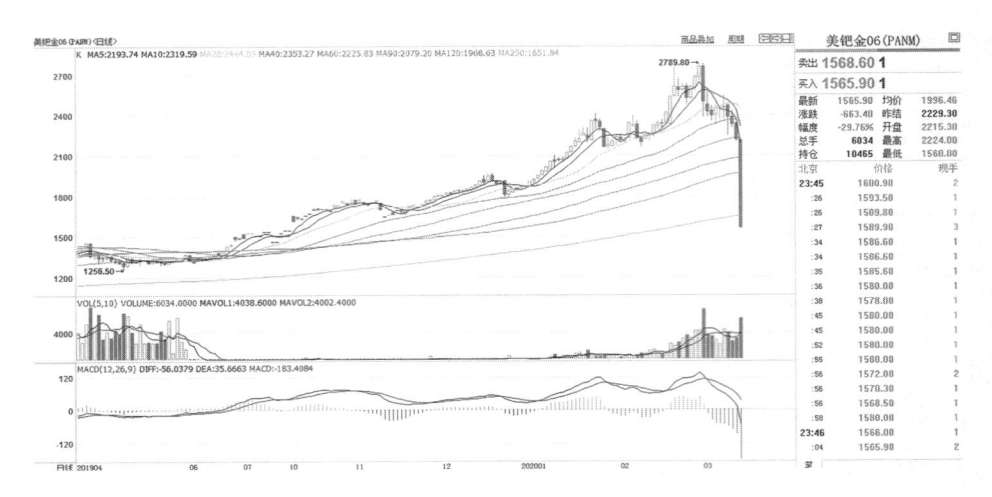

图4-17　NYMEX钯金期货6月主力合约价格走势

但是，市场买卖差价实在太大了。买盘报价1 475.20美元，卖盘报价1 534.90美元，流动性的缺乏，让买卖报价差了4%（见图4-18）。

图4-18　NYMEX钯金期货6月主力合约2020年3月12日分时走势

说干就干。在极端行情中下单，我从来不会犹豫。

从19:30起，我一边盯着黄金、白银、钯金的价格走势，先交易了白银，半小时内赚了一大笔。然后看着钯金主力合约的价格不断下跌，5%、10%、15%、20%……我一次又一次克制住想要入场抄底的冲动，看着价格不断一泄如注。到了 23:43，市场抛盘如潮，成交量急剧放大，价格已急跌了 29%！我再也忍不住了，一跃而起，敲单入场，成交了，1 588.42 美元。当我还想着以更低价继续加仓时，价格迅速止跌回升，不到 1 小时，涨到了 1 810 美元，14% 的涨幅！我迅速平仓了结。外盘账户给贵金属提供了 100 倍杠杆，意味着仓位获得了 14 倍收益。等到凌晨 2:00—3:00，价格并没有继续回落创新低，我悻悻然睡觉去了，感觉意犹未尽（见图 4-19）。

图 4-19　NYMEX 钯金期货 6 月主力合约走势及 2020 年 3 月 12 日分时走势

第一个回合就这么结束了。市场把 2019 年 3 月 26 日—27 日两天钯金仓位 17% 的跌幅损失，用这种方式补偿了我。次日中午，我看价格不再创新低，又在 1 744.92 美元买入开仓，下午 1 920 美元附近卖出，再次收获 10% 的涨幅（见图 4-20）。

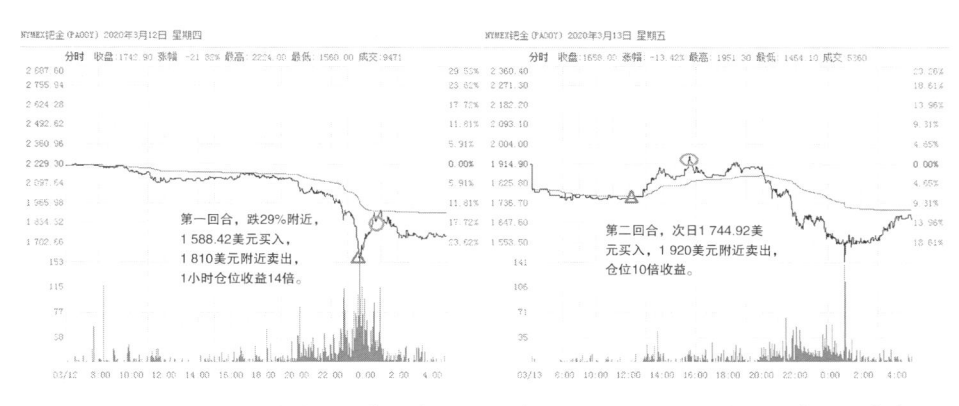

图 4-20　NYMEX 钯金期货 6 月主力合约 2020 年 3 月 12 日、13 日交易开仓及平仓点位

大跌第三日，最高1 759.8美元，最低1 355.1美元，震幅29.8%。我在1 620美元开仓，并设了一个-15%（即1 377美元）的止损。结果当天最低价正好触及止损价，仓位不幸被强平，吐回了昨日一半多利润（见图4-21）。

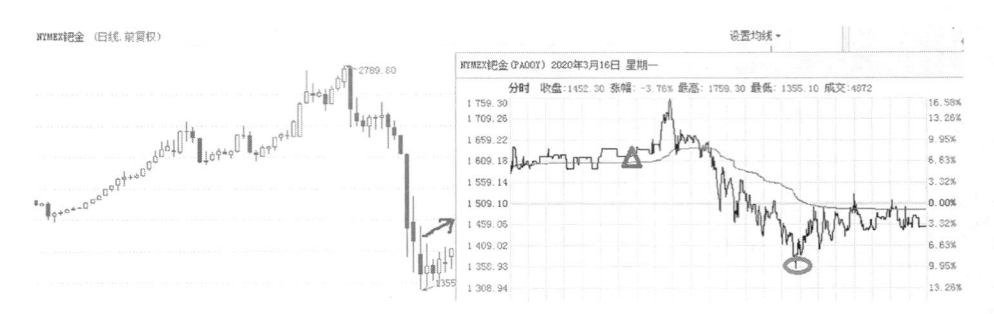

图4-21　NYMEX钯金期货6月主力合约2020年3月16日交易开仓及被动止损平仓点位

不敢不设止损，但又不想设得太窄或太宽。第一天42%的震幅，第二天33%的震幅，第三天近30%的震幅。不幸中招，也只能认了。

随后的几天，钯金进入小幅震荡的筑底期。但3月16日被强平止损而大亏，打击了我的自信和交易欲望，让我缩手缩脚、反复犹豫而不敢开仓。结果从3月17日到3月25日的7个交易日，钯金价格大幅反弹了53.55%（见图4-22、图4-23）！

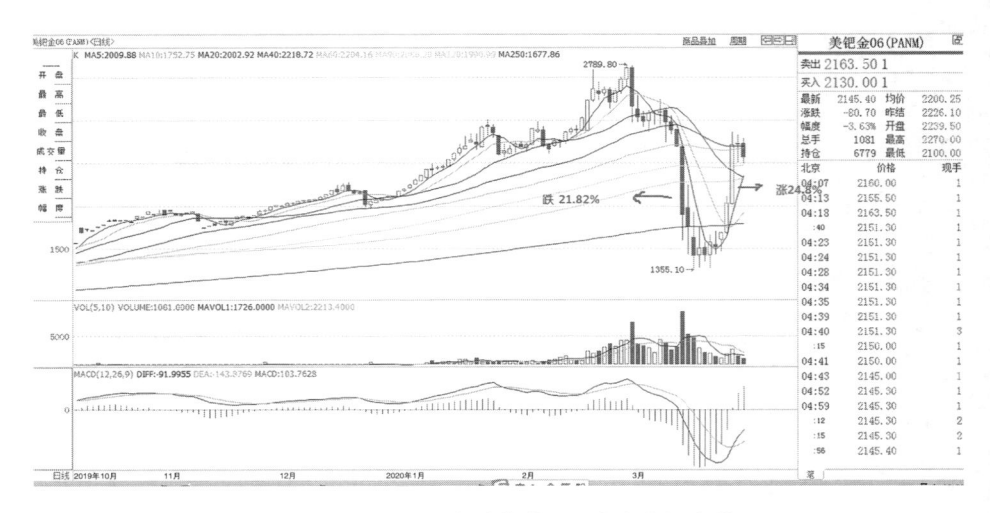

图4-22　NYMEX钯金期货6月主力合约走势

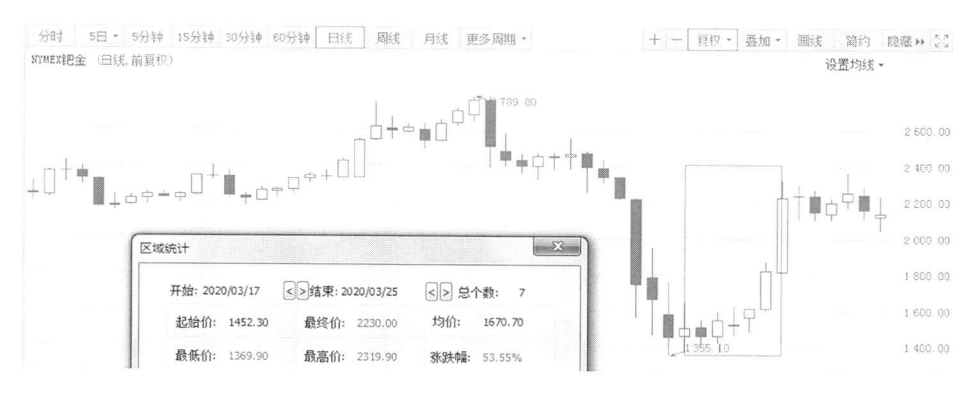

图4-23　NYMEX钯金期货6月主力合约（2020年3月17日—25日的7个交易日反弹了53.55%）

这波反弹行情结束了，最好的机会已经过去。我初期见到急跌，迫不及待地进场，然后沉溺于日内反弹的交易中，每天陶醉于吃几粒芝麻，结果丢了最大的一个西瓜！我理应避开之前高难度的日内交易，耐心等待价格止稳，然后集中兵力，一击而中。可惜，世上没有后悔药吃。钯金，我心中永远的痛！

2008年次贷危机后，黄金市场开启了新一轮牛市。所以这次受新冠疫情影响，我仍旧看好黄金这个避险品种。在3月9日—19日的9个交易日中，黄金跌了12%；从3月20日开始，连续涨了5个月，涨了38%，从1 500美元一直到冲破2 000美元（见图4-24）。

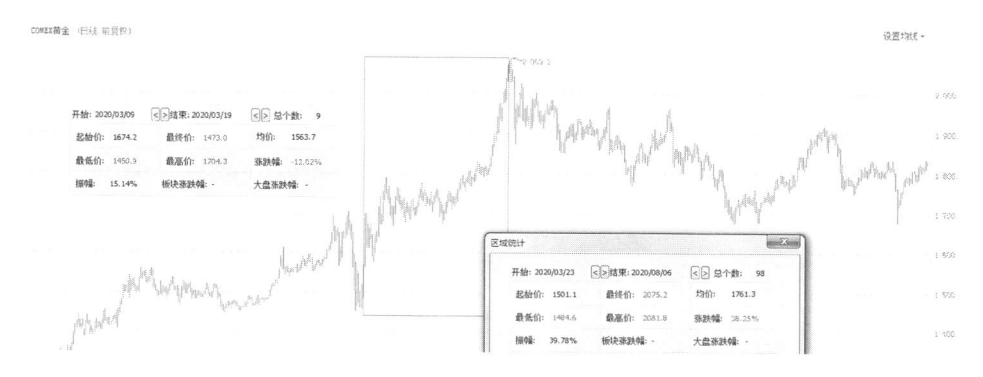

图4-24　COMEX黄金期货连续合约走势（2020年3月23日—8月6日）

我从2020年3月20日开始参与做多COMEX黄金，在1 500～1 600美元不断浮盈加仓、累积多头仓位，同时也买入了一些白银多单。

考虑到白银流动性仍次于黄金，走势更不规则、更不流畅，对交易者的精神折磨更大，更考验持仓的耐心和毅力，为了减少总仓位（22%）到令人睡觉舒服的程度（12%），随后两天在白银多单获利后，平银留金。2020年3月28日凌晨身心俱疲，不再充满斗志，最终平掉所有白银仓位（见图4-25）。

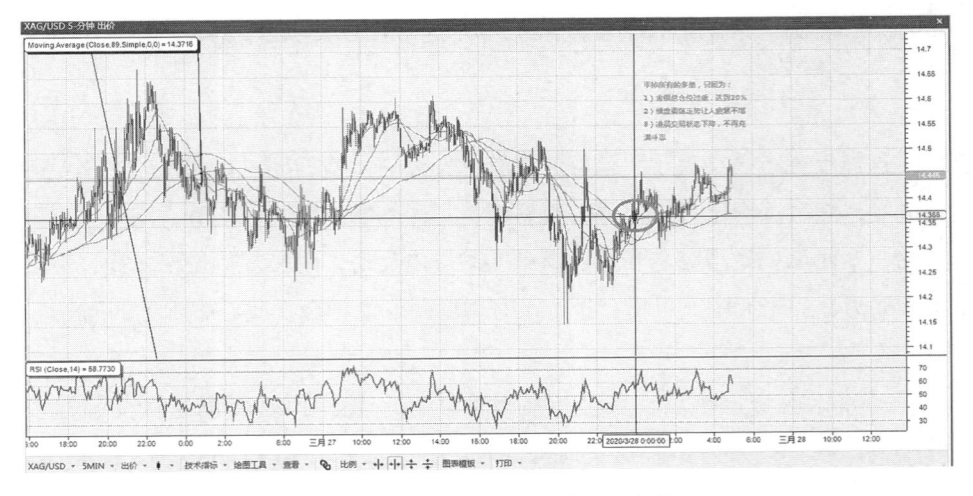

图4-25　XAG/USD 5分钟K线走势

随后2个月，黄金在1 700～1 800美元震荡，特别折磨人。此时，轻仓不动是最好的策略。我不断告诫自己要牢牢吸取教训，避免"未能参与最强烈的主要趋势"，同时杜绝任何试图在价格狭小的区域做短差的心态。5个月后，黄金上了期待已久的2 000美元，终于取得巨大回报。

而失去的白银多头仓位，将成为未来的一大遗憾。2020年3月—8月黄金上涨了40%，但同期白银上涨了90%（见图4-26、图4-27）。只要你不是按照交易原则去做，即使获利了结的理由听起来总是那么冠冕堂皇，随之而来的后悔也会伴随你很久。

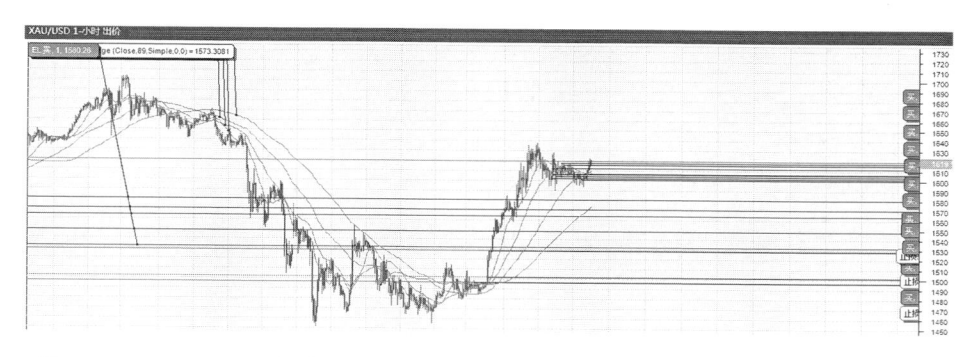

图4-26　XAU/USD 1小时K线走势（2020年3月20日企稳反弹后开多单并多次加仓）

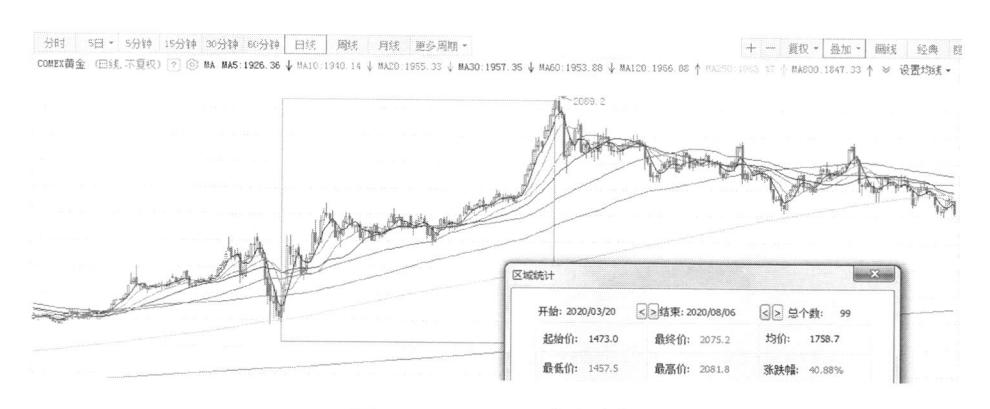

图4-27　COMEX黄金走势

在交易市场里，活着最重要，你总是能看到，市场给有准备的你提供了绝佳的交易机会。希望那个机会出现时，你还站在舞台上。

在整个2020年3月，我一边做空标准普尔500指数、富时100指数、德指和日经225指数，一边做多黄金，等钯金和白银急跌时做多做超跌反弹。同时又重新开始买卖美股，集中火力交易博伊德赌场（BYD）、佩恩国民博彩（PENN）等网络博彩股。这是我2013年交易完特斯拉（TSLA）后，时隔7年再次涉足美股。

我没有这个长线思维。这个错误，横贯了整个新冠疫情交易期，不但是贵金属，还有股指、石油、铜以及一大批美国优质股票。市场突发的危机，是老天赐予你战略性长线建仓的机会，不是让你来做短线赚快钱的！只有投机取巧，没有战略眼光和长线布局思维，让我损失了后半生躺赢的机会。

2020年3月19日,LME铜最低价4 371美元/吨(同天COMEX铜跌到197.25美分/磅,沪铜于3月23日见最低价35 300元/吨,见图4-28)。根据网上的公开资料,全球范围内,铜的平均开采成本约为每磅2.5美元。黄金、白银、铜与石油不一样,它们生产后容易存储,一旦接近或跌破生产成本,完全应该大胆囤一点!机不可失,时不再来!

图4-28　COMEX铜走势(2020年3月19日铜价跌破2美元/磅)

反思交易让我成长。我最大的收获是我开始老老实实、认认真真地遵循"长线、轻仓、顺势"的交易原则。

最大的趋势、最长的坡,需要长线持有,也需要轻仓应对一路的颠簸。

市场崩盘不是世界末日,它是灾难,也是机遇。至暗时刻,要敢于亮剑。我幸运地买在了市场最底部,而且当天就获暴利了结。但如果我有未卜先知的水晶球,我不会如此着急地卖出宝贵的底部筹码。如果我耐心持有5个月,白银价格从12美元涨到了28美元,市场会提供远超预期的回报。

我当下顿悟,由此彻底转变成一名长线交易者(见图4-29、图4-30)。

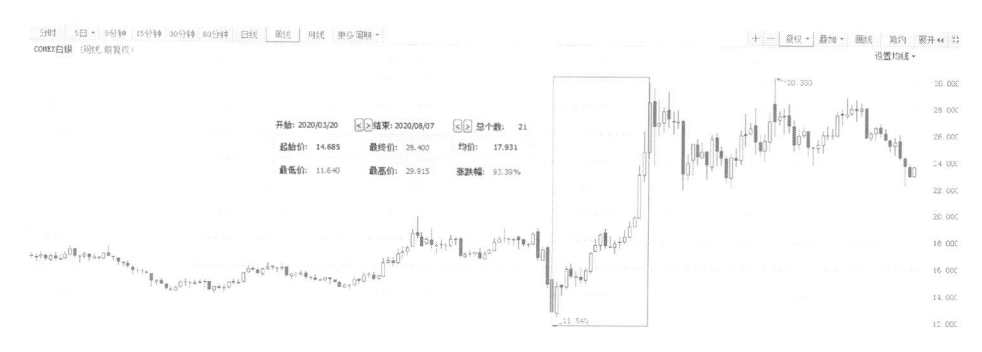

图4-29　COMEX白银走势（2020年3月20日—8月7日上涨了93.39%）

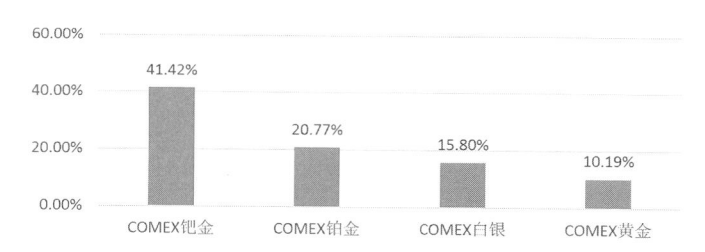

图4-30　2020年3月23日—27日贵金属一周反弹幅度

四、做空美油之战

> 当你对一笔交易有把握时，给对方致命一击，即做对还不够，要尽可能多地获取。
>
> ——乔治·索罗斯

解决了品种选择问题、仓位大小问题、止损问题，还是没有赚到期望中的大钱。为什么？时间！只有足够长的时间，你才能够让获利的空间继续增加。

这里的长，不是一个绝对时间概念上的长度，它是指趋势发生的长短。如果一波激烈的单边趋势，持续发生了1个月，但你只持有1天，那你没有做好这波行情的正确持仓。

"有些事情，不是因为看到了希望才去坚持。而是因为坚持了才能看到希望。"我真希望我的交易能像自己说的那样完美。

2020年元月3日至8日的美伊冲突是2020年第一场大戏。国际原油黄金价格飙升，并带来激动人心的交易机会（见图4-31）。

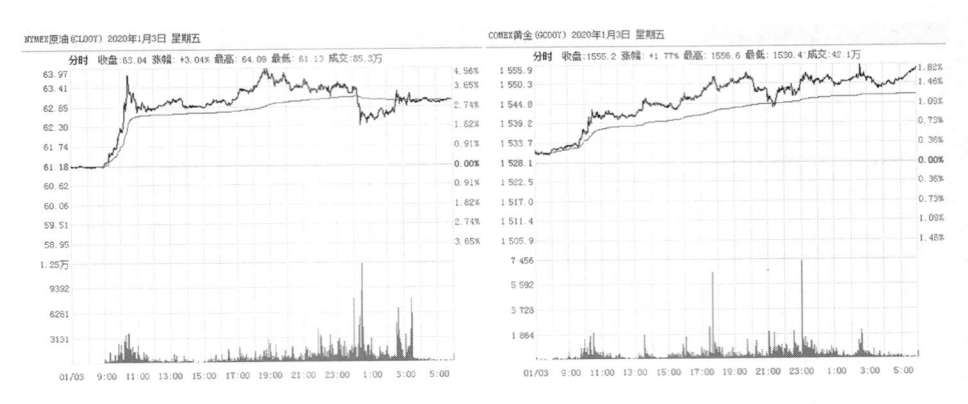

图4-31　2020年1月3日NYMEX原油和COMEX黄金分时走势

对国际事件演绎的判断，决定了原油和黄金后续趋势。我的分析逻辑是，国际突发事件——市场情绪短期推高原油黄金价格——坚定做空。

行情的确按照自己的预判运行。但是，回顾1月3日—8日的所有外盘交易，收益并没有想象中的高。从交易策略运用到资金管理，诸多错误值得深刻总结和反思。

2020年1月3日，美军火箭弹袭击巴格达机场，暗杀了伊朗将军，原油和黄金市场瞬间上涨。后面会怎么演绎？冲突会升级吗？会持续吗？对原油市场到底有多大影响？油价会持续升高吗？

带着种种疑问，我重新回顾了2019年9月也门胡塞武装袭击沙特石油设施事件给原油市场带来的冲击。

2019年9月16日，也门胡塞武装袭击沙特石油设施，当日油价飙升超过10%（见图4-33第一个圆圈标志）；当日我对着电脑看了整整一天不敢入市交易，担心袭击只是拉开持续冲突的序幕，后市演绎可能会有三种情况：

（1）可能会有连续袭击（油价继续涨），冲突升级；

（2）不会有连续袭击（但石油恢复供应期限不确定，油价可能会维持高位）；

（3）不会有连续袭击（影响石油供应有限、恢复期限短，油价迅速回落）。

总之，不知道后市会怎么演绎，心里没底，只能观望。事后看，那是一次非连续性的、小规模的零星冲突事件，9月16日是未来半个月的最佳开空点。

图4-32是当日NYMEX原油走势。

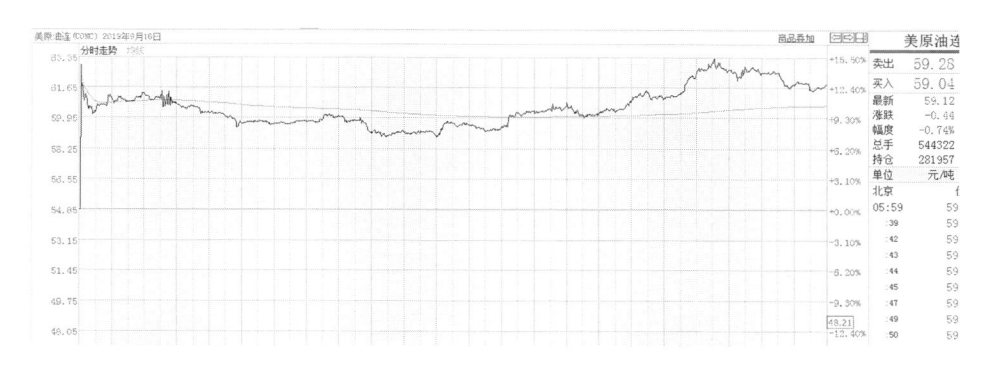

图4-32 2019年9月16日美原油连续合约分时走势

2020年1月3日，美军向巴格达机场发射火箭弹，原油黄金飙升第一波；1月8日，伊朗报复，导弹袭击伊拉克美军军事基地，原油黄金飙升第二波。请看图4-33原油市场反应（第二个圆圈标志）。

图4-33 美原油连续合约走势

通过从网络上搜寻相关新闻和分析报道，我对1月3日—8日冲突事件定性和交易方向判断如下：

（1）冲突发生在第三方国家，报复也将发生在第三方国家；

（2）伊朗必须有所报复行动以平民愤；

（3）报复行为最好不发生美国人伤亡，以免冲突升级。

通过对新闻报道的分析，我脑子里形成的交易策略结论是：这种小规模级别的国际突发事件，造成市场情绪短期推高原油黄金价格，但只要事件不会有进一步恶化和持续的冲突（冲突双方是否有涉及国家存亡的重大利益），就是一次典型的事件性交易机会，必须坚定做空。

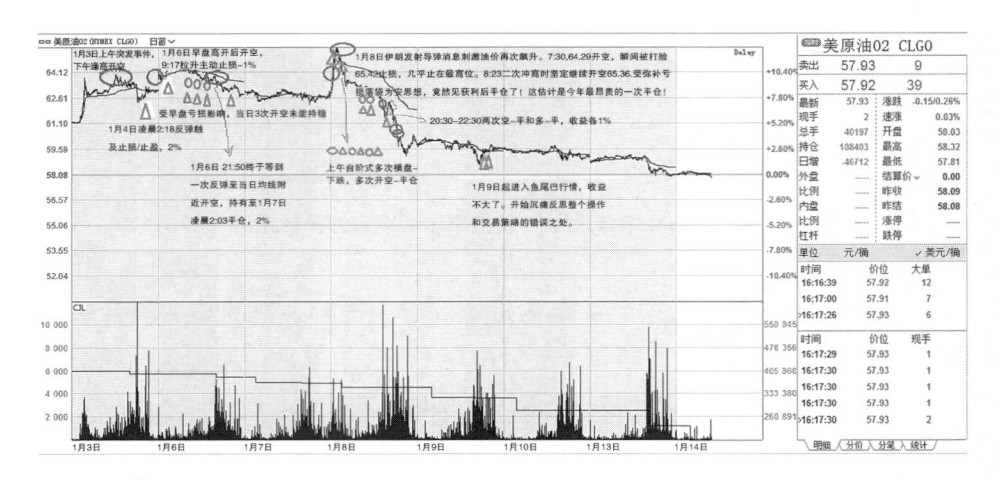

2020年1月原油交易回顾。

图4-34　NYMEX原油02合约（2020年1月3日—13日期间开仓点及平仓点）

图4-34中，椭圆形为开空单点，三角形为平空单点；期间仅做了一次开多单博反弹。具体如下：

主要集中在1月3日、1月6日、1月8日三个交易日。

1月3日，下午开始开空单，持有至1月4日凌晨2:18，反弹触及止盈位，平仓，收益2%；

1月4日—5日，周末休市；

1月6日，早盘看价格跳空高开，开空单，随后止损，亏1%；21:50价格反弹至当日均线附近，开空；持有至凌晨2:03，平仓，获利2%；

1月7日，市场窄幅波动，观望为主，等待反弹高点；

1月8日，上午7:30起在65美元附近开空单，当日密集交易，全天累计仓位收益8倍；

1月9日—10日，鱼尾巴行情，无太大参与价值。

从业绩上看，1月3日—10日，6个交易日，动用5%～10%仓位参与交易，账户整体市值增长1倍。事后看，过多的短线交易损耗了单边趋势带来的利润，账户整体市值理应增长3倍。

主要密集交易发生在1月8日全天。

现在还清晰地记得，1月8日早晨，习惯性地打开手机，关于"凌晨伊朗发射导弹袭击伊拉克美军军事基地"的新闻报道已经铺天盖地。市场已经用自己的语言做出回应。从早晨6点原油市场开市后，油价一路上涨（见图4-35）。

图4-35　YMEX原油走势及2020年1月8日分时走势

机不可失！从早上7:30开始，先在64.29美元开空单，但原油价格继续飙升，我太着急了，迫不及待地开仓的后果，就是空单马上亏损，只能立即止损，平仓价格65.43美元，亏损1.77%。几乎止损在最高价！

8:23，油价二次冲高，疑似形成小双顶的技术形态，毫不犹豫继续进场开空，价格65.36美元。价格很快下跌2%，我马上获利平仓。但刚平完我就后悔了，因为价格还在继续下跌。我只是想弥补第一笔交易的亏损，让自己回本后"心安"。我被情绪主导做了错误的平仓交易。看着价格阶梯式下降，我继续开空，再平，再开空，再平。

全天结束交易的那一刻，我一天紧绷的神经终于松弛了下来。"我已出舱，感觉良好。"小小地统计了一下，当天仓位收益达到8倍，整体账户升值过半。顿时看整个世界都美好起来了，内心充满了光明喜乐。

没了仓位，我却一天比一天怀念我65美元的石油空单。在随后的3个月中，石油下跌了15%、12%、51%。我赢得了当天8%的跌幅，却输掉了整个世界（见图4-36）。

图4-36　美原油连续合约走势（从2020年1月8日—3月27日油价跌了63.59%）

我错在哪里？我选择了正确的交易方向，仓位基本合理，但我采用了错误的交易策略。我用技术分析的短线思维交易商品，忽略了最基本的价格变动趋势：基本面的变动。事实就是，我丢掉了随后3个月获取几十倍收益的机会。

夜深人静的时候，我常常独自一人，一边看外盘行情，一边复盘过往的交易，某年某月，因为什么事件，做了哪个品种，当时开了多空哪个方向，当时的决策依据是什么，进出场信号和止损止盈是怎么设定的，当天交易是否达到预期，针对整个事件的交易是否全部跟上整段行情趋势？

交易就是遗憾的艺术。面对种种遗憾，我只能这样安慰自己，目前造化有限，也只能做到这个程度了。我想起了《增广贤文》所言：

> 未曾清贫难成人，不经打击老天真；自古英雄出炼狱，从来富贵入凡尘；醉生梦死谁成器，拓马长枪定乾坤；挥军千里山河在，立名扬威传后人。

五、历史性负油价的美油5月合约

> 如果人不犯错，他就能在一个月内拥有全世界。但如果他不从错误中汲取有帮助的教训，他就不会拥有一点有价值的东西。
>
> ——杰西·利弗莫尔

石油作为全球最重要的商品，每年国际大投行都会不定期预测和修正未来石油价格。请看表4-2，我从网络摘录的国际大投行对原油价格的预测。

表4-2 国际大投行对原油价格2019—2020年的预测

单位：美元

机 构	布伦特原油 2019年	布伦特原油 2020年	WTI原油 2019年	WTI原油 2020年	修 订 日 期
瑞信	68.00	65.00	59.00	57.00	2019年7月9日
高盛	66.00	60.00	59.50	55.50	2019年4月8日
渣打银行	74.00	83.00	66.00	78.00	2019年2月7日
德国商业银行	65.00	70.00	60.00	67.00	2019年2月6日
巴克莱	70.00	75.00	62.00	68.00	2019年1月24日
摩根士丹利	61.00	65.00	—	—	2019年1月8日
法兴银行	64.25	—	57.25	—	2019年1月7日

但又有谁真正拥有水晶球呢？2020年石油的价格变化实在太出乎意料了，有时候我在想，不管是哪个投行和资产管理公司，即使再多聘请100个金融博士和行业专家，都很难预测成功。

我翻开2020年4月5日的交易日志：

过去的3月份，见证了很多"活久见"的资本市场巨变；

尚无疫苗的新冠疫情——经济停滞——供应链断裂——需求萎缩——严重失业——潜在房贷危机，一环扣一环；

股市崩盘（没有人见过这么多次熔断，盘面之惨烈堪比1929年大崩盘）；

石油危机（油价单天暴跌30%，20世纪80年代以来最深）；

债券崩盘（投资级债券单天暴跌20%，史无前例）。

但是，交易者不是研究者。交易者如同非洲大草原上的狮子，无论天气如何，它都要出去捕猎。它需要研究任何情形下，猎物在哪里？捕获的概率有多大？自身受伤的概率有多大？

一周的机会会有多大？经历过才知道。钯金一周+40%（2020年3月中旬），这回轮到石油，当周+32.78%，最大震幅+50%。

商品价格纷纷走低，商品遵循供求规律。低于生产成本，供应只会越来越少，直至商品价格重新上升。

2020年4月2日至4月4日，美油从20美元反弹至29美元，走出了一波反弹套人行情。背景是4月1日，美国页岩油钻探企业怀汀石油公司（Whiting Petroleum）向得克萨斯州法院申请第11章破产保护，成为在油价大战后首家申请破产的大型上市油企。4月2日，据沙特通讯社报道，沙特王储与美国总统特朗普就油市问题进行了电话通话。特朗普告诉俄罗斯和沙特阿拉伯，要减少1 000万桶的采油量或更多。沙特表示，OPEC+应寻求公平的协议。

那时候，整个市场还觉得20美元这个价位不会停留太久，胀库、减产，只要发发消息，价格就上来了。

表4-3是我从网上搜索到的2020年全球主要产油国每生产一桶原油的成本。其中资本开支包括石油设施、输油管与建设新油井支出；运输成本包括采油、雇员薪水与管理费用。

表4-3　全球主要产油国成本

单位：美元

国　　家	资 本 开 支	运 输 成 本	合　　计
英国	21.80	30.70	52.50
巴西	17.30	31.50	48.80
加拿大	18.70	22.40	41.10
美国	21.50	14.80	36.30
挪威	24.00	12.10	36.10
安哥拉	18.80	16.60	35.40
哥伦比亚	15.50	19.80	35.30
尼日利亚	16.20	15.30	31.50
中国	15.60	14.30	29.90
墨西哥	18.30	10.70	29.00
哈萨克斯坦	16.30	11.50	27.80
利比亚	16.60	7.20	23.80
委内瑞拉	9.60	13.90	23.50
阿尔及利亚	13.20	7.20	20.40
俄罗斯	8.90	8.40	17.30
伊朗	6.90	5.70	12.60
阿联酋	6.60	5.70	12.30
伊拉克	5.60	5.10	10.70
沙特阿拉伯	4.50	5.40	9.90

续表

国　家	资本开支	运输成本	合　计
科威特	3.70	4.80	8.50
平均	13.98	13.16	27.14

当时还特意请教国内石油行业的朋友，观点是从开采、运输到存储，最低不会低于18美元。长期低于这个价格，全球主要产油公司都要停摆。石油是全球经济的"润滑剂"，已渗入各行各业。因此如果价格低于18美元，理应有长期投资价值。等到石油价格历史性的波动结束，我才真正明白，这段话价值千金，可惜我只是肤浅的表面认同，并没有把它转化为巨额财富。

4月1日，油价跌到20美元时反弹了3.52%，4月2日再反弹了20.85%，次日继续反弹14.53%，短短3天就到了29美元。我在20美元左右尝试着做了几笔短线多单。陆续加仓过5～6次，但在随后的波动/浮盈/浮亏中获小利平掉了。每日盘面波动很大，油价又处于下降通道中，在高杠杆面前，心里不踏实，终究拿不住。

2020年4月1日至3日的3个交易日反弹了44.28%（见图4-37）。

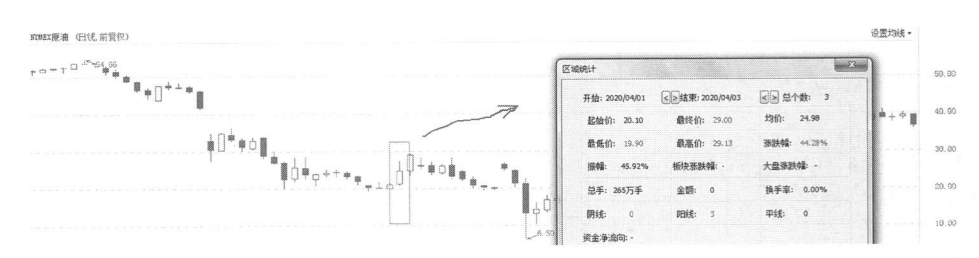

图4-37　NYMEX原油走势

没想到，足可以载入史册的巨幅波动还在后面。

回顾美油5月合约末日交易。

4月20日晚上至21日凌晨，美油5月合约走势跌宕起伏、精彩纷呈，让人大开眼界，全市场各类参与者的喜怒哀乐足可以单写一本书。

外盘经纪商提供了两种美油交易合约，一种是连续合约，当天最高

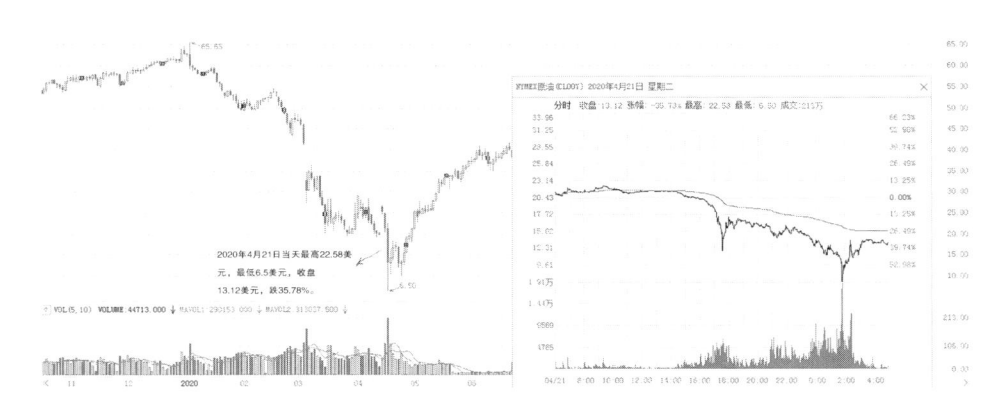

22.58美元，最低6.5美元，收盘13.12美元，跌幅35.78%（见图4-38）。

图4-38　NYMEX原油连续合约走势

另一种是WTI05月原油合约。它当天的波动幅度可不是这样。它最低跌到了-40.32美元。是的，你没有看错，负值。你若觉得几分钱的石油很便宜，进场做多，等收盘结算，你倒欠经纪商一大笔钱。

下面让我来回顾一下当天的石油交易。

一大早醒来，惯例打开手机看隔夜行情。昨夜收盘21.22美元，结算20.43美元，一上午油价在21美元左右徘徊，微涨，继续观望。

下午2:30起，开始进入欧洲市场活跃交易时间，石油价格开始破位下跌。下午5点左右，油价又跌了10%，到了18美元。理性要求我"按事实交易"。单边下跌，理应开空。我一边懊恼没早点行动，一边进场针对连续合约在18美元开了空单。没半小时，价格跌到了15美元，我入场平了仓，一卖一买16.67%的差价，旗开得胜，收益不错！

平仓后油价继续下挫，跌到11美元，我有些吃惊，但没敢再动。心想油价应该反弹了吧，果不其然，从17:30到18:00之间，从11美元反弹至17美元。内心又有点患得患失起来，懊恼没参与做多抢反弹。

此时我发现，WTI05合约走势不对劲了，它跟连续合约的走势出现明显差异。从17:30到18:00，WTI05合约从14.3美元继续下跌至13.3美元，毫无反弹（见图4-39）。

图4-39　NYMEX原油连续合约与WTI05合约2020年4月21日分时走势对比

我把注意力全部集中到WTI05合约上，因为今晚就是它的最后交易日。

WTI05合约价格继续下跌，21:30在11美元附近短暂反弹后，开始跌破10美元。这个价格已经远远脱离了我的认识范畴。我开始处于震惊的观望中，已经完全不敢相信、不敢下手了。大脑里的理性思维让我觉得，油价不可能如此深的跌破生产成本。会不会瞬间深V反弹呢？一边盯盘，脑子里一边胡思乱想。这个莫名的恐惧和担忧阻止了我不敢开空单。

图4-40、图4-41是WTI05合约一路下跌，每破一个台阶，我就惊叹一声，截屏纪念。

（1）轻松跌破10美元、9美元、8美元，心里想，是不是要反弹了？

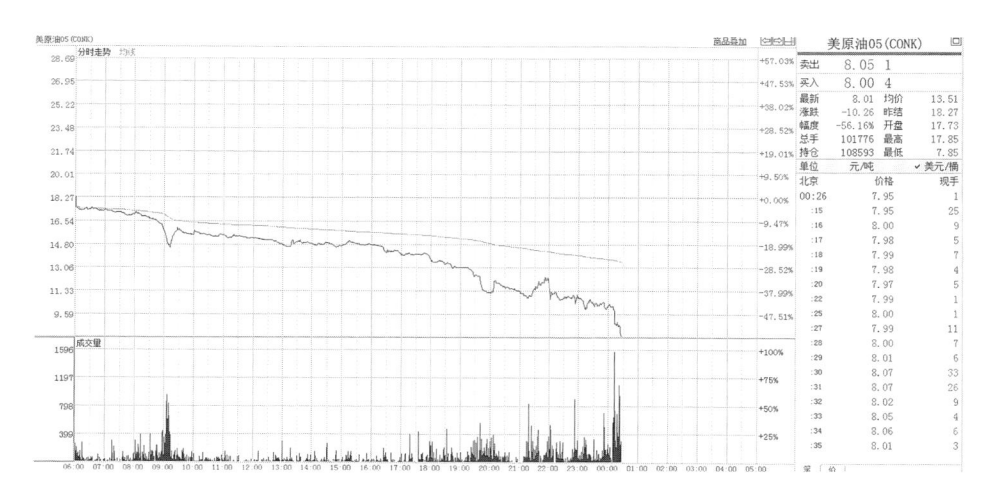

图4-40　NYMEX原油WTI05合约分时走势（截至北京时间2020年4月21日00:26）

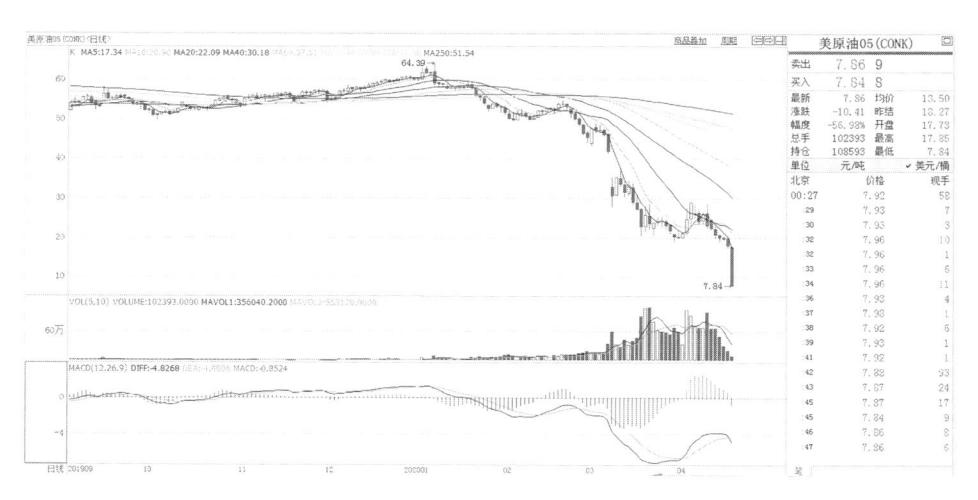

图4-41　NYMEX原油WTI05合约K线走势（截至北京时间2020年4月21日00:27）

（2）居然毫无反弹，加速跌破5美元、4美元、3美元，甚至2美元多，多头力量呢？都割肉平仓了？从交易软件中只看到总交易手数的变化，看不到持仓量的变化，心里着急（见图4-42、图4-43、图4-44、图4-45）。

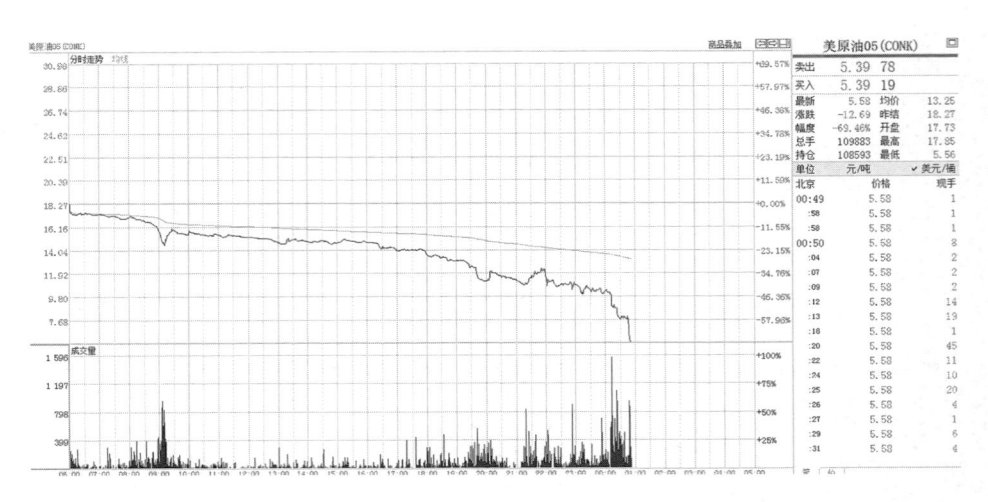

图4-42　NYMEX原油WTI05合约分时走势（截至北京时间2020年4月21日00:50）

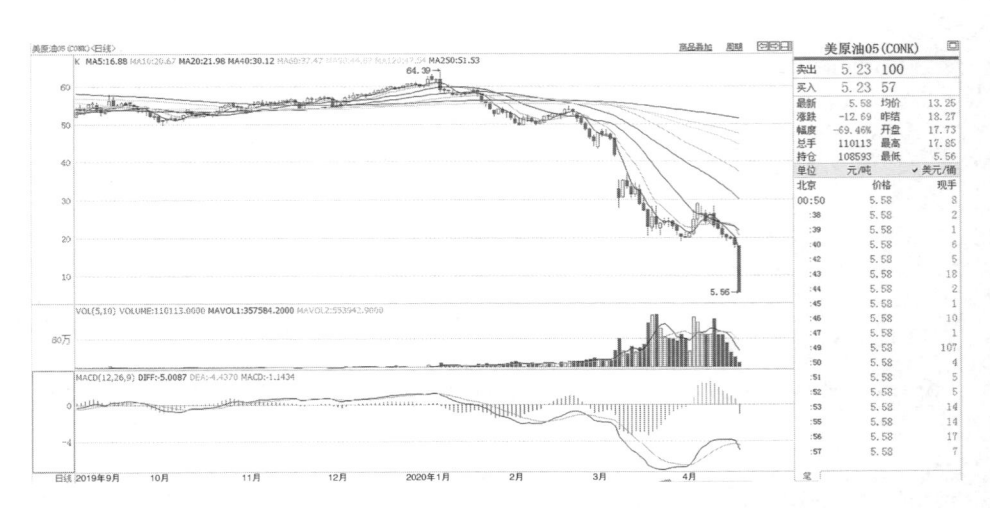

图4-43　NYMEX原油WTI05合约K线走势（截至北京时间2020年4月21日00:50）

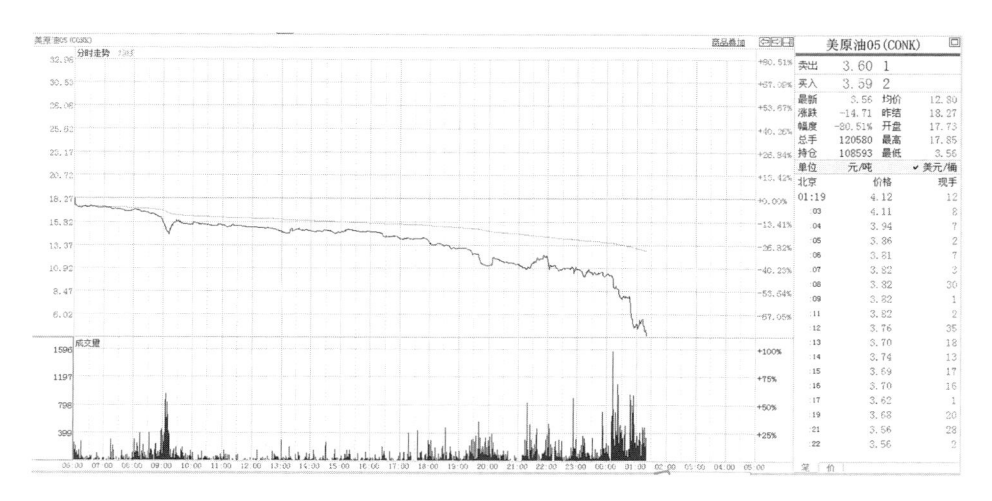

图4-44　NYMEX原油WTI05合约分时走势（截至北京时间2020年4月21日01：19）

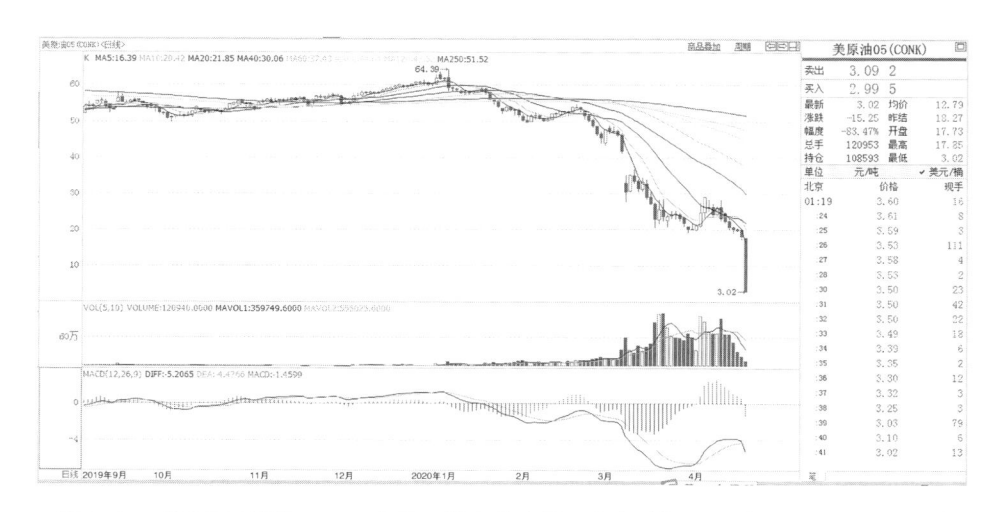

图4-45　NYMEX原油WTI05合约K线走势（截至北京时间2020年4月21日01：19）

（3）美油价格跌得行云流水，如同水银泻地，轻松跌破3美元（见图4-46、图4-47）。

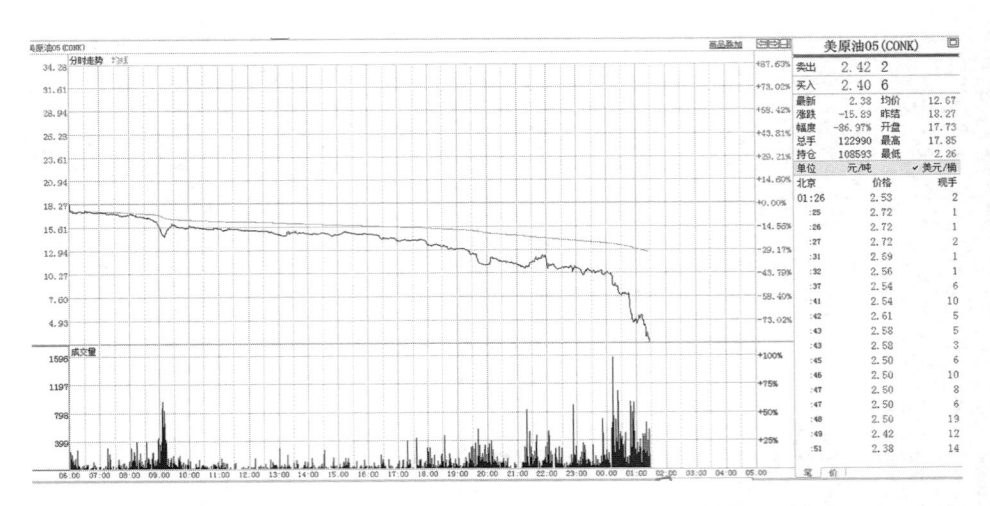

图4-46　NYMEX原油WTI05合约分时走势（截至北京时间2020年4月21日01：26）

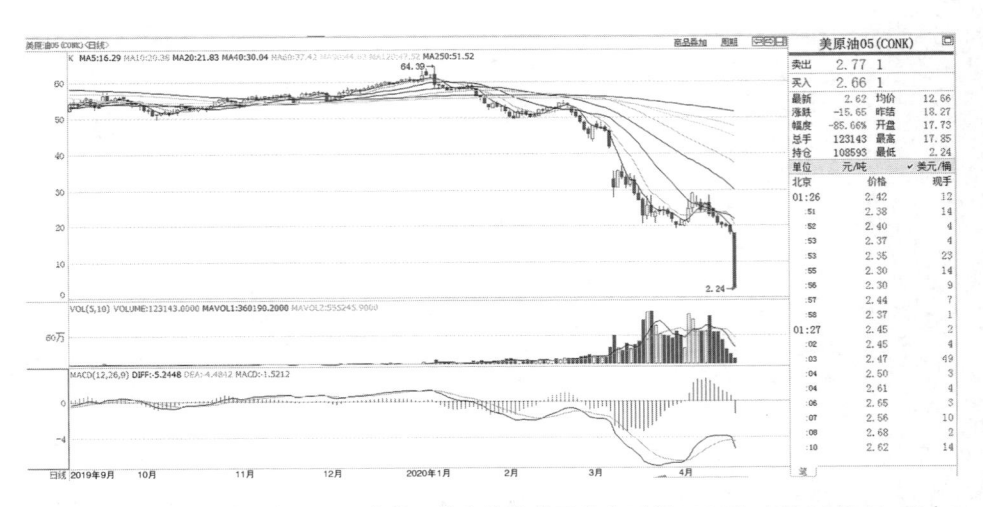

图4-47　NYMEX原油WTI05合约K线走势（截至北京时间2020年4月21日01：26）

（4）竟然跌破2美元了！再一会，直接跌破1美元了！活久见啊。我终于醒悟过来，油价要归0了，不会有什么反弹了，多头已经放弃抵抗了（见图4-48、图4-49、图4-50、图4-51）。

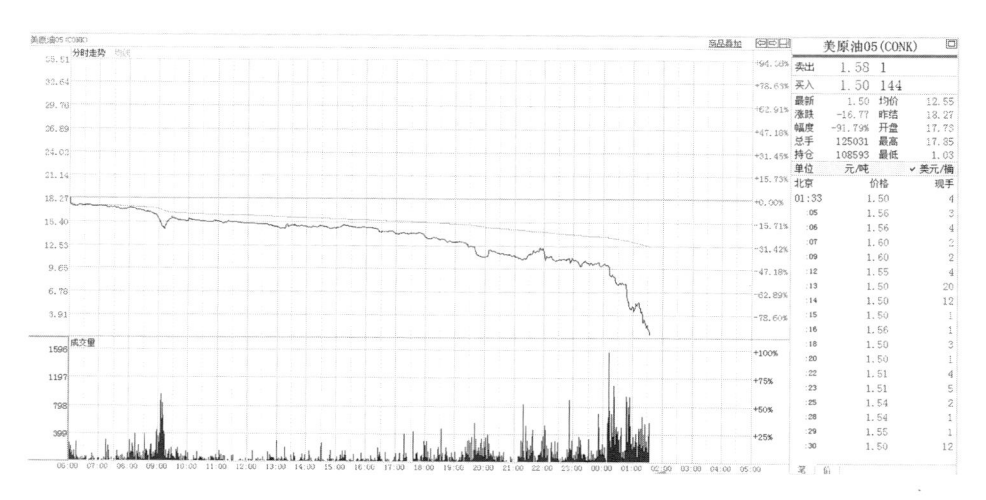

图4-48　NYMEX原油WTI05合约分时走势（截至北京时间2020年4月21日01:33）

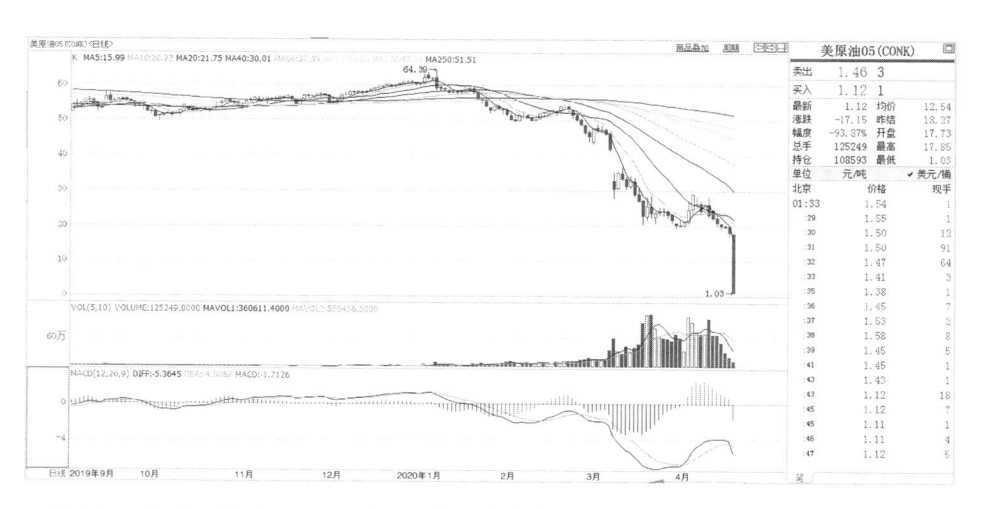

图4-49　NYMEX原油WTI05合约K线走势（截至北京时间2020年4月21日01:33）

图 4-50　NYMEX 原油 WTI05 合约分时走势（截至北京时间 2020 年 4 月 21 日 01:51）

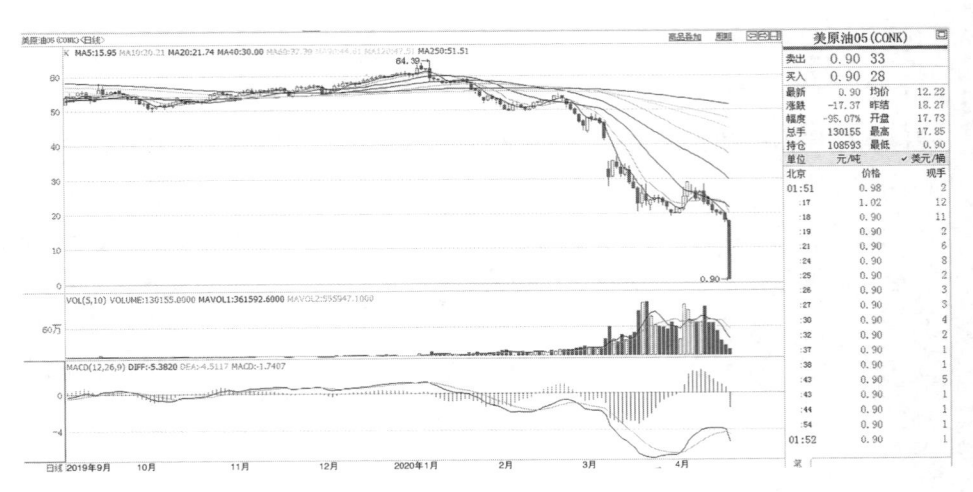

图 4-51　NYMEX 原油 WTI05 合约 K 线走势（截至北京时间 2020 年 4 月 21 日 01:51）

凌晨 1:05 左右，我一边看着跌破 1 美元的报价，一边内心做着强烈的挣扎。要不要参与？一个声音在我耳边响起，"小子，你必须按盘面事实交易！此刻如果不参与历史，日后回忆起来，你一定会后悔的。"我说服了自己，开始在 0.63 美元开石油空单。

5 分钟之内，油价直线下坠跌破了 0.2 美元，我在 0.16 美元平仓，差价 75%。持仓的每一秒，我都高度紧张，担心油价会突然发生深 V 反弹，将我这个空头生吞活剥。

平完仓后，我终于长舒了一口气。太荒谬了，感觉把商品做成了权证！可惜我只是用了极小的仓位参与。我一辈子都忘不掉交易前后那种紧张、焦虑、恐惧、兴奋的心情。

跌到1美分时，外盘经纪商把WTI05合约这个交易品种关闭了。想交易也没机会了（见图4-52、图4-53）。

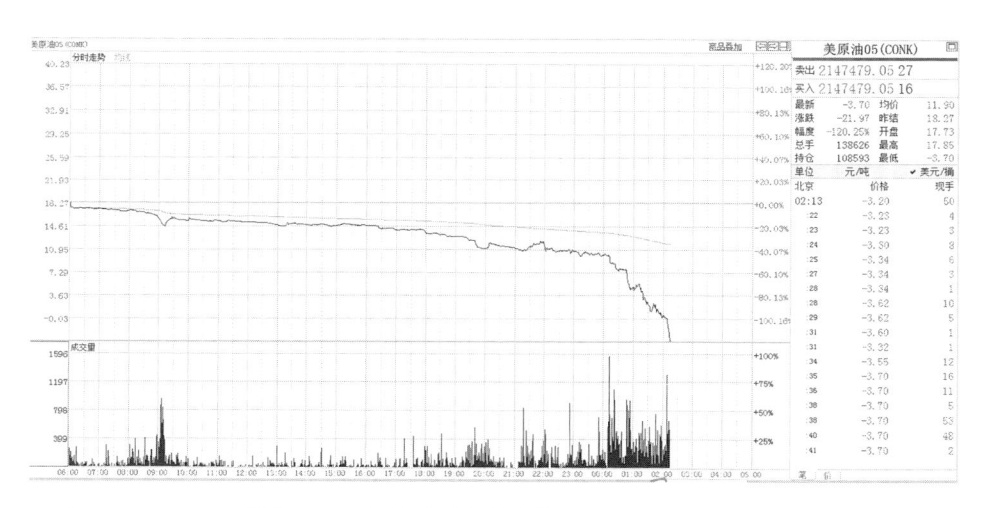

图4-52　NYMEX原油WTI05合约分时走势（截至北京时间2020年4月21日02:15）

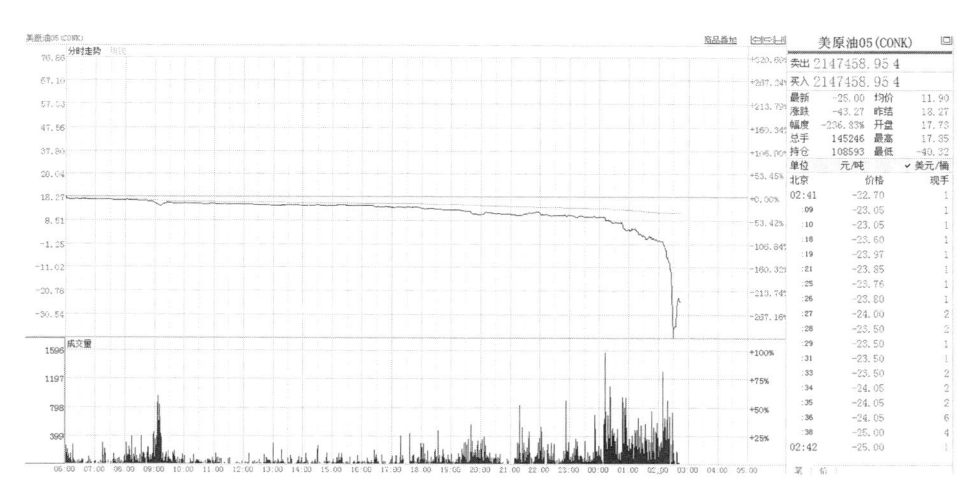

图4-53　NYMEX原油WTI05合约分时走势（截至北京时间2020年4月21日02:42）

交易关闭后，只能静看油价历史性的第一次跌到负值；从-1美元开始，一路跌到-40.32美元，最终结算价-37.63美元（见图4-54）。再次见证了历史奇观。当时想，美油06月合约目前20多美元，合约到期前会不会也跌到个位数呢？

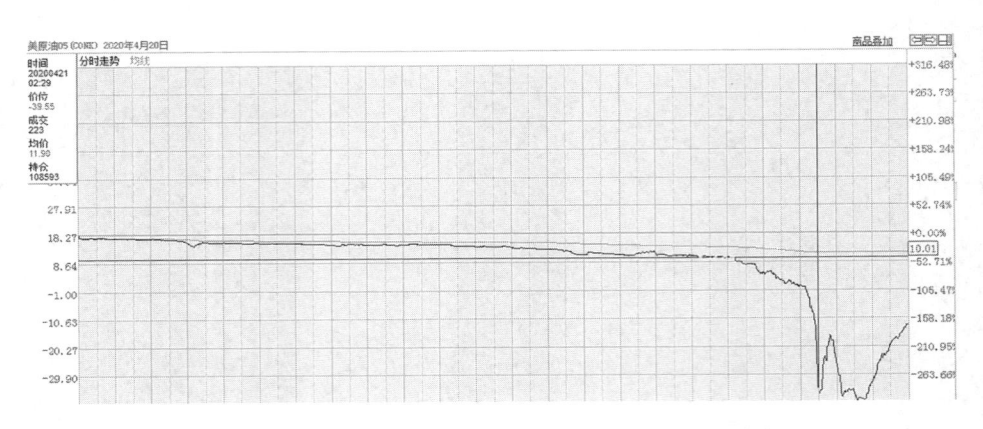

图4-54　NYMEX原油WTI05合约最后交易日分时走势

第二天，负油价的新闻占据了新闻头条。市场对WTI05合约出现负值，纷纷给出解读。

（1）胀库。按照网络上的分析，由于受全球新冠疫情影响经济趋缓，石油消耗量大幅减少，市场石油储存空间在经历前期数周的持续累库后也已接近极限，WTI即期合约价格跌至负值空间意味着市场已经进入"美国页岩油生产商需要向原油买家支付费用，以处理生产出的过剩原油"的状况。因此，WTI05合约暴跌主要源于美国原油存储空间已经告急。

（2）逼仓。在此之前，芝加哥商品交易所迫于形势罕见修改了游戏规则，系统测试了负值的可能性。我当时认为交易所是多此一举。没想到，空逼多早有预谋。WTI 5月合约跌幅负值，是一种技术逼仓行为，并没有太多真实的交易存在。另外，这次油价崩盘主要是WTI，布伦特则表现理智，并未出现极端的现象。

据说做石油能让人变成地缘政治学家，做农产品能让人变成气象学家，我倒是越来越相信了。

"富在术数，不在劳身；利在势局，不在力耕。"（西汉·恒宽《盐铁论》）每次商品跌破成本区，就是改变命运的机会——生产商破产，投机客赚翻！如果结果具有高度确定性，而你并没有赢得这份确定性，那表明你采用了错误的方法去获得确定性。

六、2021年白银横财

> 冒险没有关系，但当承担风险时，不要赌上全部财产。
>
> ——乔治·索罗斯

做空白银的机会来得特别突然。

2021年1月28日，照常盯会夜盘。21:30左右，白银突然暴涨一波，1小时拉高了6.5%。我马上看黄金表现，发现黄金并没有怎么动，仅涨了0.95%。这市场怎么了？想不明白。贵金属一般有联动效应。如果发生国际突发性事件，比如局部战争冲突、恐怖袭击等，更多地会体现在黄金市场的异动上。根据个人的经验，如果有实质性国际大事件发生，白银涨6.5%，黄金理应同涨3%～4%。在避险资产属性上，黄金比白银更有话语权。我认为白银被阶段性高估了，要么是未经证实的小道消息，要么是市场情绪所致。

机会瞬间即逝，做交易并不是做研究，在有限信息下必须做出概率判断。我认为胜率会站在空头一边。我决定凭常识行动，进场短线做空白银。

图4-55、图4-56是1月28日同一时间COMEX黄金和白银的走势。

22:56，我在26.7美元附近开空，到凌晨1:15，不敢恋战，25.88美元平掉空单。3%的跌幅，高杠杆下仓位数倍收益到账，随后心满意足地睡觉去了（见图4-57）。

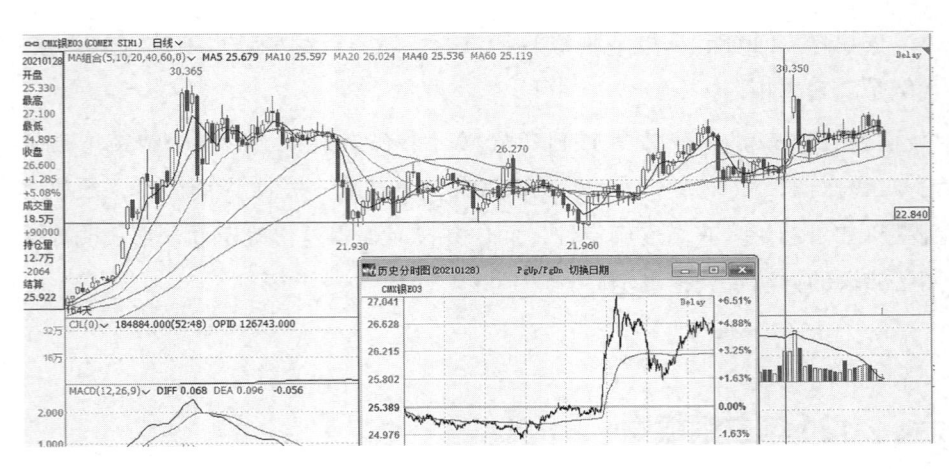

图4-55　COMEX白银期货03合约2021年1月28日分时走势

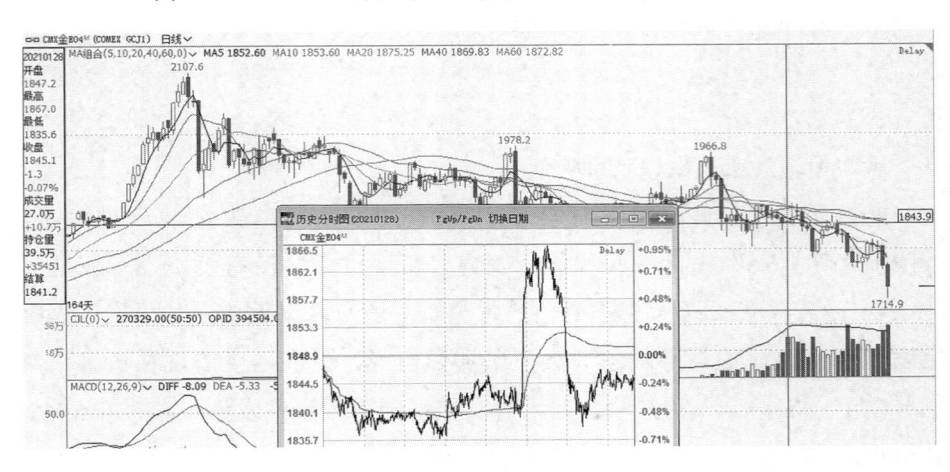

图4-56　COMEX黄金期货04合约2021年1月28日分时走势

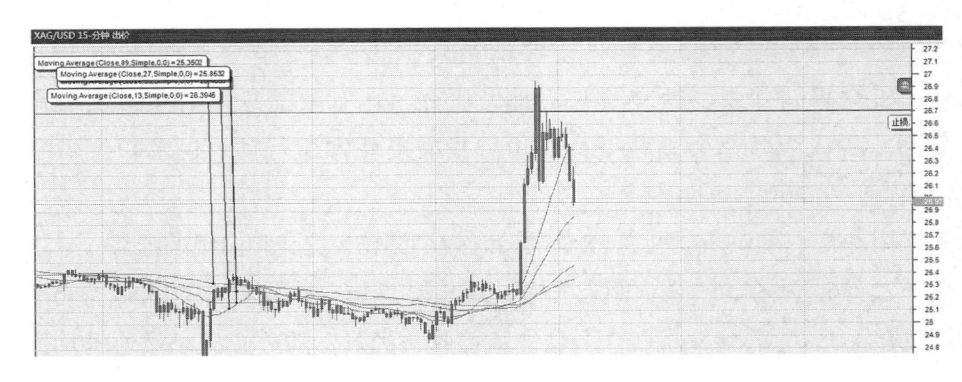

图4-57　XAG/USD 2021年1月28日15分钟K线走势

第二天一看新闻，我惊出一身冷汗。

昨晚白银的无厘头上涨，原来是美国那帮恶炒游戏驿站（NYSE:GME）的散户在嚷嚷着拉高白银。做空股票和做空期货可不是一回事。股票是卖空机构借入股票（融券），随后卖出，他们需要购回股票来回补仓位。期货市场有大量生产型实体企业（如白银采矿企业）参与，往往持有空单，可以根据交割制度，选择将期货合约到期交割，无须回补空头头寸。在合约数量上，多空双方只要有钱就可以开仓。散户想操纵白银市场扎空，在没有白银供求失衡的背景下，简直是天方夜谭。

我不看好白银价格。不料随后的两天，白银居然再次被炒高。2月1日，白银冲高到30美元。

我却顾虑太多，总想等着"更高更疯狂的价格"，最终在犹疑中错失了28美元以上做空的机会。2月2日，白银开盘后单边下跌，我在跌破28美元后陆续开了空单，当日获利平仓。白银的做空交易就此告一段落（见图4-58）。

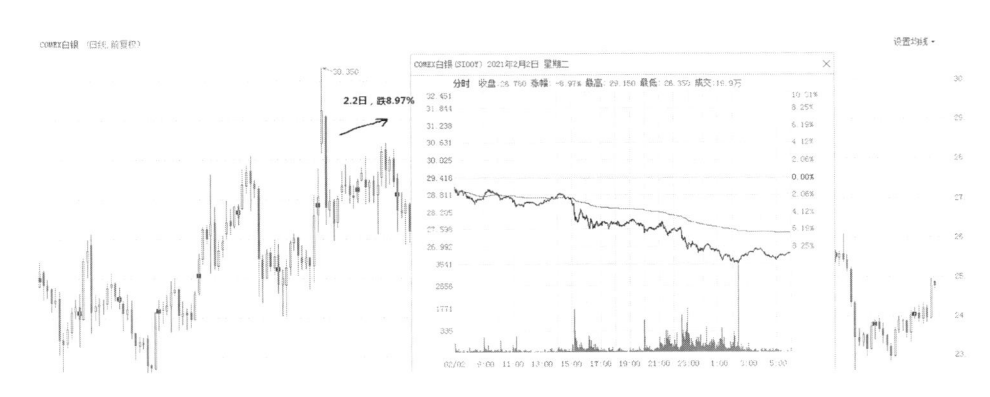

图4-58 COMEX白银2021年2月2日分时走势

2021年，受新冠疫情影响，美股突然出现了一股奇怪的力量：散户抱团股。散户去做多那些被机构看空、做空的低质量股票，将股价疯狂拉升，一夜之间成为华尔街不容小觑的一股力量。

GME就是那时候的一只"当红炸子鸡"。GME总股本6 974.7万股，2020年12月31日（当日股价18.84美元）披露数据是被做空7 034万股。由此引发扎空交易。2021年1月28日盘中最高483美元，最低112.25美元，当日震幅之大，让人大开眼界（见图4-59）。

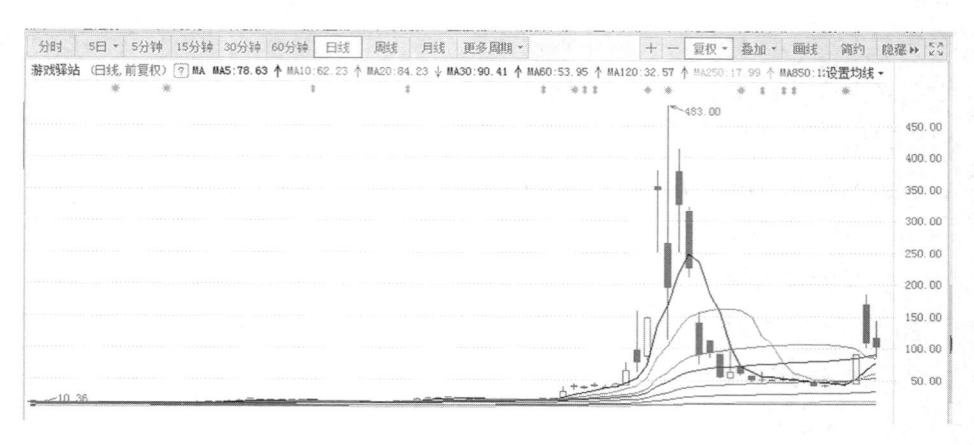

图4-59　游戏驿站（GME）走势

我回过神来，看看华尔街到底发生了什么，让GME、KOSS、AMC炒得这么热火朝天。

以下摘录自网络新闻报道：

  一些知名抱团股，如AMC、GameStop等，一天涨幅超100%、一周股价翻五倍等屡见不鲜，更出现了"28倍牛股"。这股风潮还提振了散户炒股平台Robinhood，令其IPO成为当年市场关注的热点。

  如今，散户投资者再次对那些抱团股着迷，他们在寻找低质量的股票以寻求高回报，而这意味着美股可能危险了。

  在过去三天时间里，包含了Rivian电动车和Riot Platforms等公司在内的散户抱团股指数Solactive Roundhill Meme累计涨幅超10%；然而，同期追踪标准普尔500指数的必需消费品ETF则下跌了1.3%。

在过去的18个月中，两者之间的涨幅差距有17次达到10个百分点或以上，其中12次标准普尔500指数在三天后和五天后下跌。上一次散户抱团股指数在三天内跑赢大盘达两位数时，标准普尔500指数在接下来的20天内下跌了4.5%。

自上周四以来，25个MEME指数成员中仅有3个下跌，Carvana Co.、Riot Platforms和Upstart Holdings Inc.涨幅居前。今年迄今，Carvana Co涨幅达到惊人的660%，其余两只股票涨幅也至少翻了一番。

BTIG分析师Jonathan Krinsky表示，当市场上一些被做空最多的股票出现反弹，比如现在的散户抱团股，而必需品消费等避险股出现下跌时，投资者应该为大盘几天的疲软做好准备。

开始看到一些低质量的股票反弹时，这是一把"双刃剑"。当我们看到这种幅度的飙升时，尤其是相对于像消费品这样的防御类股票而言，往往表明市场在追逐尚未变动且变动空间最大的股票，而这往往是变动的尾声。

散户的群体性癫狂是不可预测的。GME这种疯狂情况令人叹为观止。但我相信，一地鸡毛是那些MEME股的必然结局。

在此之前，我想起另一个轧空交易事件，2008年德国保时捷收购大众，顺道轧空做空大众的对冲基金的案例。保时捷利用法兰克福市场一项规避常规要约收购法条的特殊交易规则，在对大众股票仓位增加到42.6%之后，悄悄锁定了31.5%的流通股认购期权，实际仓位已达到了74.1%，再加上那不能流通的20.1%的官股（由大众公司所在地的萨克森州政府持有），此时市面上可交易的大众股票已经只剩5.8%。而此时大众的空单总量已高达总股本的10.4%。于是在2008年10月29日—30日两个交易日，德国大众汽车的股价连续飙升，从200欧元涨到最高价1 005欧元（见图4-60）。

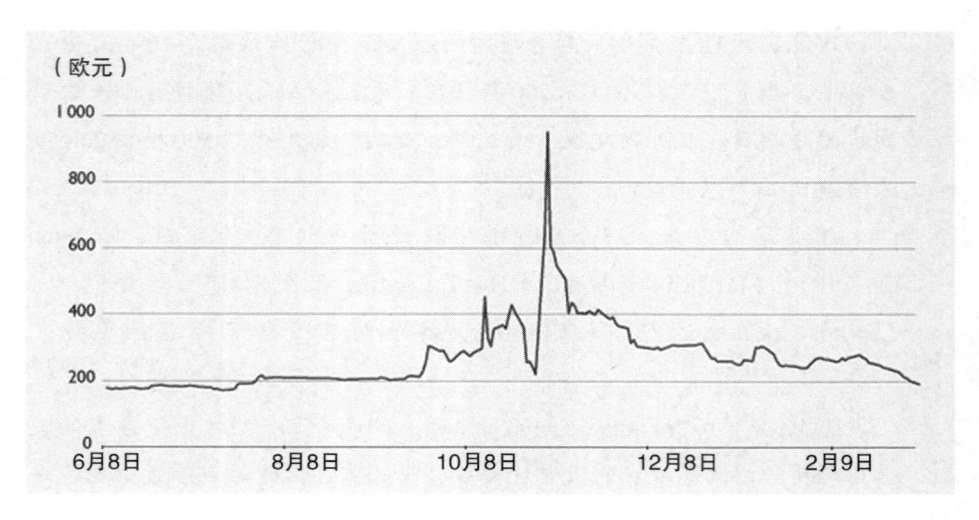

图4-60　大众汽车集团空头被轧空的走势

七、"俄乌冲突"（2022年2月）

任何从事冒险业务却不能应对后果的人，都不是好手。

——乔治·索罗斯

2022年2月24日，俄罗斯突然开始"特别军事行动"，俄罗斯—乌克兰冲突爆发。

大炮一响，黄金万两。我赶紧查看国际市场黄金走势。

COMEX金价当天冲高3.4%但随即回落，收盘竟然还下跌了。这黄金市场真是一点都不把这当回事啊！随后9个交易日黄金单边上涨了7.71%，我理解是短期避险情绪推高了金价（见图4-61）。

再来看俄乌军事冲突对俄罗斯股市、汇市的影响。当天俄罗斯股指跌了38.3%，惨烈崩盘，但次日又反弹了26.12%，并在4个月后一度恢复到俄乌冲突前水平（见图4-62）。

美元兑卢布，8个交易日贬值76%，随后缓慢恢复至军事冲突前汇率水平（见图4-63）。

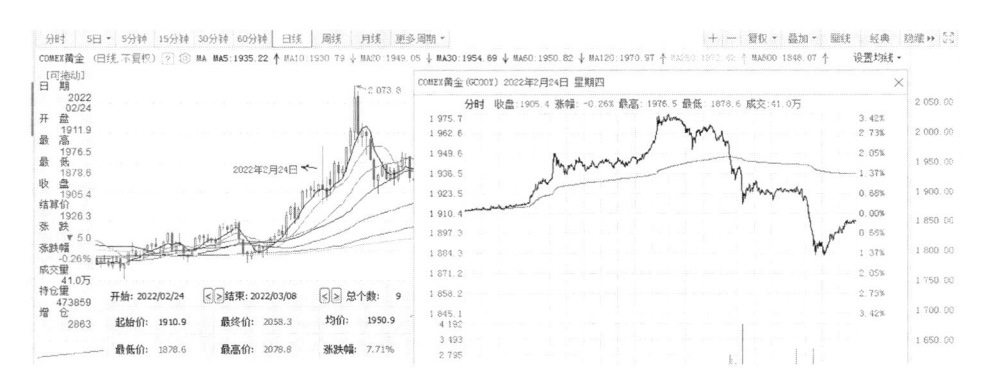

图4-61　COMEX黄金2022年2月24日俄乌冲突当日分时走势

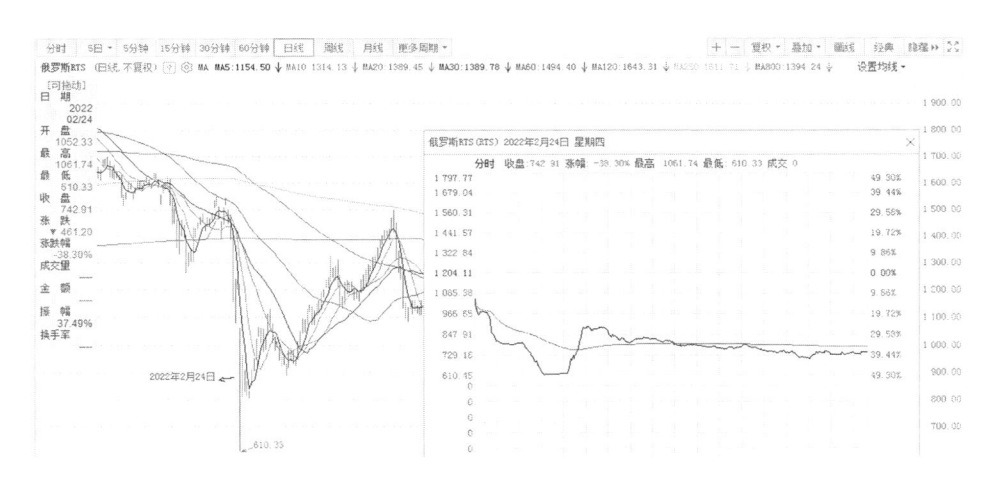

图4-62　俄罗斯RTS股指2022年2月24日俄乌冲突当日分时走势

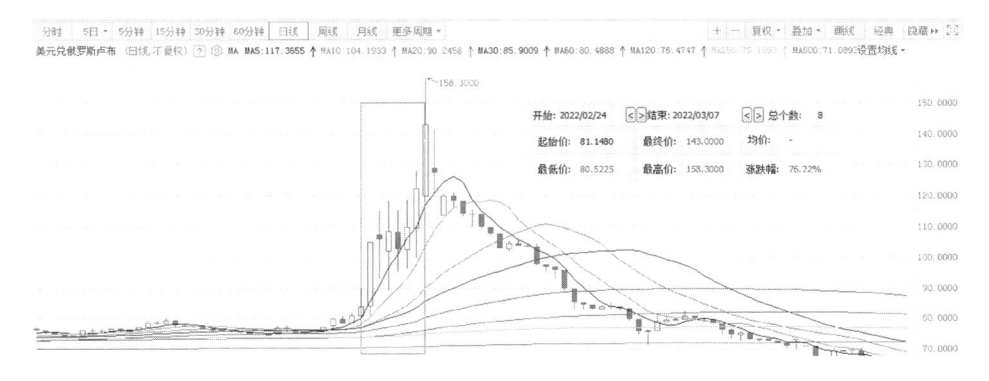

图4-63　USDRUB交易走势（2022年2月24日—3月7日）

我看着俄股市和汇市的剧烈变动而无处下手，没想到美国CBOT小麦价格飙涨。

联合国粮农组织统计数据库（FAOSTAT）显示，俄罗斯小麦约占全球供应量的17%，乌克兰和俄罗斯小麦出口合计占2021年全球小麦市场约30%；俄乌两国共占全球玉米供应量的17%、大麦的32%、葵花籽油的75%。全球有27个国家对俄乌小麦进口的依赖度在50%以上。

小麦价格上涨的原因显而易见。市场担心两个农业大国之间的这场冲突，将直接影响粮食生产、港口商业运作，阻碍农产品出口，最终威胁全球粮食供应。CBOT小麦价格在冲突爆发后9个交易日内涨了近45%（见图4-64）。

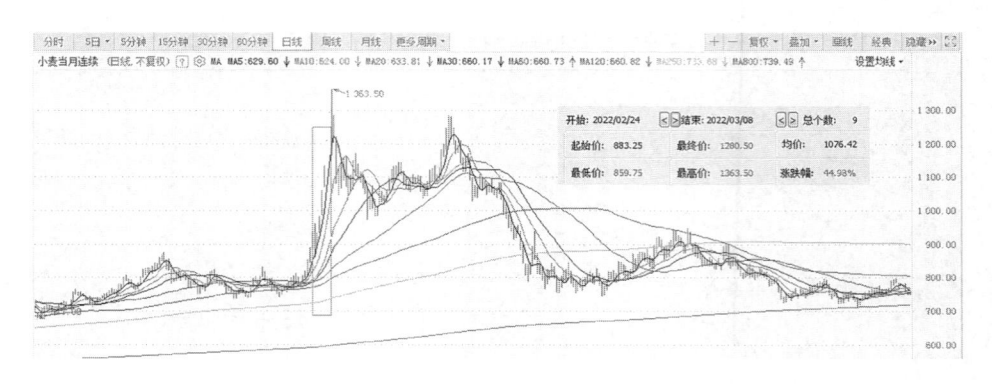

图4-64　CBOT小麦价格交易走势（2022年2月24日—3月8日）

后知后觉的我在小麦上涨数天后小仓位友情参与了下，不敢停留太久，获小利退出了。

除了小麦，俄乌冲突短期内刺激了全球石油、天然气价格的上涨。

我从网络上搜寻了一些关于俄罗斯自然资源的资讯。俄罗斯是世界第三大产油国和第一大石油出口国。俄罗斯每日出口500万桶原油，占世界原油贸易的12%，60%出口欧洲，10%出口中国。俄罗斯是钛、钯、氖、镍、白金、铝等关键战略矿产主要生产国和出口国，控制全球10%的铜储量。

2月24日冲突爆发后的9个交易日内，WTI原油价格涨了35%（见图4-65），而欧洲天然气期货更是夸张地飙升了127%（见图4-66）。全球稀有金属和原材料价格，如煤、镍、钯、钢、铝和铁的价格也有不同程度的上涨。

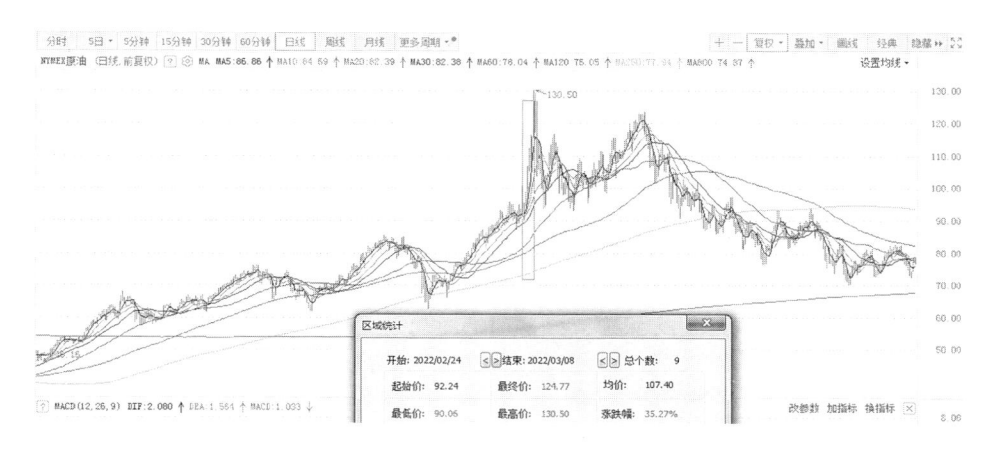

图 4-65　NYMEX原油价格交易走势（2022年2月24日—3月8日）

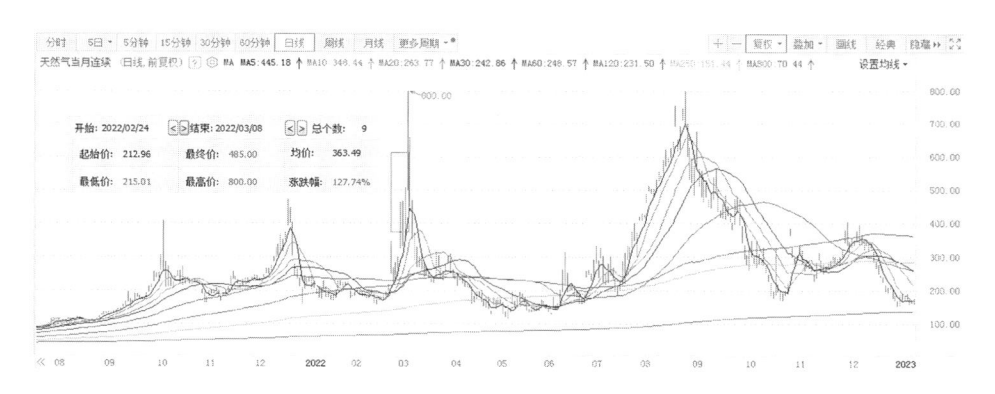

图 4-66　ICE欧洲天然气价格交易走势（2022年2月24日—3月8日）

不管是COMEX黄金、USDRUB，还是CBOT小麦、WTI原油、ICE天然气，我都没有能够好好做交易。究其原因，是自己对两国军事冲突背景、冲突起因、冲突强度、制裁力度等诸多要素，既没有提前研究分析，也没有后期沙盘推演能力。就拿小麦的价格波动来说，心里想着，这并不是气候原因造成的实质性大面积减产歉收，万一冲突突然停止了呢？心里没底，自然缺乏信心做好交易。

我记得2008年8月的"俄格战争"，10天就结束了。

"战争无非是政治通过另一种手段的继续。"（《战争论》）不了解历史，就不能以史为鉴。我又得借助万能的网络补习俄罗斯历史了。

俄乌冲突之前，俄罗斯"为了应对北约东扩"，已经"重新拥有"了克里米亚。克里米亚半岛位于乌克兰南部，濒临黑海和亚速海，曾是苏联的军工造船基地，是苏联走向欧洲和世界的海上通道，战略地位十分重要。

今天围绕着克里米亚主权的种种争议，通常被认为是源于苏联时期尼基塔·谢尔盖耶维奇·赫鲁晓夫所做出的"将克里米亚划出俄罗斯苏维埃联邦社会主义共和国，划入乌克兰苏维埃社会主义共和国管辖"的相关决议。野史将赫鲁晓夫的该举动解读为：赫鲁晓夫曾经长时间在乌克兰工作和生活，娶了乌克兰女子为第二任妻子，对乌克兰有深厚的感情，因此借着庆祝俄乌合并的机会给乌克兰送礼，将克里米亚送给乌克兰。相对合理一点的解释是，克里米亚半岛缺乏淡水，需要从陆上修建大型的水利设施引入淡水。将克里米亚划归乌克兰，更容易推动这个项目。1954年2月，苏联最高苏维埃主席团会议以纪念乌克兰和俄罗斯签订《佩列亚斯拉夫尔条约》统一300周年纪念日的名义，批准了克里米亚转让。

俄罗斯议会曾于1992年5月21日单方面通过关于废除1954年2月决议的决定，1993年5月9日又通过关于收回克里米亚的重要海军基地城市塞瓦斯托波尔市的法令。

2004年乌克兰发生"橙色革命"，反俄亲美的维克多·安德烈耶维奇·尤先科担任总统（2005—2010年）。2010年亲俄的维克托·亚努科维奇当选乌克兰总统，2014年2月乌克兰反政府示威升级，乌克兰危机爆发，亚努科维奇逃亡俄罗斯，同月俄罗斯出兵克里米亚。2014年3月，俄罗斯总统普京在克里姆林宫签署关于克里米亚和塞瓦斯托波尔加入俄罗斯的协议。

俄罗斯不满足于仅仅拥有克里米亚，深层次原因在于北约东扩，挤压了俄罗斯的战略空间。俄罗斯无法容忍北约导弹未来部署在乌克兰境内。

俄乌冲突不仅是乌克兰国土之内的军事冲突，而且是在俄罗斯与美国及其盟友之间的经济战。美国对俄罗斯的制裁措施包括：

（1）美国宣布将多家俄罗斯银行列入SDN名单（Specially Designated National，特别指定的国家）。列入SDN名单意味着美国公民和实体（特别是银行）不得与列入名单者的个人和实体有任何金融往来；不得允许列入名单者使用美元和美国清算系统（CHIPS，纽约清算所银行同业支付系统）；美国银行不得允许SDN名单上的个人和实体提取自己在美国银行存款；美国与欧盟委员会、德国、法国、英国等盟国将多家俄罗斯银行从SWIFT（环球同业银行金融电讯协会）体系移除，不再为俄罗斯与各国清算系统之间提供金融信息传输服务。

（2）美国及其盟友宣布冻结俄罗斯央行外汇储备。俄罗斯中央银行拥有外汇储备6 300亿美元，其中在西方国家中央银行或托管银行存放的3 000亿美元遭冻结。

（3）美国宣布禁止美国金融机构或个人同俄罗斯中央银行、俄罗斯联邦国家财富基金和财政部交易，限制美国投资者参与俄罗斯债券市场和股票市场的活动。

（4）禁止美国从俄罗斯输入原油、液化天然气和煤炭；撤销俄罗斯的最惠国待遇；各类新的贸易制裁等。美国的主要目的就是长期削弱俄罗斯的综合国力。

就全球金融体系而言，美国及其盟国冻结俄罗斯中央银行的行为，彻底破坏了国际货币体系的国家信用基础。当一国货币可以成为武器的时候，传统的外汇储备分散化的做法，已经无法保证在非常时期外汇储备的安全。这种变化对未来世界贸易格局、国际收支格局和海外投资结构都将产生深远影响。

俄乌冲突何时结束？以何种方式结束？商品市场上的机会已经稍纵即逝。不过，还是希望世界充满爱，人类和平相处，携手共同发展。那些因战争和杀戮带来的商品市场的机会，没有也罢。

八、英国换首相事件

> 失去所有是一种很有益的经验，因为它让你明白你有多无知。
> ——吉姆·罗杰斯

英国闪电换首相事件如此出人意料，以至于我整个人都没跟上市场节奏。而资本市场的反应，早就暗中揭示了真相。

我什么交易都没做，还停留在日本频繁换首相后市场仍旧波澜不兴的记忆中。我对历史和政治的理解是如此的无知，只能怪罪于自己的浅薄。

我现在唯一能做的，就是把它写下来——我无法扭过头去，假装什么事情都没发生过。

我对英国的历史实在很不熟悉。以前读历史，读到"1688年英国议会邀请荷兰'国王'威廉三世来继任英国国王，史称'光荣革命'"大为吃惊。国王、皇帝的头衔，在古代中国可是用刀剑和无数人的鲜血争夺来的，这等好事，哪会轮到外国人头上？

翻阅英国历史，1714年不会说英语的德意志人乔治一世当上英国国王；再往前的1013年，丹麦国王斯汶一世征服英格兰成为英国国王；1066年，法国诺曼底公爵威廉一世当了英国国王。有意思啊！

英国是全球最早一批脱离封建王权专治的国家。1215年6月15日金雀花王朝国王约翰王（1199—1216年）被迫签署宪法性文件《大宪章》，又称《自由大宪章》或《1215大宪章》。该文件把王权限制在了法律之下，确立了私有财产和人身自由不可被随意侵犯的原则，成为英国君主立宪制的法律基石。而史学对1688年的"光荣革命"也评价颇高。"光荣革命"后英国议会通过了限制王权的《权利法案》（1689年），国家权力由君主转移到议会，英国由此打破了"君主专制"，建立了君主立宪制政体。由此，英国新兴资产阶级开始逐渐掌握权力，为英国发展资本主义和工业革命奠定了基础。

1215年，中国还处于南宋宁宗嘉定八年；1689年，清康熙二十八年。漫长而黑暗的封建帝制，直至鸦片战争时的"国不知有民，民亦不知有国"。拒绝现代文明，本质是拒绝失去特权、知识和智慧，对贪婪和自私无解。

英国的议会由上、下院组成，上下两院制度形成于爱德华三世时期（1327—1377年）。上议院也叫贵族院，主要由王室后裔、世袭贵族、新封贵族、上诉法院法官和教会的重要人物组成。上议院是英国最高司法机关。下议院又称平民院或众议院，其议员由选民按小选区多数代表制直接选举产生。下议院行使立法权、财政权和行政监督权，是议会的权力中心。

看来英国议会权力很大啊。特拉斯在短短45天内先上后下，也就不足为奇了。

从2022年9月6日至10月20日，特拉斯上台的一个半月内，英国的股市、汇率、国债均大幅波动，引发英国金融市场动荡。新首相做了啥呢，能把英国金融市场搞得风声鹤唳？根据网络公开信息：

> 9月23日，特拉斯政府宣布了近50年来最激进的价值450亿英镑的一揽子减税方案，即"迷你预算"计划。方案包括降低个人所得税的基本税率、削减国民保险税、取消提高公司税收计划、削减购买房地产印花税，并计划在国内多地建立低税区等。为筹款支持其刺激计划，英国本财年计划发行1 939亿英镑的国债，比原计划多出600亿英镑，超出市场预期。

政策发布当天，英国富时100指数暴跌141点，跌幅接近2%。同时，英国国债大跌，2年、5年和10年期国债收益率分别较前一日上升43、51和33个基点。英镑兑美元也跌破1.1，贬值3.2%。9月26日周一开盘，英镑兑美元延续跌势，一度跌至1.022 4，最大跌幅超5%，创1985年以来新低（见图4-67、图4-68）。

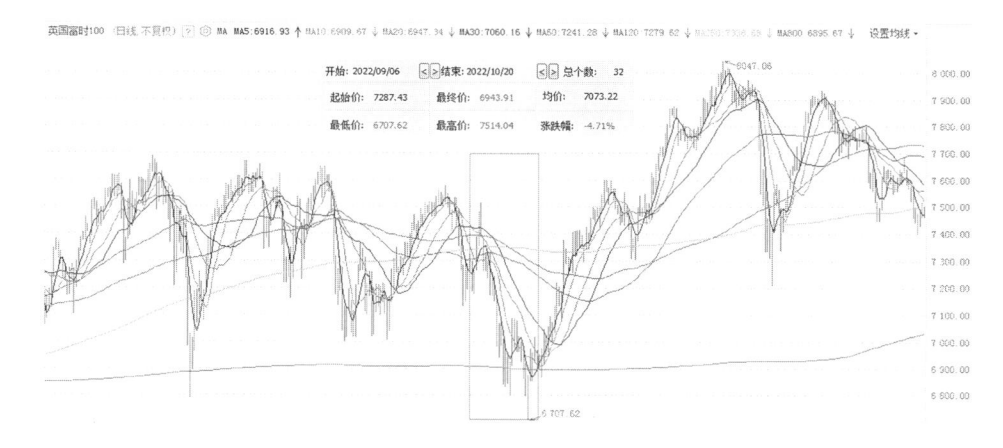

图4-67　特拉斯担任英国首相期间（2022年9月6日—10月20日）富时100指数下跌4.71%

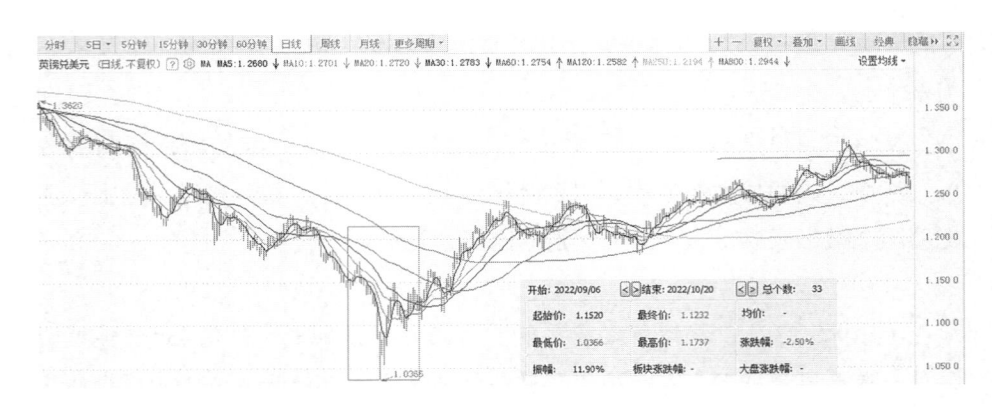

图4-68　特拉斯担任英国首相期间（2022年9月6日—10月20日）GBPUSD最大跌幅10%

英国国债大跌，导致英国养老基金的投资损失出现了抵押品不足的危机。"养老金危机"被引爆，这成为"迷你预算"新政派生的最大金融体系风险之一。

在特拉斯上台之前，英国经济增长乏力，出现劳动力短缺、需求市场萎缩的问题，常年经济增长率徘徊在2%。能源与物价飙升，通货膨胀率已经达到9.9%，维持在近40年来的高位。

特拉斯及其财政大臣奉行新自由主义思想，减税方案本意是倡导对企业和富人减税，以此来鼓励投资，促进经济发展。没想到在英国面临严重的通货膨胀困局下，推出刺激性的财政政策，直接导致"股债汇三杀"。

在"迷你预算"问世仅20多天后，特拉斯本人不得不承认这是一个错误。"我们当前面临非常困难的环境，全球利率上升、乌克兰危机"，她说，经济政策的优先目标应该是稳定。她认为，"低税收、高增长"保守主义经济模型本身没错，错在执行上"过于着急且幅度过大了"。

10月14日，英国财政部部长克沃滕被迫辞职。

10月17日，英国新任财政大臣亨特宣布，将取消几乎所有此前拟定的政府减税计划，以稳定金融市场。

10月20日，特拉斯宣布辞职，成为英国任期史上最短的首相。

10月25日，当选为英国保守党党首的里希·苏纳克在白金汉宫接受英国国王查尔斯三世的正式任命，成为英国新任首相。市场用全面上涨反馈了对新首相新政的预期。

英国政坛的人事快速更替，让我又想到2012年年末日本首相安倍晋三的第二次上台，"安倍经济学"新政带来的日元贬值和日经指数走牛的超级大机会。而艾伦·格林斯潘担任美联储主席期间（1987—2006年在任），市场有一个"格林斯潘卖权"（Greenspan Put）现象。每当金融市场发生危机时，市场总是能成功的指望到格林斯潘采用降息或其他刺激经济的货币政策，避免股市跌幅过大，给投资者的感觉类似于看跌期权（Put）保护。

新一届政府的经济政策，如果与之前政策相比有很大变动，那就有极大概率会给该国股市、汇市、债市带来变数。这次英国闪电换首相事件，再次给我上了生动一课：市场才是最好的老师！

九、突如其来的港股/中概股大机会（2022年10月）

> 判断对错并不重要，重要的在于正确时获取了多大利润，错误时亏损了多少。
>
> ——乔治·索罗斯

亿万富翁洛克菲勒说：世界上有两种人永远发不了财，一是埋头苦干的老实人，二是胆小如鼠的人。

在那些暗无天日的日子里，你唯一能做的，就是一遍又一遍吟唱那首《等待》："等待/永久地等待/在这世界上/你是我的唯一/等待……"

当你经历了一次又一次市场轮回，经历了一轮又一轮坐过山车后的捶胸顿足，经历了一次又一次错失历史性机遇的痛心疾首，你还顽强地活在这个市场上，从没想过放弃的时候，你就会坚信，那束光，一定会冲破黑暗，照亮你的整个世界。

别忘了，投机像山岳一样古老。万物皆有周期，历史必定会重演。市场的摧残，如同一把刻刀，一刀刀蚀刻在你的身上，让你遍体鳞伤，又变得玲珑剔透。因为你依然愿意相信，所有加在你身上的痛苦，都不会让你虚度岁月。

这不，梦中女神突然就来了。是的，她来了，她正款款向我走来了，那个梦寐以求的低风险、高收益、高胜率、高盈亏比的机会！

2022年10月22日，中国共产党第二十次全国代表大会刚刚落幕，中国香港市场就一片风声鹤唳。在此之前，恒生指数从2021年2月的30 000点，逐步回落至2022年8月底的20 000点。3月至8月，在20 000～22 000点盘整了6个月，貌似在20 000点有一定支撑。没想到进入9月，恒指继续下滑，毫无止跌迹象。

10月22日—31日，恒指加速下跌了近10%，跌破了15 000点。要知道，2020年3月疫情冲击下，恒指并没有跌破20 000点。在过往15年中，唯一的一次类似大空头走势是2008年10月的全球金融危机。

很明显，市场跌过头了。又到了数年一次的弯腰捡钱的时候。

在此之前，新闻媒体不断报出"出海投资"的中概股基金亏损惨重的消息。那些基金，尤其是本可以多空的私募基金大多重仓腾讯、百度、阿里巴巴、京东、拼多多等互联网龙头公司。我觉得这可以用"多头偏差""行为偏差"（尤其是"本土偏差"）与"羊群效应"来解释。在巨头光环之下，在"过往巨大成功"的乐观情绪的支配下，逐渐模糊了"好公司"和"性价比好的股票"之间的差别。

专业人士一般不会在垃圾股票上赔大钱，但在"知名白马股"上可以。这或许可以归因于罗伯特·席勒所说的"动物精神"，即"我们必须关注能够真实反映人们观念和情感的思维模式，或者说动物精神。如果我们不承认那些重大经济事件背后都有人类心理方面的原因，就可能无法真正弄清楚它们的来龙去脉"。

从另一个角度看，站在全球投资的大背景下，选择"中国漂亮50"或老家小县城评选"乡镇企业明星50强"的逻辑叙事基本一样。全球公开市场上可投资品种有10多万个，如是要投资全球最好的标的，理应在更大的池子里做选择题。仅是定位在特定国别、特定区域的资产，池子还是小了。

《春秋谷梁传·庄公三年》曰："独阴不生，独阳不生，独天不生，三合然后生。"《易传·系辞上》曰："一阴一阳之谓道，继之者善也，成之者性也。"孤阴不生、孤阳不长、一阴一阳方为道，这些耳熟能详的朴素自然哲学，从小就潜移默化地影响了大多数东方人。伟大的古老的东方文明，真是饱含了无穷无尽的智慧。

有危才有机，大危险蕴含着大机遇。没有至阴至柔的孕育，哪有至阳至刚的行情！

"天予不取，反受其咎；时至不迎，反受其殃。"正面硬刚的时刻到了！

实战是检验认知的唯一标准。

开始做多股票，港股做多腾讯。理由很简单：腾讯，静态PE12倍，无敌的行业护城河，各类基金的标配。尽管新增用户数放缓，营收增速放缓，但用户高黏性的逻辑没有变，有用户就有未来。

我把中概股和红筹股的静态PE、PB都列了出来。真是便宜啊，足以令人瞠目结舌，啧啧称奇。像百度（BIDU）、阿里巴巴（BABA）等中概互联网龙头公司股价都跌破/接近每股净资产了。

遍地黄金，选择龙头，集中火力即可。

2022年10月24日，当天腾讯股价大跌超过10%，我开始准备入场建仓。针对市场排名第一的权重指标股，这种短期内的恐慌性抛售，纯粹是市场情绪的非理性宣泄。

我计划200港元买入10%仓位，每跌5%，就加仓10%，最多建3次仓，30%仓位，即股价200港元、190港元、180港元，建仓平均成本190港元。鉴于外盘给腾讯提供了20倍杠杆，满仓情况下亏5%即爆仓，3成仓位下亏损超过16.67%则爆仓。也就是说，股价不能跌破158.33港元。

凡事没有绝对。想清楚了最坏的情形，心里反倒踏实了。账户若被强制平仓归零，则省却了你主动平仓的烦恼——如果这次看错了，颠覆了我过往所有的投资经验和投资常识，那就无须废话，认栽完事！

我绝不相信，恒指从2022年6月底起连跌4个月，从22 000点跌破15 000点，下跌32%后，会没有反弹；我也绝不相信，腾讯从2021年2月的最高点775港元，一口气跌破200港元，下跌74%后，会没有反弹。

当下就是高胜率、高盈亏比的时刻——短期下跌空间极其有限，上涨空间相当可观。我预计这次抄底腾讯胜率大于90%，盈亏比起码在5～10倍。

10月25日，股价在198.6～215.6港元震荡，我在200港元买入10%仓位。随后3天股价反弹最高至222港元，正懊恼犹豫买得太少，是否要追高建仓呢，10月28日，股价再次回调至200港元。当天下午，股价在200港元横住了，仿佛有只无形的手，每次股价打到200港元时，抛出的筹码就被接走了，直到收盘都没再跌破200港元（见图4-69）。临收盘赶紧又买了10%仓位。计划赶不上变化。我明白，市场的空头抛售快要接近尾声了，200港元大概率是个底部，很难再有效跌破，不能再指望180～190港元这样的价位建仓了。

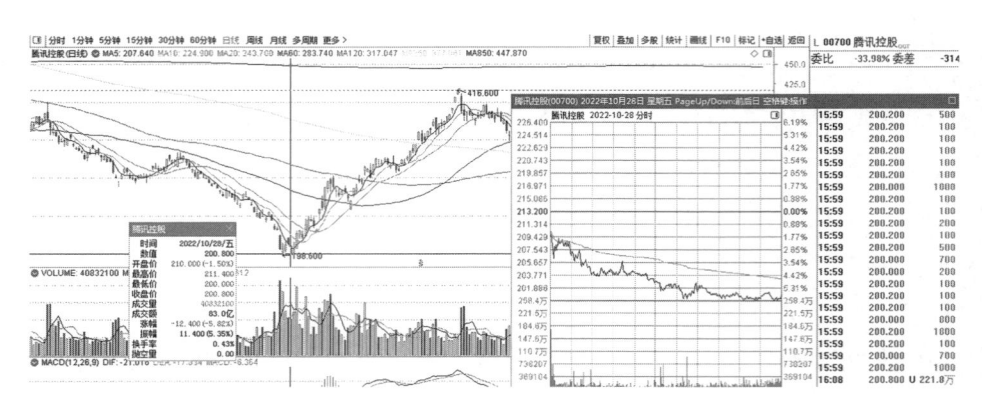

图4-69　腾讯控股（00700）2022年10月28日分时走势

10月31日，开盘瞬间短暂跌破200港元，迅速再次入场，又买到了10%仓位。这下30%仓位了，3次建仓平均成本200港元左右（见图4-70）。

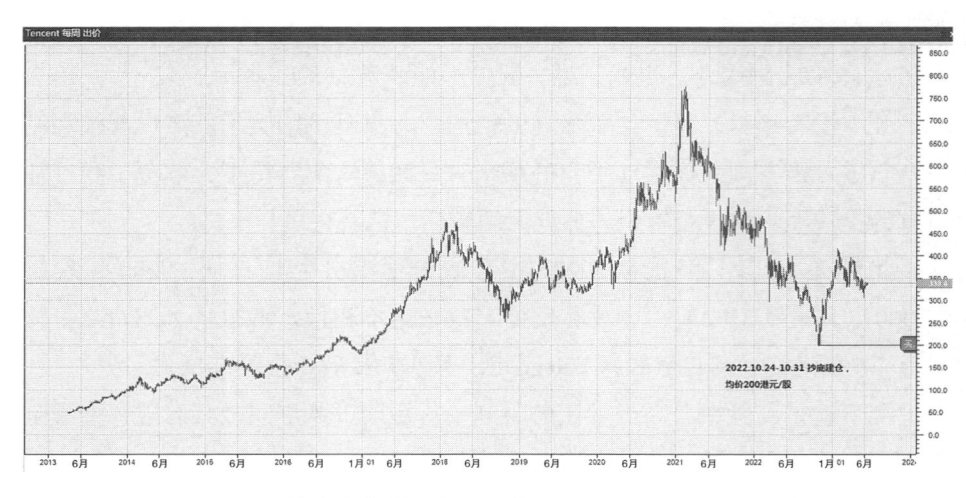

图4-70　抄底建仓腾讯（2022年10月24日—10月31日）

11月1日，腾讯放量大涨10.6%，成交了172.8亿港元，反弹开始了。我的仓位也迅速脱离了成本区，这下安全了。我把止损位调整到成本价200港元，无论如何，这笔交易不会亏损了。万事大吉！

虽然只建了30%仓位，可以在成本价往下扛16%的震幅，但害怕之前钯金上"浮盈加仓——摊高整体建仓成本——扛不住大幅震荡"的悲剧再次上演，我没有敢再追高加仓。反弹是大概率事件，但谁知道这波反弹能有多高？万一只是下跌途中的小级别反弹呢？万一再有二次探底，形成W底呢？

世上没有绝对的事情。这回，我必须让有利仓位处于相对安全的境地。

接下来你什么都不要做。你要牢牢记住，"钱不是交易赚来的，钱是坐着赚来的。"愚笨的我在投机道路上，花了10年看到这个道理，又花了5年明白这个道理，再花了3年学会做到它。但愿一切还不算太晚。

忍住让浮盈落袋为安的心理，是一件备受痛苦煎熬的事情。但唯有做到了这一点，你才能站在成功者之列。

这次给自己设定的获利目标是静态PE达到18倍之上，即起码涨过300港元。超过即是意外之喜。腾讯一口气反弹至1月底415港元附近才开始调整。（接近反弹高度0.382的黄金分割线，也恰好触及850天均线压力位，神奇的牛熊分界线！）我在360～390港元陆续兑现了90%的筹码，留了些低成本的底仓权当纪念（见图4-71）。

图4-71　腾讯（0700）反弹至360～390港元卖出清仓

回顾看，整个交易周期是2022年10月底到2023年1月底，刚好3个月。

有了这笔利润，我感觉整个人都活过来了。金钱带来了自信，让你趾高气扬，又像是被春天亲吻了全身，温柔且热烈。

一事顺，事事顺。

11月1日腾讯大幅反弹10.6%，成交放出巨量172.8亿港元的时候，中国平安（02318）只是小幅跟涨4.62%，成交20.3亿港元。待到11月4日，中国平安开始放量大涨8.62%，彼时腾讯的浮盈扩大了账户的可投资金额，我赶紧进场买了些PB不到0.55的中国平安。

当天是美股夏令时（3月12日—11月4日）最后一天，还是北京时间21:30开盘。开盘一看，阿里巴巴、百度都高开大涨9%。之前稍稍做了下功课：

（1）阿里巴巴当下的股价处于2014年上市以来的最低谷；

（2）过去8年以来，阿里巴巴的销售收入从2014年年初的人民币525亿元（2014年3月31日年报数据），增长到2022年年初的8 531亿元（2022年3月31日年报数据）；

（3）归属母公司股东净利润，从2014年年初的人民币233.2亿元（2014年3月31日年报数据），增长到2022年年初的622.5亿元（2022年3月31日年报数据）。

也就是说，这8年，销售收入增长了15倍，净利润增长了1.67倍，市值和上市初期相比几乎没变。

我觉得阿里巴巴的反弹逻辑更能说服自己，开盘后即追高了一点阿里巴巴，70美元左右，随即被套了一周，郁闷了几天。持有到12月初，纳斯达克指数迟迟不见上涨，特斯拉还在加速下跌，看不清美股后市，于是就把阿里巴巴在90美元附近草草了结了。作为网络零售商，它在国内并不是一家独大，京东、拼多多、抖音都在分食蛋糕。商业模式的护城河不够宽阔，让我没有信心长期持有。同理也针对中国平安，持有到2023年1月中旬，PB接近1时清掉了。

之前表述过，期权、窝轮、牛熊证，都是表达市场观点的最好武器。既然自己如此看好恒指反弹，那就不能不上窝轮。

在2022年10月31日恒指14 700点位附近，我花了点小钱买入了认购证窝轮（24778），成本约0.016港元/份，纯属一种自我证明的心理较劲，颇有黄昏时逛菜市场随处捡便宜菜之感。

11月14日周一，恒指高开低走，反弹第一次触及60日均线。此时窝轮已涨到了0.085港元/份，10个交易日收益率已经超过了4倍。我自作聪明地想开始"做短差"，想等恒指回落到"更低位"后再买回窝轮，全然忘了建仓之前对自己"耐心持有"的告诫。平仓很简单，动了动手指，我就这样失去了筹码，并且再也没有买回来（见图4-72）。

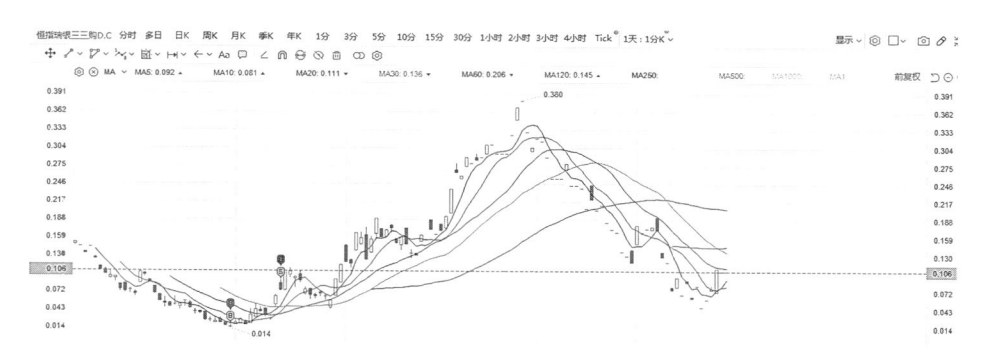

图4-72　参与恒生指数窝轮（24778）走势（2022年10月31日—11月14日）

到2023年1月下旬，窝轮最高涨到了0.38港元。我再次与那一小笔近在咫尺的横财擦肩而过。

著名经济学家保罗·萨缪尔森（Paul Samuelson）曾提出过一个跨期选择模型，讨论延迟满足感的问题，即跨期选择问题。结论是，一个不能很好控制延迟满足感的人，在跨期选择中很难做出理性选择，进而削弱自己获得长期成功的可能性。

在看好后市的情况下，过早兑现盈利出局，本质上是即时满足感战胜了延迟满足感，认为未来的效用低于当下的效用，从而做出非理性选择。而一个不能做出长期一致理性选择的人，很难获得成功。这与一个人的自制能力、自控能力、执行长期目标的专注能力有关。这可不是一件小事。

买入期权或窝轮，天生可以做到"截断亏损"，但我没能做到"让利润奔跑"。这真是一笔不完美的交易，将带给我持续的反思。

爬上102层高的纽约曼哈顿帝国大厦，大约要用1小时，但从楼顶跳下来，只需30秒。股价的运动规律也一样。价格往上涨所需的势能，需要用现金作燃料。但股价跳水可不同，只需抛出手头筹码就行。

2022年12月，国内受新冠疫情影响，与治疗新冠有关的制药公司股价被市场疯炒。山东新华制药就是其中一例。

从2022年12月1日至12月16日，新华制药A股（000756）从21.72元涨到46.1元，12个交易日涨幅近100%；其H股（00719）从5.16港元涨至15.62港元，涨幅近200%。从估值看，H股的静态PE从7倍升到21倍，PB从0.7升到了2（见图4-73）。

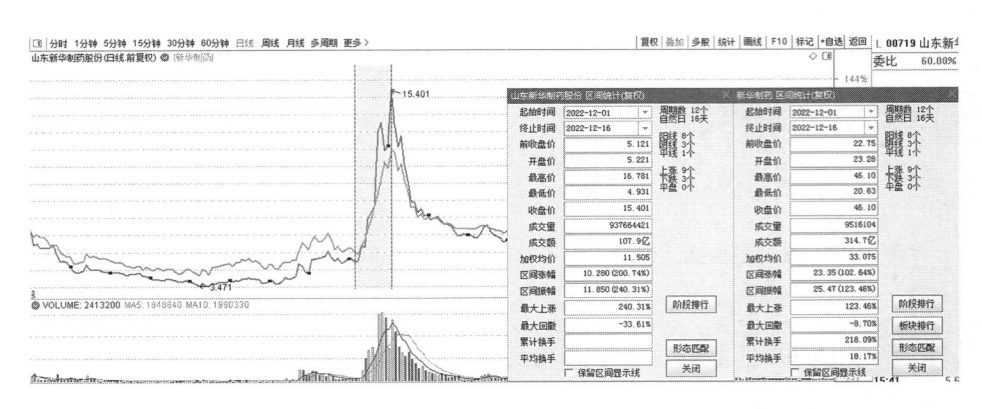

图4-73　新华制药A股与H股走势对比（2022年12月1日—16日）

是公司基本面有质的飞跃了吗？根据公开信息，"公司是亚洲最大的解热镇痛类药物生产与出口基地，是全球最大的布洛芬生产企业之一""目前公司多条生产线处于满负荷状态"。同一板块中，东北制药（000597）、香雪制药（300147）等，短期内都同步大涨。

心里基本有了底。这波上涨纯粹属于市场热点炒作，炒作题材是"退烧药"。待新冠疫情得到控制，股价大概率就是"从哪儿来，到哪儿去"。虽然开空需要占用保证金，但场内获利筹码的抛售了结不需要。细胳膊细腿是举不久过重的杠铃的，我要借势发力。

第四章　风云际会，激战多空

上涨是欲望驱使下的情绪性多头行情，下跌是价值规律下回归均值的必然结果。说服不了自己参与多头行情，那就等待必定到来的空头行情。我相信股价会从"疯狂炒作"到"一地鸡毛"。

从12月19日起，我在15港元、14港元和13.5港元附近分批开空。一个月后，股价回落至60天均线7港元附近，我平仓离场，不再恋战（见图4-74）。

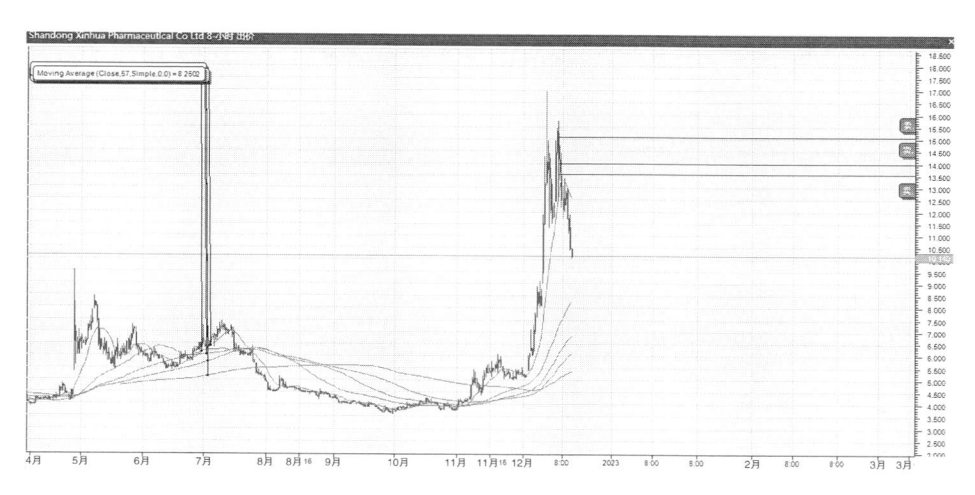

图4-74　做空新华制药（00719）H股（2022年12月19日—2023年1月17日）

回头复盘腾讯的交易。"时机决定一切。"时机对了，赚钱就会变得简单——简单到你只要稍微大点胆子，走进市场弯腰把金子从地上捡起来。

老是说"大道至简"，简在哪里呢？为什么看了无数个道理、方法，一到市场上就无从下手呢？譬如止损。关键点位止损、绝对金额止损、突破压力位/支撑位止损、打破均线趋势止损、波动率倍数止损……止损设置无数种选择，仁者见仁。幅度过大则担忧损失大，幅度过小则担忧扛不住正常市场波动，被频繁止损。

本质上，止损与你进场点位休戚相关，甚至是生死攸关。进场位决定了你的止损位。你开多仓的位置足够低，低到是上升趋势的起始点，你开空仓的位置足够高，高到是下降趋势的起始点，那你还担忧什么呢？再窄的止损你都扛得住。如果你是在半山腰上开了仓，那就在止损位上纠结吧！

可见，与其在止损位上纠结，不如在进场位上下功夫。

这次成功参与腾讯、阿里巴巴、中国平安、山东新华制药，再次让我意识到好的机会不是你创造出来的，是你用耐心等待出来的。不是任何机会都值得参与。只要是使用高杠杆投资，天生就扛不住大幅度的价格逆向波动。与其天天盯着场内的涨涨跌跌、红红绿绿，不如离场静静观望，默默等待。等待下一个定会出现的波峰和波谷。

你无法改变市场，你无法要市场来适应你的交易节奏，你唯有改变自己，适应市场的节奏。

"君子性非异也，假善于物也。"那些不断跳跃着的股票，与你非亲非故，只是你用来生财的工具。持续修正自己的观点，提升自己对市场和交易的认知，才是我们要做的事情。

如果等待有价值，那就去学会等待。

赢钱不再让自己欣喜，同样输钱也不再让自己崩溃。欢乐也罢，痛苦也罢，感觉已经没有什么可以让内心掀起狂风巨浪了。

著名F1赛车手埃尔顿·塞纳说："你不太可能在晴天超过15辆车，但在下雨天你可以。大雨倾盆，道路越是泥泞，你越有机会弯道超车。"越是困难的处境，越是会吓退大多数人。如果你心思缜密、善于分析，并且敢于冒险，你就可以脱颖而出，获取丰厚的奖励。

腾讯清仓那天，我决定出去吃顿大餐，以兹纪念那些在痛苦绝望中挣扎的日子。

十、重拾个股期权

> 永远不要孤注一掷。市场走势不一定反映市场的本质，而是反应投资人对市场的预期。
>
> ——乔治·索罗斯

到了2022年10月末，恒生指数超跌的那一刻，我进场交易了几次恒指窝轮。1年后，美联储开始停止加息，美股重拾涨势，道琼斯指数、标准普尔500指数和纳斯达克指数屡创历史新高。我陆续交易了纳斯达克100ETF（QQQ）、英伟达（NVDA）、超微电脑（SMCI）、礼来（LLY）、诺和诺德（NVO）、波音（BA）等热门股的期权，有得有失，总体收获了净盈利，并经受住了市场的考验。

2023年1月起，美股中表现最靓的仔当属英伟达（NVDA）。从1月到5月期间，我每天等待股价回调，可惜每天都是小碎步上涨。暗自着急却又在犹豫中一直未下手。到5月25日，英伟达公布了截至2023年4月30日的2023财年第一财季财报，经营数据均大超市场预期。当天股价跳空上涨24.38%（见图4-75）。我的内心一片哀嚎，又错失了一次绝佳的出手机会！随后英伟达股价在400～500美元震荡了7个月，于2024年1月再次开启了惊人的牛市，在AI热潮加持下，成为时代的宠儿，全球资本市场瞩目的焦点。

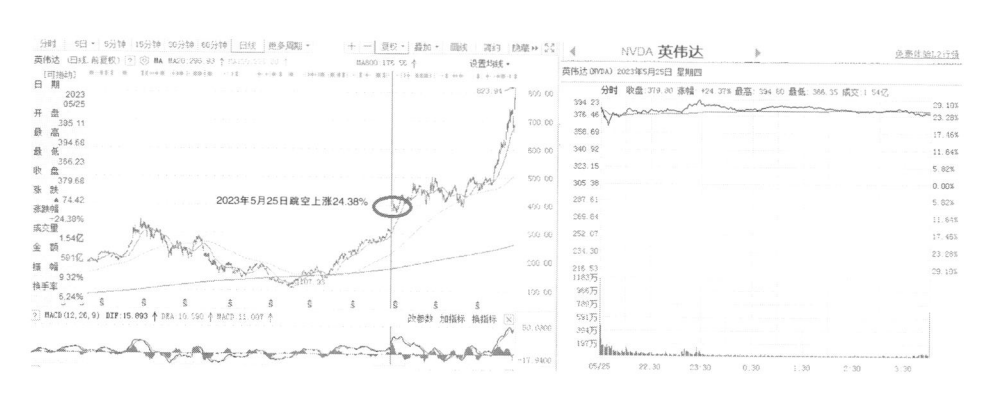

图4-75 英伟达（NVDA）股价走势

2023年下半年，英伟达的横盘震荡让我迟迟不敢下手。但8月8日，礼来公布一份靓丽的季报，股价当天跳空高开上涨了14.87%，市值达到5 000亿美元。

8月8日，礼来公布的2023年第二季度财报显示，营收83.121亿美元，去年同期为64.88亿美元，同比增28%，净利17.63亿美元，去年同期为9.525亿美元,同比增85%。

市场开始炒作礼来(LLY)和诺和诺德(NVO)"效果显著"并"供不应求"的减肥药。我待LLY和NVO股价横盘走稳近20个交易日后,在9月7日投入数千美元小额下注,买入1个月后到期的虚值期权,持有3天后卖出,赚回了一些可以在期权市场上继续下注的"筹码"(见图4-76)。

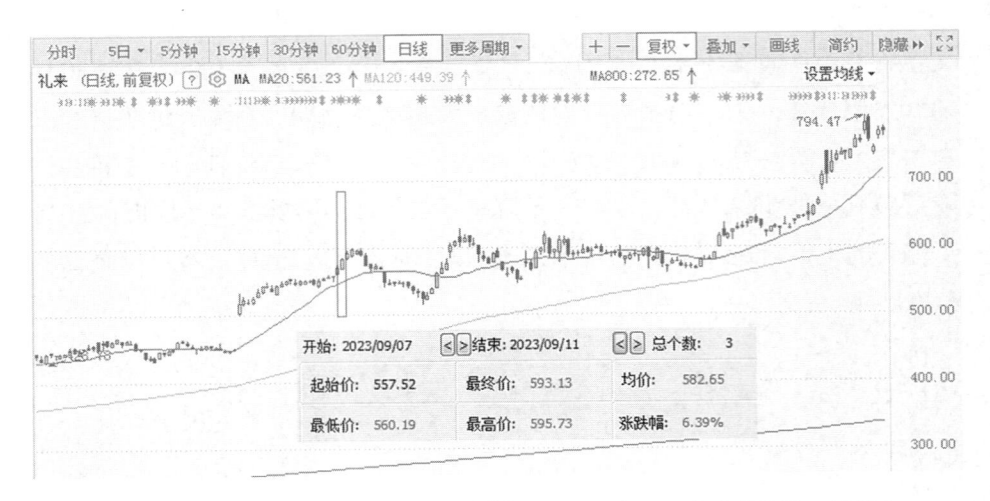

图4-76 礼来(LLY)三个交易日上涨了6.39%(2023年9月7日—11日)

标准普尔500ETF(SPY)和纳斯达克100ETF(QQQ)是市场交易的大热门,也是流动性最好的标的之一,每天交易金额都高达数百亿美元,对应的期权市场也是异常活跃。每天都有期权到期,每个交易日都有"末日轮",交易量最大的是每周五的平值"末日轮",全天成交额基本在千万美元左右。

我在2023年10月下旬小额尝试了一笔交易,但因缺乏耐心和信心,丧失了翻倍的机会。

2023年10月20日周五,我在QQQ市价约355美元时,买入行权价354美元,一周后到期(2023年10月27日周五)的看跌期权,买入价3.9美元/张。该虚值期权内在价值为0,时间价值3.9美元。如持有到期要保本打平,需要QQQ一周内下跌至350.1美元。

10月23日、24日，QQQ没有如期下跌，而是分别小幅反弹了0.3%和0.98%，期权价格最低跌至每张1美元。虽然该笔"热身交易"只是拿了数百美元试试水，但持仓浮亏带给我的负面影响，远远不及因怀疑自己"已对市场判断错误"带来的信心丢失的后果来得严重。

浮亏影响了我的情绪和判断，自我怀疑动摇了我的持仓信心。并让我在2023年10月25日以2.76美元/张平仓卖出，一张合约亏损了78美元。次日，QQQ继续下跌，最低跌至341.33美元。至10月27日期权到期日QQQ以344.29美元收盘。期权报价9.7美元，从虚值变成了实值（见图4-77、图4-78）。

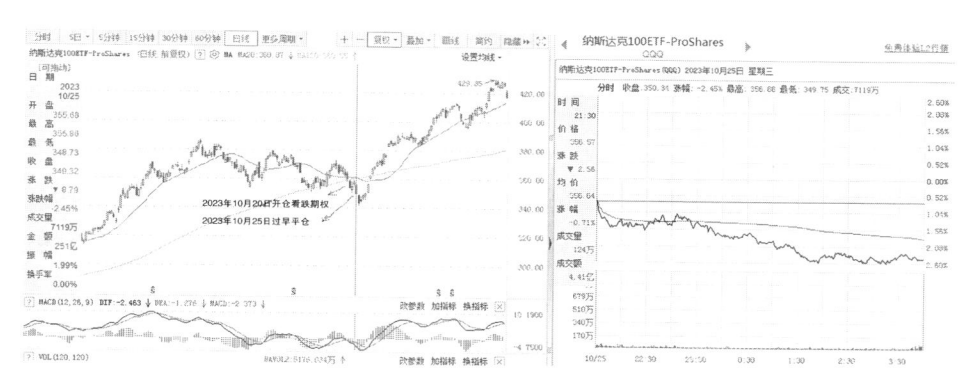

图4-77　下注QQQ行情走势

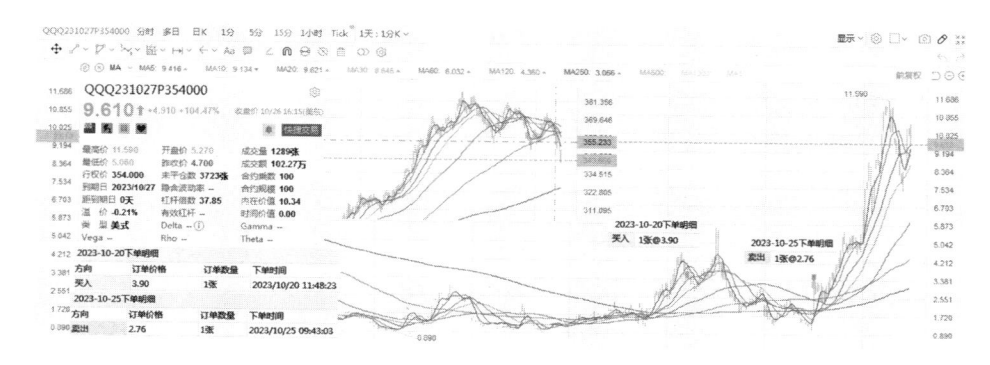

图4-78　下注QQQ交易

我因为缺乏1天的耐心，错失了翻倍的利润。我被市场的日间波动和账户浮亏干扰到了，没有良好的交易心态。我对自己意志薄弱特别生气。

78美元的损失对于整个账户微不足道，但它给我上了宝贵的一课，促使我改进持仓管理中重要的情绪管理环节。研究自我和研究市场同等重要！能够发现并弥补交易中的短板，对我而言，这堂市场培训课起码价值7.8万美元。因为，我借此看到了交易中存在的心魔。它试图主宰你的理智，并会在下一笔更大规模的交易中再次出现。我必须寻找对付它的法门。但战胜心魔谈何容易，这是一门终身课题。

参与波音（BA）看涨期权，错失1个月50倍的机会。

2023年11月13日，我看到财经资讯上的一条新闻："迪拜航展首日 波音率先签下大订单独占风头。"

11月13日10时，为期5天的第十八届迪拜航空展在阿联酋迪拜的阿勒马克图姆国际机场拉开帷幕。据主办方介绍，本届航展规模超过以往任何一届，吸引超过95个国家和地区、超过1 400家世界级参展商参展。迪拜航展也成为波音、空客两大飞机制造巨头的必争之地。航展首日，波音率先拿下价值520亿美元的宽体机订单。

我赶紧在晚上10:30（北京时间）准时端坐在电脑前，等待美股开市。波音当天跳空高开，以上涨3.45%开盘。我并不清楚波音公司的投资价值，但我看到了此刻波音股票的交易价值。

我迅速入场买入波音看涨期权，报价0.7美元/张，12月15日到期。此刻波音股价205美元，行权价230美元，溢价12%，又一个虚值期权。

过了4天，股价不涨，期权损耗了4天时间价值，价格下跌，我怀疑自己"判断错了"，便按0.45美元/张卖出，每张亏了25美元。对于买入的期权，如果4天不涨，或者亏损50%，我一般会考虑清仓，这极可能表明，要么方向看错了，要么时机选错了。

卖出期权的次日，波音即大涨了4.65%，然后开始连续上涨。而我已经陷入与港股瑞声科技（02018）期权的战斗中。到了2023年12月15日期权到期日，波音股价收盘264.27美元。期权报价33.95美元/张，即每手3 395

美元。期权从虚值变成深度实值。

从11月13日到12月15日，波音股价从205美元涨到264.27美元，一口气涨了28.9%，一个月错失了48.5倍（3 395/70）的利润（见图4-79、图4-80）。

心魔，它又来了！

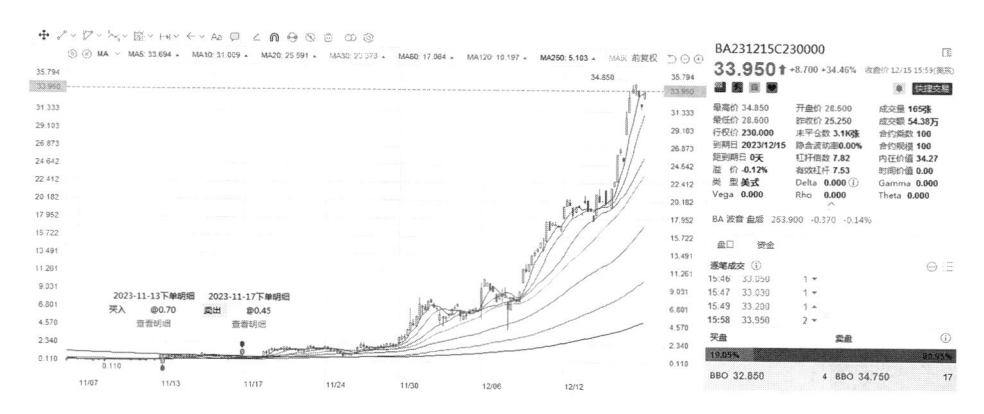

图4-79　2023年11月13日下注波音（BA）看涨期权

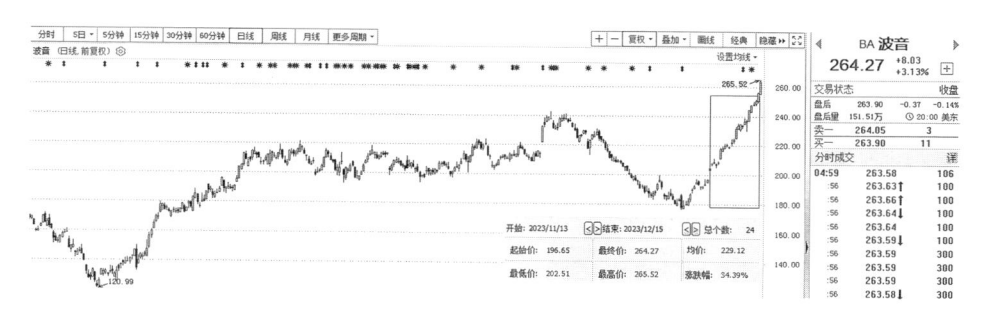

图4-80　波音（BA）股价上涨34.39%（2023年11月13日—15日）

寻找波动巨大的短线交易机会，需要你识别那些能推动朝着预期方向的高概率事件，并利用期权或期货工具，寻求在很短的时间里获得高额收益。你必须对一个标的基本面可能的变化有足够的了解，才能够即时评估新闻对价格的影响程度。在特定的时间里，只有为数不多的几个因素在推动价格剧烈变化。重要的是意识到什么与市场相关、什么被定价。

我耳边突然想起那句话："我交易的不是股票的内在价值，而是他人对市场消息的定价。"

2023年10月23日晚上，接到一个老朋友电话，问当下A股市场怎么看？当天上证指数，继上周跌穿3 000点整数关后，跳空低开跌了1.47%，而上周上证指数跌了3.4%。市场情绪一片悲观。而新能源板块成为"重灾区"，不管是锂电板块还是太阳能板块，都跌得惨不忍睹。我说，市场越跌，投资者越应该感到高兴，因为股价变便宜了，公司估值更低了，入市交易的胜率就更高。

10月25日，市场出了一条消息：

> 10月24日，十四届全国人大常委会第六次会议表决通过了全国人民代表大会常务委员会关于批准国务院增发国债和2023年中央预算调整方案的决议，明确中央财政将在今年四季度增发2023年国债1万亿元。此次增发的国债全部通过转移支付方式安排给地方，今年拟安排使用5 000亿元，结转明年使用5 000亿元。自2000年以来，时隔23年，国家再度进行年内预算调整并增发国债，此举无疑向市场传递出了积极的财政政策发力的信号。

有券商预计增发的1万亿元国债能够拉动明年基建投资4～5个百分点，拉动明年GDP0.7个百分点左右。但当天A股股指和恒生指数都高开低走，市场人气羸弱。我觉察到这种市场情绪的变化可以转化为交易机会，于是早盘进场买了点恒指认沽权证，下午开盘平仓出来，小试手气，略有斩获，感觉交易状态不错（见图4-81、图4-82）。

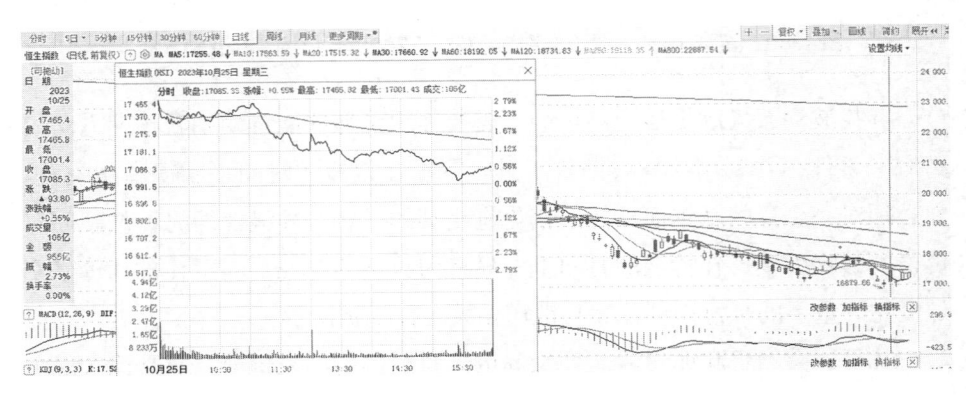

图4-81　恒生指数2023年10月25日分时走势

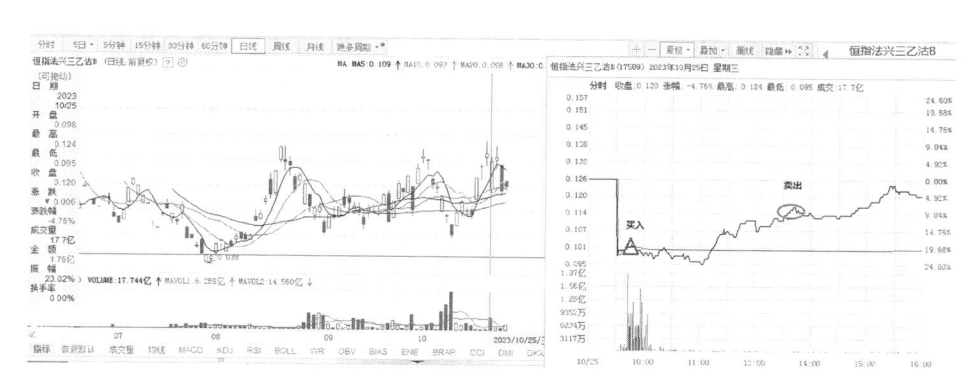

图4-82　恒生指数2023年10月25日开盘买入恒生指数认沽证（17589）

10月26日下午，以宁德时代（300750）为代表的新能源板块开始止跌反弹，成交量也明显放大。查阅公募基金的信息披露，截至2023年9月30日，宁德时代在深证100ETF（159901）中的权重为8.53%，在创业板ETF（159915）中的权重为18.36%，在创业板50ETF（159949）中的权重为24.07%。由于创业板50ETF没有期权，而我个人偏好深证100ETF的持仓组合，因此我把目光锁定深证100ETF的认购期权。

10月26日，深证100ETF收盘价2.491元，我选了11月22日到期，行权价2.55元的认购期权，报价0.023 7元，溢价3.31%。也就是说，如按237元一张买入期权，在到期日之前深证100ETF涨3.31%，就可以保本。

宁德时代在接下来的20天中，能否走出一波大级别的超跌反弹行情？不知道。但我看到的事实是当天股票交易量明显放大。根据交易经验，或许会反弹10%，接近200元左右。谁知道呢？这个得市场说了算。但一旦发生，深证100ETF大概率可反弹5%～6%，大约2.6～2.65元，这样不算时间价值，期权内在价值会浮动0.05～0.10元。

从2021年2月到2023年10月，深证100ETF和创业板ETF从最高点到最低点，分别跌了47%和48%，把2019—2020年的两年涨幅回吐了一大半。指数跌得越深，你做多交易，就越安全。就像靠近点球位置去射门，或站到篮筐下投篮，你的得分命中率在不断提高。静态PE12倍的深证100ETF，就犹如一把干透了的柴火，而宁德时代的反弹恰是那一点急需的火星。交易的感觉让你瞄准、再瞄准，随时准备扣动扳机，一击命中。

189

当非对称性机会来临的时候，你唯一要做的，就是敢于承担风险。

事后回顾，这并不是一笔性价比很高的交易。宁德时代并没有走出反转行情，那只是一波熊市中的小反弹（9个交易日反弹幅度11.71%）。深圳100ETF在反弹了5%之后，一路下行又继续下跌了17%。一直到2024年2月初，"国家队"大举扫货上证50和沪深300指数基金，才迎来筑底止稳。我理应采用牛市价差策略，小仓位试多实值看涨期权的同时，在60日均线附近卖出虚值看涨期权。用这个策略来表达对市场"温和看涨，涨幅有限"的观点，不但可以获得买入看涨期权的收益，也可以多收一份权利金，增厚投资收益。

进入2023年10月，港股还在熊市中徘徊。我观察到小米集团（01810）、瑞声科技（02018）等一众科技制造类股票明显强于大势。10月中旬，小米集团股价突破了2个月的箱体震荡，开始加速上涨。随即参与了对应窝轮。从11月2日至11月8日持有了5天，股价涨了13.5%，窝轮涨了152%，小有斩获（见图4-83）。

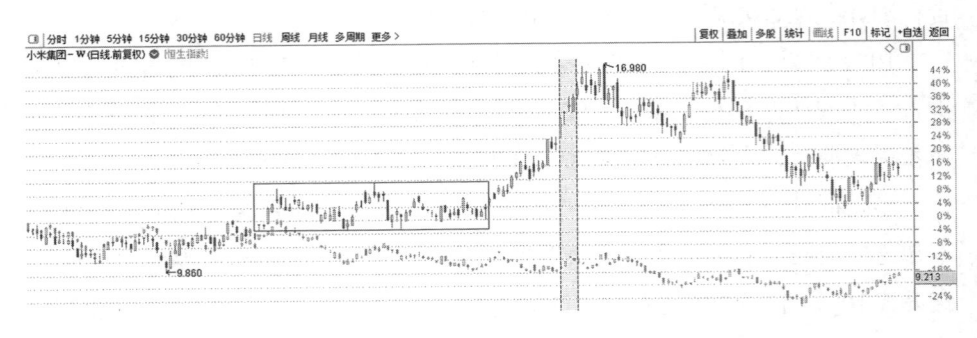

图4-83 小米集团（01810）股价走势（2023年11月2日—8日）

交易完小米集团的窝轮，发现瑞声科技（02018）股票量升价增，上涨刚刚开始，正进入多头市场。我喜欢这种弱市中的领涨股。

查阅新闻报道，"苹果将在12月正式量产第一代MR产品Vision Pro，内地供应链的比例大幅提升至60%。据报首批备货约40万部，明年的销售目标为100万部，预计第三年将达到1 000万部"。又查找了最新的研报，有分析师表示，瑞声科技为iPhone 16的麦克风供应商，预期瑞声科技营收与利润将显著受益于麦克风升级。

于是选择了对应的窝轮在随后的2个月中反复交易，直至股票彻底走弱，方才罢手（见图4-84、图4-85）。

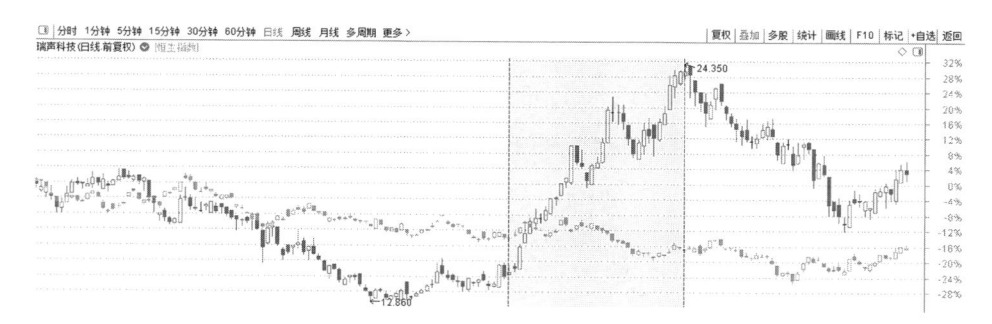

图4-84　瑞声科技（02018）股价走势（2023年11月1日—12月19日涨了70.45%）

图4-85　交易瑞声科技认购证（19539）

我首次交易超微电脑（SMCI），是在2023年12月14日看到了它的新闻报道："美超微称AI服务器订单接不完。"

美国AI服务器大厂美超微（Supermicro）创办人暨总裁梁见后昨日（13日）发出员工内部信，强调AI服务器订单接不完，该公司年营收将冲刺200亿美元（约新台币6 400亿元）大关。

好家伙，业务这么好，怪不得股价过去一年涨了227%。期权是表达市场观点的绝佳工具，当晚我毫不犹豫入场买了看涨期权。股价282美元，行权价350美元，到期日2024年1月19日。成交价3.5美元/张（买一份即350美元）。5个交易日后，我按11.3美元/张卖出，每张期权赚了795美元（见图4-86）。

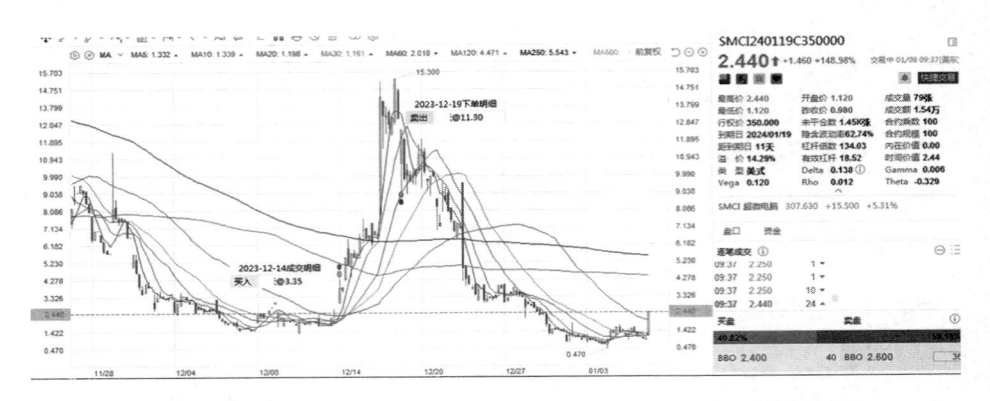

图4-86　交易超微电脑（SMCI）看涨期权走势（2023年12月14日—19日收益237%）

牛市环境就是美妙啊！我自感身手敏捷，交易顺风顺水。但SMCI期权的隐含波动率一直比其他科技股几乎贵了一倍，这让我觉得期权"很贵"，不愿买很多仓位，也打消了我短时间内再次交易SMCI期权的念头。

殊不知我正在悄悄错过一场"饕餮盛宴"。

疯狂的超微电脑（SMCI）。

我预判公司业绩会很好，但我想不到会这么好，更没想到会带动股价短期内再次翻倍。

2024年1月18日闭市后，超微电脑公布了一份远超市场预期的业绩预告。

周四，人工智能、云、存储和5G/Edge的整体IT解决方案制造商超微电脑（SMCI.US）上调了其2024财年第二季度的销售额和利润指引，受此提振，该股股价盘后上涨近10%。

该公司表示，目前预计第二季度的净销售额为36亿至36.5亿美元，高于此前预测的27亿至29亿美元。摊薄后每股收益预计为4.90至5.05

美元，此前预期为3.75至4.24美元，调整后摊薄每股收益预计为5.40至5.55美元，此前预期为4.40至4.88美元。

2024年1月19日，超微电脑大涨35.94%，报收于423.36美元。如果我一直持有上一笔当日到期的期权不卖，则期权将报收73美元左右（见图4-87）。我错失了一次典型的伽马（Gamma）暴击！但是，我持仓必须付出的代价是，1月18日SMCI收盘311.44美元，远低于350美元的行权价，那笔期权当天收盘报价是0.14美元。又有谁愿意持有如此深度虚值期权，去博末日轮的惊艳表现呢？如在1月18日收盘按0.14美元/张买入，次日（期权最后一个交易日）SMCI股价需上涨12.43%方能打平。若是医药研发公司的新药临床数据"揭盲"日，倒是可以买一点便宜的深度虚值看涨期权，博一下药效。

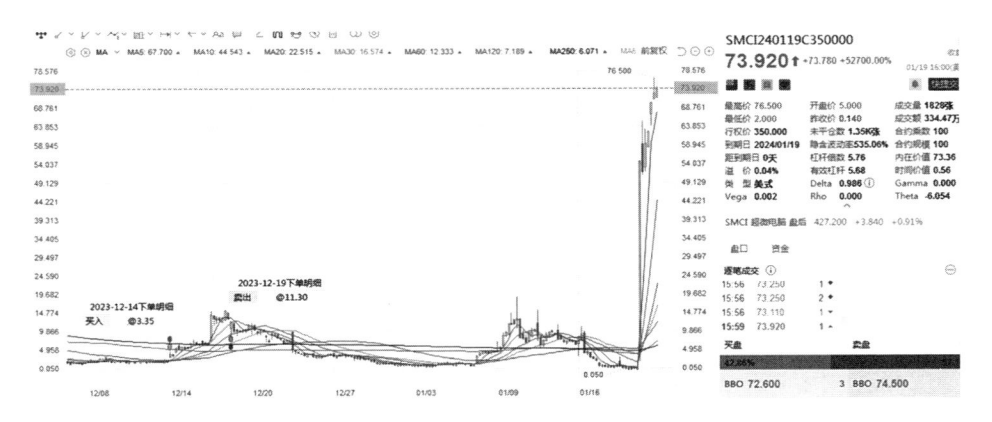

图4-87　超微电脑看涨期权（SMCI240119C350000）末日轮上涨了52 700%

二进宫：超微电脑（SMCI）。

200个交易日，SMCI从105美元涨到1 004美元，涨幅855%。2024年2月16日开盘，SMCI继续跳空高开，15分钟内从1 045.5美元冲高到1 077.87美元，又涨了7.36%。如此陡峭的上升斜率，短期见顶概率极大。我面对电脑屏幕，脑子里刚冒出这个念头，瞬间股价就往下跳水了，成交量也急剧放大，当天放量大跌19.99%（见图4-88、图4-89）。

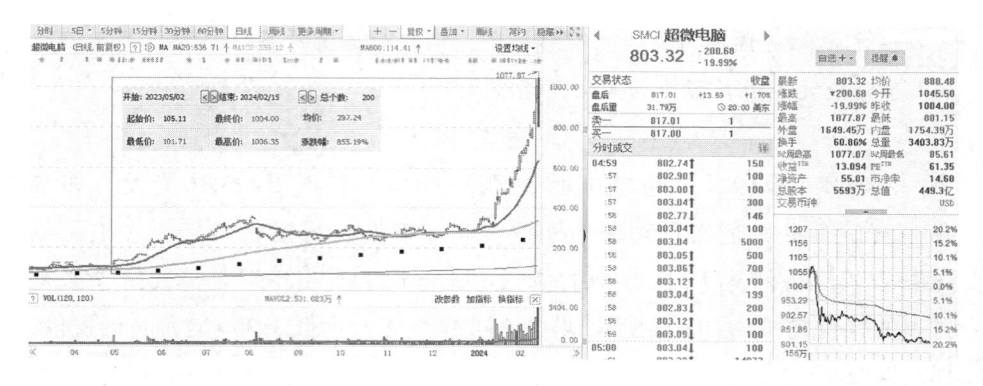

图4-88　超微电脑（SMCI）2023年5月2日—2024年2月15日上涨了855.19%

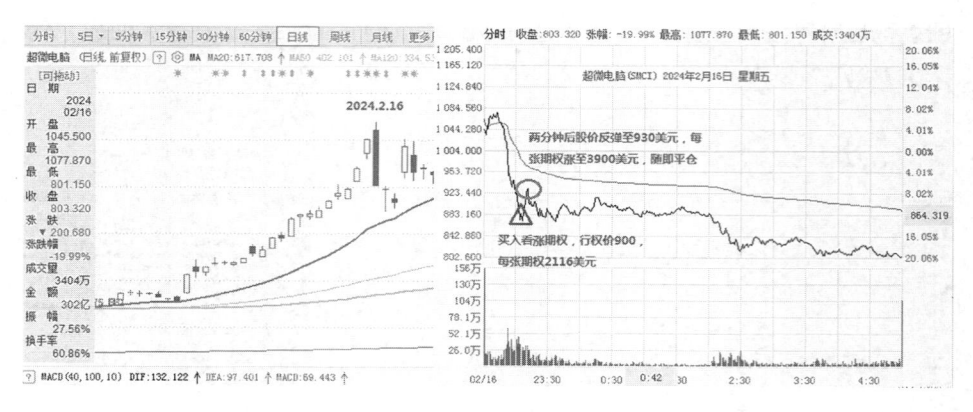

图4-89　2024年2月16日参与SMCI看涨期权

一会股价就跌了5%，跌到950美元左右，正犹豫买什么价位的末日轮看跌期权呢，股价又一口气下跌到了870美元，跌幅13%。这下跌速度也太快了吧！

此刻看跌期权是不敢下手了，只能选看涨期权博反弹。于是我下了一单行权价900美元的看涨期权，成本21.16美元/张。还没来得及加仓，2分钟后股价就反弹到930美元附近，盘面抛压严重。看样子反弹不到当日均价线950美元附近了。我赶紧平仓，39美元/张。3分钟不到，每张期权赚了1 784美元（见图4-90）。

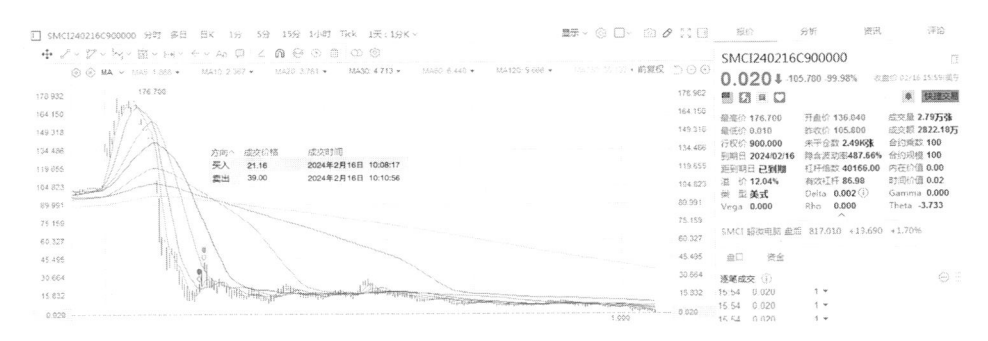

图4-90　SMCI看涨期权（SMCI240216C900000）末日轮1分钟K线（2024年2月16日）

全天股价一路下跌。我期待的股价大幅反弹并没有发生。我理应开盘后看下跌就坚决做空，并逐步加仓。幸运的是一看判断错了，马上溜之大吉。

如果提前做足功课，按隔日收盘1 004美元，跌幅10%计算，选择行权价900美元的看跌期权，会发生什么情况呢？0.67美元/张开盘，95.4美元/张收盘，全天成交3 714万美元，涨幅4 921.05%（见图4-91、图4-92）。一个晚上，上千万美元就在不同认知的交易者口袋之间流转。一个完美的周五大趋势日！可惜，钓到的总是小鱼，溜掉的都是大鱼！

图4-91　SMCI看跌期权（SMCI240216P900000）末日轮1分钟K线（2024年2月16日）

投机苦旅：一位投机客的凤凰涅槃

行权价	最新价	涨跌幅	涨跌额	成交量	成交额	买入价	卖出价	买量	卖量	未平仓数	隐含波动率
815.000	12.000	2900.00%	+11.600	5593张	378.59万	10.000	17.000	3	11	689	225.96%
820.000	15.410	3324.44%	+14.960	1.13万张	807.85万	14.000	22.000	30	12	1.5K	249.09%
825.000	22.000	4788.89%	+21.550	5695张	503.47万	18.300	27.000	5	13	826	270.35%
830.000	27.000	5644.68%	+26.530	9758张	971.32万	22.900	32.000	3	33	1.68K	294.97%
835.000	32.000	7704.88%	+31.590	3376张	347.37万	27.500	36.100	9	12	519	234.98%
840.000	39.000	6864.29%	+38.440	8333张	944.37万	33.400	42.000	4	36	1.65K	399.29%
845.000	42.460	6976.67%	+41.860	3608张	464.57万	37.400	47.000	3	16	1.25K	378.14%
850.000	47.510	7209.23%	+46.860	3.95万张	3392.36万	43.500	51.900	3	18	6.67K	396.39%
855.000	51.000	6886.30%	+50.270	2383张	357.47万	48.300	57.000	2	21	575	508.16%
860.000	55.500	7828.57%	+54.800	4391张	510.10万	52.600	62.000	2	17	783	496.48%
865.000	62.130	6440.00%	+61.160	4004张	553.17万	58.200	67.000	2	19	1.38K	573.57%
870.000	67.150	6615.00%	+66.150	6914张	1043.36万	62.800	72.000	10	20	1.02K	579.15%
875.000	72.200	7120.00%	+71.200	3579张	602.07万	67.700	77.000	3	18	689	603.90%
880.000	78.000	6990.91%	+76.900	6494张	1171.33万	73.200	81.400	3	15	747	627.17%
885.000	77.950	6037.79%	+76.680	2094张	407.20万	78.300	87.000	3	15	298	716.53%
890.000	89.100	6044.83%	+87.650	3401张	698.19万	82.600	92.000	8	16	440	689.60%
895.000	93.110	5719.38%	+91.510	1824张	415.98万	87.100	97.000	6	18	620	661.74%
900.000	95.400	4921.05%	+93.500	2.08万张	3714.09万	92.500	101.900	5	18	4.42K	728.50%

图4-92　SMCI看跌期权末日轮在各行权价的涨跌幅、成交量和成交额
（2024年2月16日）

我火中取栗，侥幸获利逃出，一阵后怕。错过开盘的做空机会后，反手做反弹，是一种不甘错失行情的"补偿"心态。不但差点酿成大错，而且扰乱了节奏，没有能够抓住后面的做空机会。

如此高的盈亏比下，约束好投资欲望，拿愿意亏光的钱去参与每一笔的博弈，积小胜为大胜，是我愿意做的尝试。任何时候我们都应该把风险留给市场，把利润留给自己。希望自己能持续保持于险境中迅速脱身的能力。也希望能在经历每一次交易后持续"进化"。

三进宫：超微电脑（SMCI）。

2024年2月22日，英伟达在美股盘后发布2024财年第四季度财报（截至2024年1月），收入同比和环比都大幅增长。财报发布后，英伟达股价上涨了16.4%，市值单日暴涨2 770亿美元，创下了单日市值增长之最。同属AI概念的超微电脑也大涨32.87%，几乎要收复2月16日下跌近20%的失地。2月23日，英伟达股价冲高回落，带动其他AI股也一并回落。

机会来了。开盘10分钟，SMCI股价跌了6%，915美元时，我入场买了一张行权价850美元的看跌期权。买入价7.2美元/张。一小时后股价跌到845美元，期权价格也上涨到了21美元/张。不是每个交易日都是幸运日，加之今天末日轮期权的隐含波动率实在是太高了。于是不再恋战，平仓落袋为安，每张期权收获1 380美元。最后股价以860.01美元收盘，该看跌期权

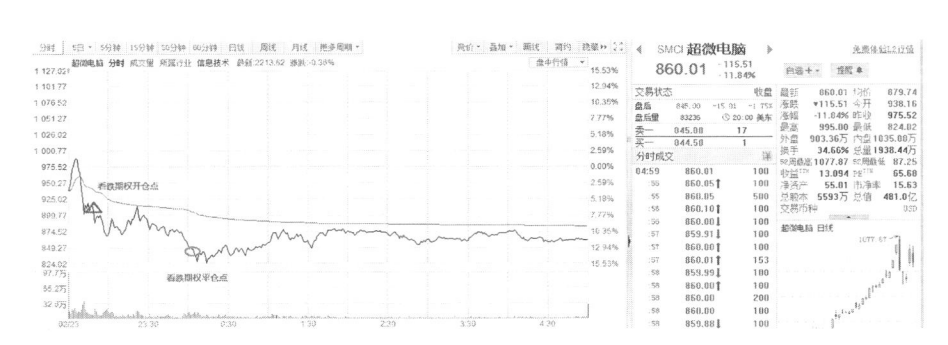

内在价值也就归零了（见图4-93、图4-94）。

图4-93　2024年2月23日SMCI开盘下跌

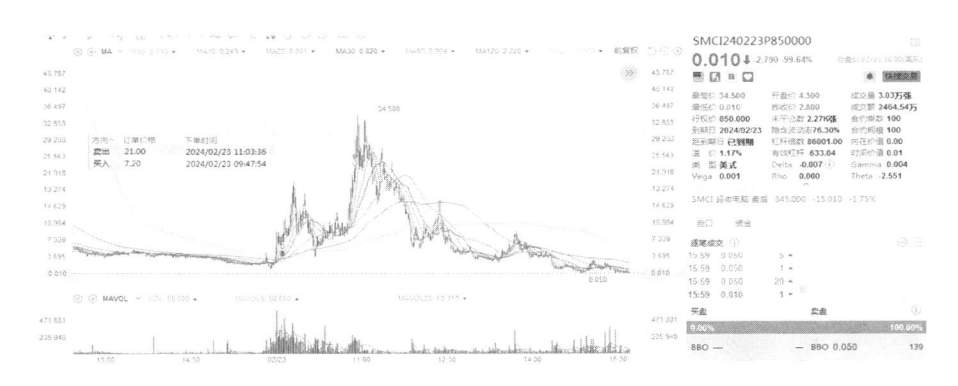

图4-94　2024年2月23日交易SMCI看跌期权末日轮

做期权"权利方"的胜率，远远低于"义务方"，最大的好处是风险有限。我一次又一次地克制住自己在盘中"加仓10倍、20倍"的欲望，以免掉入万劫不复的深渊。我想到了曾经那些更大规模却最终归零的筹码，它们已经替我向市场交了学费。

真的不能来一回重仓押注吗？那一天会到来的。我内心深处仍在期待一个典型"大趋势日"的出现，让自己在不断浮盈中加码，直至大获全胜！

做空ARM。

2023年11月至2024年2月，ARM在美股牛市环境中，市值也由500亿美元，缓慢升至700亿美元。2月8日周四，一则新闻跳入眼帘：

投机苦旅：一位投机客的凤凰涅槃

美东时间周三盘后，英国芯片设计公司 Arm Holdings 发布了强劲的第三财季财报，第四财季营收和调整后利润预测也都高于华尔街预期。Arm 第三财季调整后运营利润 3.38 亿美元，分析师预期 2.744 亿美元。Arm 盘后涨幅扩大至 20%，公司上调全年利润前景。

之前对该公司所知甚少，速览了下公司相关资料。Arm 是全球半导体行业的重要参与者，在智能手机芯片领域占据了超过 90% 的全球市场份额。在 2024 年，随着智能手机和笔记本电脑的升级需求重新旺盛，同时生成式人工智能服务异常火热，Arm 的业务增长重获巨大动力。Arm 是软银集团的子公司，软银持有 Arm 90% 的股份。软银于 2016 年以 320 亿美元的价格收购了 Arm。公司于 2023 年 9 月 15 日 IPO，发行价每股 51 美元。

当晚 ARM 跳空大涨 47.89%。2 月 9 日股价横盘小幅震荡后，2 月 12 日周一开盘后继续上涨，盘中涨幅一度超过 40%（见图 4-95）。短短 3 个交易日，ARM 市值已经翻倍，达到了 1 500 亿美元。多头情绪太疯狂了！

我决定"依循常识"，跟狂热的对手做一次交易。11：21（北京时间 00：21），我进场卖空，每股 153.14 美元，12：12（北京时间 01：12），股价已经跌至当日均线位置，即买入平仓，每股 140.02 美元。1 小时仓位收益 8.5%，还不错（见图 4-96）。一旦决定收手，大脑神经就放松了下来，困意如同潮水般袭来了，带着满满的成就感，赶紧睡觉！

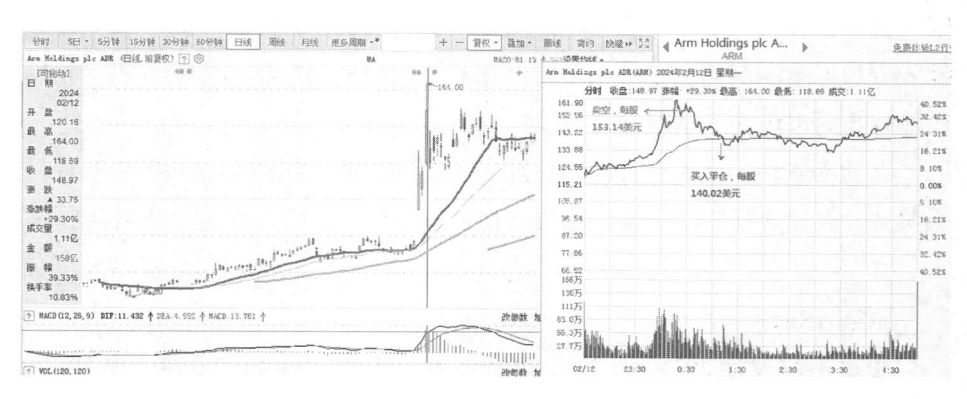

图 4-95　ARM 2024 年 2 月 12 日分时走势

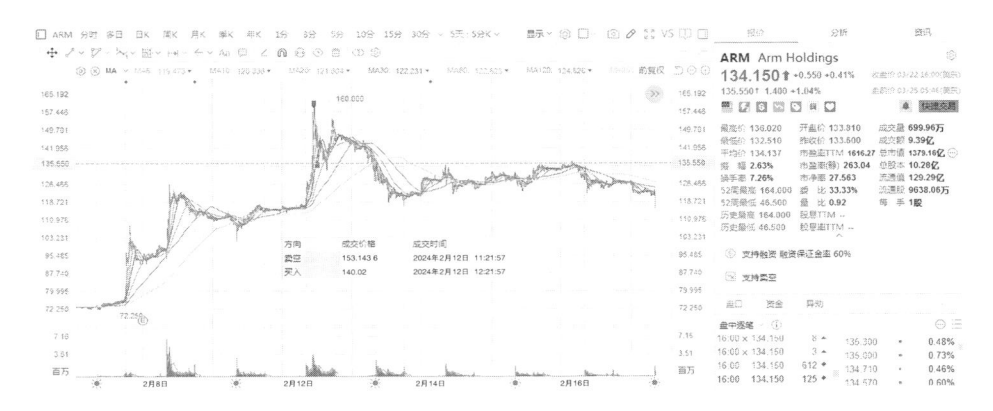

图4-96　ARM 2024年2月12日股价冲高卖空后，买入回补平仓

AI热门股期权的亲密接触。

到了2024年3月7日，美股科技热门股英伟达（NVDA）、超威半导体（AMD）、阿斯麦（ASML）、台积电（TSM）等股价继续创历史新高。尤其是英伟达在2月21日盘后公布2024财年四季度业绩以来，一口气又涨了33%，日K线走势出现6连阳。市场狂热的情绪显而易见，这也预示着离市场阶段性头部越来越近。我决定利用期权工具，紧紧抓住美股科技股最后的这一波多头机会。

3月7日当晚我买入英伟达和台积电次日到期的看涨期权。英伟达股价913.6美元，期权0.96美元/张，行权价980美元，溢价7.4%，隐含波动率65%，Delta 0.054，Gamma 0.002；台积电股价147.15美元，期权1.85美元/张，行权价150美元，溢价3.15%，隐含波动率77%，Delta 0.326，Gamma 0.048。

3月8日22:30（北京时间）开盘，英伟达、台积电分别以上涨2.66%、3.15%跳空高开（见图4-97、图4-98）。我在开盘3分钟内平掉了所有期权仓位，结束了战斗。我把收益留给了自己，把风险还给了对手。这次，我不用再受瞌睡虫的打扰了。

199

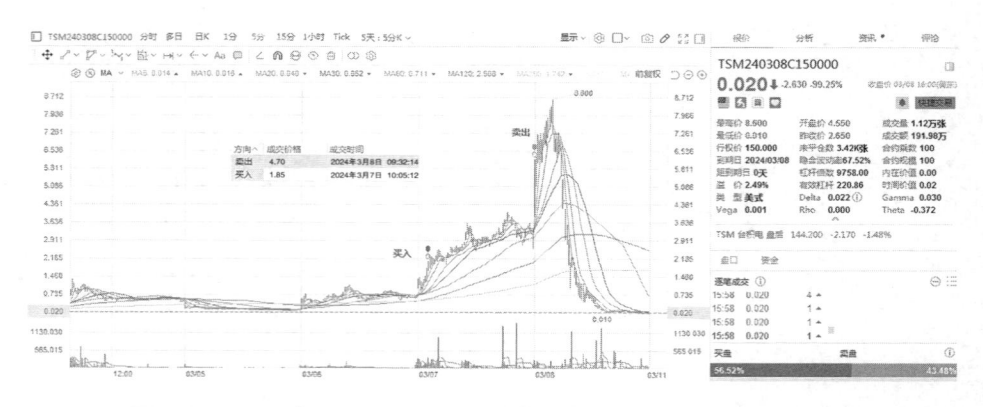

图4-97　2024年3月7日—8日交易台积电（TSM）看涨期权末日轮

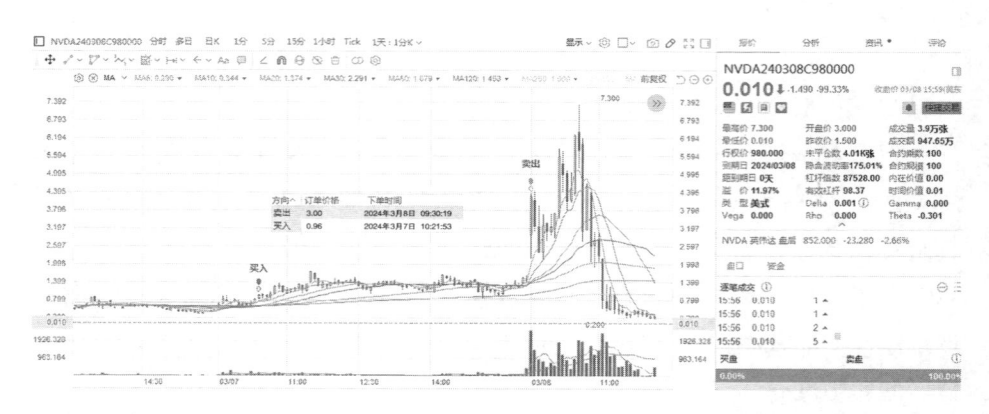

图4-98　2024年3月7日—8日交易英伟达（NVDA）看涨期权末日轮

腾讯年报与恒指期货联动的机会。

2024年3月20日晚上8:00，腾讯发布了2023年第四季度及全年财报。

腾讯2023年营收累计6 090.15亿元，同比增长10%；调整后，净利润在非国际财务报告准则指标下（Non-IFRS）为1 576.88亿元，同比增长36%。2023年腾讯毛利、经营利润（Non-IFRS）和净利润（Non-IFRS）连续四个季度实现显著增长，第四季度表现尤为亮眼，增速分别为25%、35%、44%，远超营收增速。同时腾讯宣布，2024年回购规模至少翻倍，从2023年的490亿港元增加至超1 000亿港元。

在此之前，我分别在3月13日和3月15日布局了一点腾讯的牛证，博弈年报利好。

腾讯在美国是有ADR上市的，代码TCEHY。财报很亮眼，今晚（3月20日）股价表现应该不错吧！我心里在盘算着，今晚如果腾讯美股能大涨5%，那明天港股腾讯岂不是也能有类此涨幅？那我的牛证就赚到了。

晚上9:30，TCEHY跳空高开1.42%，可惜到9:45，股价仅冲高到2.4%就开始回落。做多力量好弱啊！看来明天港股腾讯上涨2.5%之上，我就要把牛证全部清仓（见图4-99）。

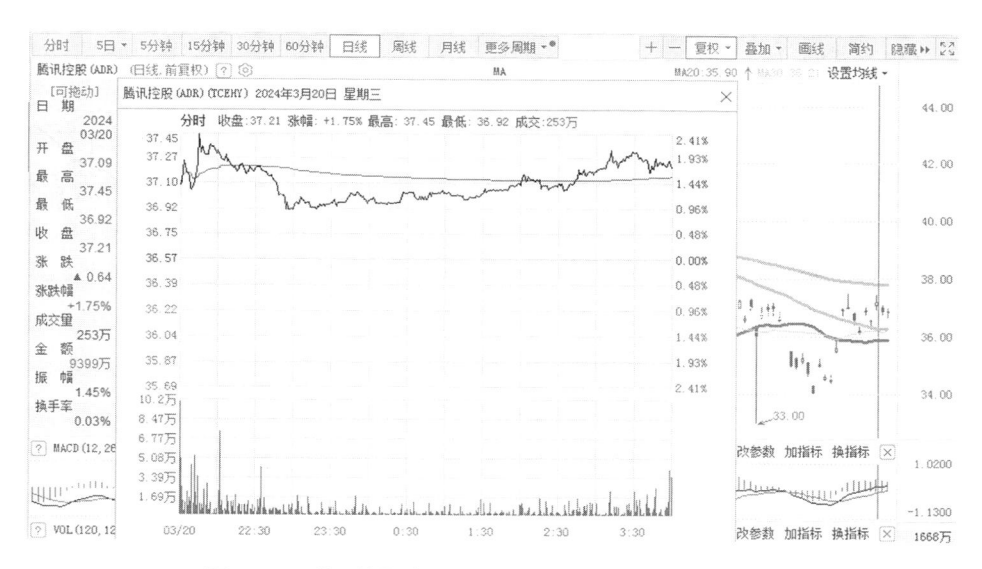

图4-99　腾讯控股（ADR）2024年3月20日分时走势

次日9:30，港股腾讯开盘即跳空高开2.25%，一分钟后即上涨3%，我赶紧下单，平掉了所有牛证仓位。持有一周，仓位收益31%。本想着钓条大鱼，可惜市场不给力啊！没有想象中的翻倍收益，但清仓是当下最正确的选择（见图4-100、图4-101）。

201

图4-100 腾讯控股（0700）2024年3月21日分时走势

图4-101 腾讯控股牛证（51595）2024年3月21日开盘两分钟内卖出清仓

恒生指数期货交易时间是从早上9:15至凌晨3:00（午间12:00—13:00休市）。腾讯作为恒指第一大权重股（占20%），股价变动将对恒指产生影响。夜盘的恒指期货交易比白天清淡，如果能够预判次日港股腾讯大涨，由此带动恒指上涨，那么夜盘布局恒指期货多单，次日冲高之际平仓，不失为一次好的投机机会。隔夜腾讯财报带动夜盘上涨，3月21日9:15指数期货开盘后加速上涨（见图4-102）。

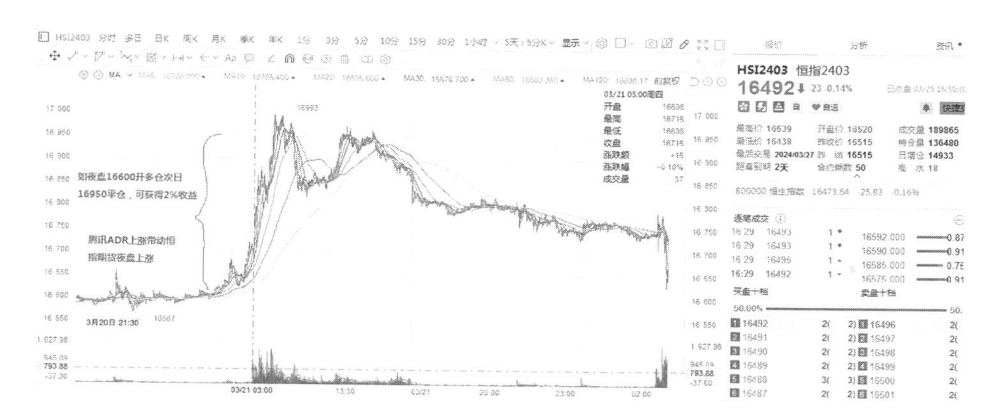

图4-102　恒生指数期货2403合约1分钟K线

特斯拉三战终捷。

从2024年3月8日到3月15日，我持续看空特斯拉，先后交易了3次特斯拉的看跌期权，先输后平再赢，最终得到了市场的奖赏（见图4-103）。

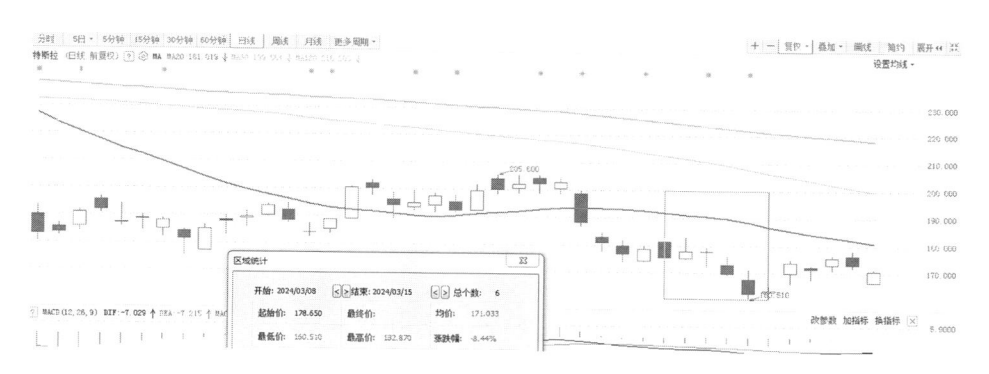

图4-103　特斯拉（TSLA）走势（2024年3月8日—15日）

第一次交易，踏错节奏，亏损告终。3月8日周五，晚上一开盘，特斯拉就高开低走，持续下跌。我买入看跌期权。结果3月11日周一，股价反弹，只能先卖出止损。3月12日开盘后，股价再次下跌，继续买看跌期权，结果当天分时走势再次反弹，只能再次止损清仓。往复两次，不由得心力交瘁。只能投子认输（见图4-104、图4-105）。由此完美错过次日及后期的股票下跌！

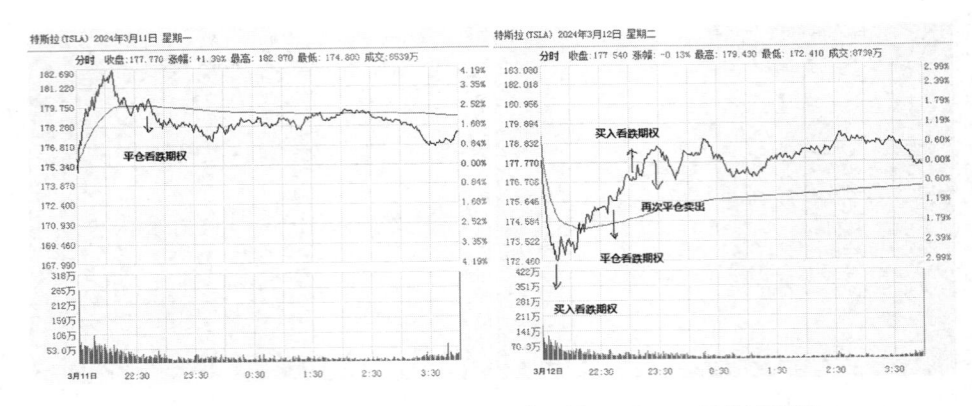

图4-104　特斯拉（TSLA）2024年3月11日—12日分时走势

图4-105　特斯拉（TSLA）看跌期权（TSLA240315P175000）15分钟K线走势

　　第二次交易，打个平手。3月13日再次开仓买入认沽。心魔来袭，再次自我怀疑！想赢怕输的心态，让我在凌晨1:09平仓，以便能睡个好觉。这次没亏没赚，如果耐心持有3天，妥妥的2倍收益（见图4-106、图4-107）！

　　第三次交易，终于获利。3月14日高挂，平掉一半仓位收回了成本，留另一半期待末日轮来一次GAMMA暴击！可惜3月15日末日轮那天波澜不惊，晚上12:33最终一个不咸不淡的价格平掉了剩余的一半仓位（见图4-108）。

　　本次交易的一个收获是，要想拿住期权末日轮仓位，最理想的办法就是只以利润持仓！

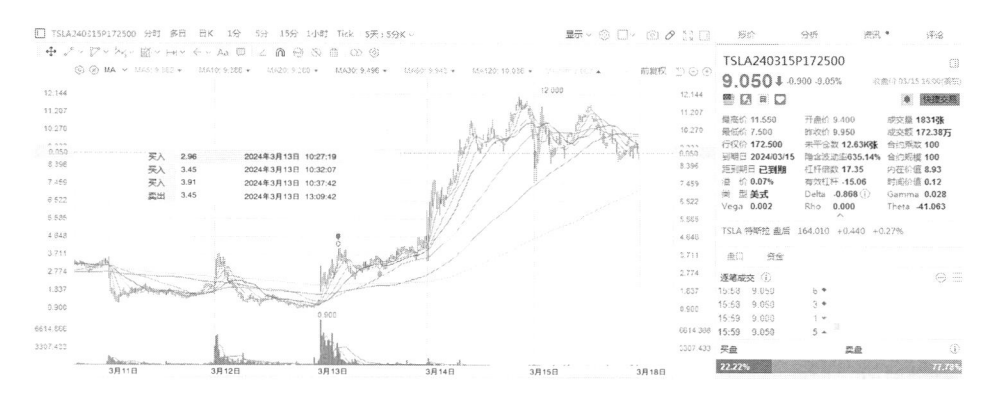

图4-106　特斯拉（TSLA）看跌期权（TSLA240315P172500）5分钟K线走势

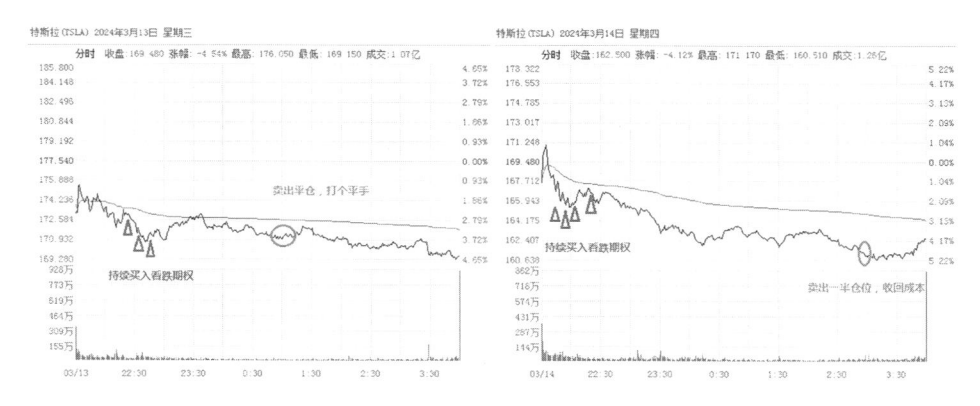

图4-107　特斯拉（TSLA）2024年3月13日分时走势

图4-108　特斯拉（TSLA）看跌期权（TSLA240315P167500）5分钟K线走势

每周固定节目：周五末日轮。

2024年3月1日，又一个周五的晚上。我照例在固定时间坐在电脑前等待开盘。戴尔科技（DELL）盘前涨超20%。新闻资讯报道戴尔四季度AI服务器销售额强劲增长，公司净利润远超市场预期。22:30（北京时间）美股开盘了。纳斯达克100指数瞬间即再创历史新高。戴尔以上涨31.70%开盘，美股其他科技股也表现强劲，超威半导体（AMD）、脸书（META）、阿斯麦（ASML）、奈飞（NFLX）、博通（AVGO）等股价继续创历史新高，市场做多情绪依旧浓厚。看来又是一个大趋势日啊！我决定今晚加大仓位，深度参与。

开盘约40分钟后，我在QQQ于441.55美元时，买入当日到期，行权价442美元的看涨期权，仓位远超平日数倍。价格0.98美元/张。此时QQQ已经较昨日收盘价（439美元）上涨了0.58%，打平需要QQQ涨至0.91%。经验告诉我，按开盘半小时科技股群体的强劲势头，全天指数完全有可能涨1%～1.5%。

到了00:32（北京时间），期权已经涨到了1.45美元/张。这次仓位远超过往，账面浮盈已然可观。但一天的工作劳累，已经让我疲惫不堪，我感觉大脑开始一片迷糊，已经无法集中注意力了。是去还是留？直觉告诉我，今晚正在上演一波多头行情，耐心持仓等待，定会收获颇丰。我很想坚持到凌晨4点，但考虑到次日的行程，虽然心有不甘，权衡利弊后最终选择清仓，获利了结（见图4-109）。

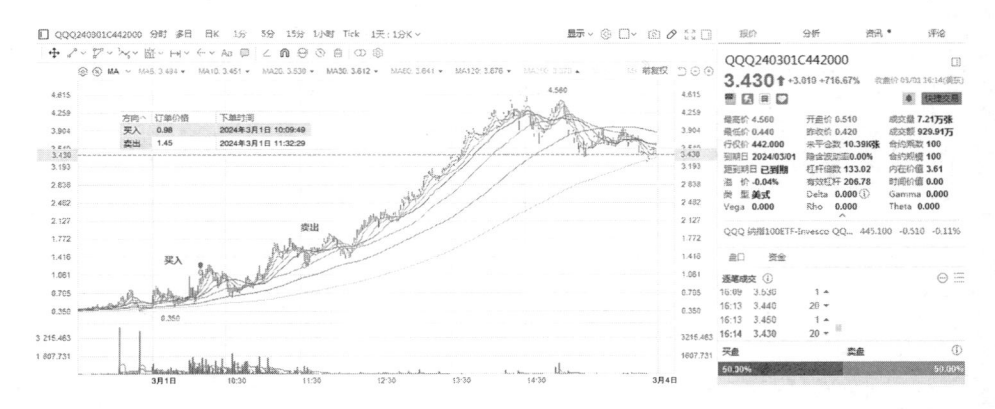

图4-109 2024年3月1日交易QQQ看涨期权末日轮

这次没有心魔，但我败给了瞌睡虫。当自感精神状态不佳的时候，我退出了战斗，再一次非常遗憾地错过了后半夜的期权翻倍行情。生活和交易就是这样冲突着。但我知道，我遵循了投机交易的原则十"交易者身心健康原则"。机会一直在那里，不用着急，来日方长！

每周五晚上QQQ末日轮期权，逐渐成为我交易练手的"必修课"。我像在玩电脑游戏的"升级打怪"一样交易期权，一边控制着仓位、提防着风险，一边留意着行情，等待"大趋势日"。仓位日渐变大后，我开始在有了浮盈后先兑现出本金，留着利润仓继续待涨。收回本金后的利润持仓，让我不再有任何交易压力。冒多大风险是交易员自己决定的，利润有多大是市场给的。不用避免损失，只需控制损失。盈亏比越大，可容错的胜率就可以越小。我做好自己能做的就行了。

在压力下，大家都会思考，但很少有人会正确地行动。我逐渐明白，交易员需要更多的"反应式"交易训练，尤其是在压力下正确的应对之道。由此，找出自己性格缺陷，认识自己本能情绪反应的危害，不断修正自己的短板，都是积极、重要且富有意义的事情。而我认为最好的复盘资料，就是自己的交易记录。把所有的交易记录都保留下来，一遍遍复盘，反思当时的观点、方法、策略和逻辑，不断优化改进，我认为这是自我进步最快的一种方式。

2024年4月19日，又是一个星期五，QQQ在连续四天小幅下跌后，似有加速下跌迹象。我认为QQQ还不至于就此一去不复返，彻底转入熊市，先得考验一下下方120天半年线（413.73）的支撑力度。当天开盘，QQQ跳空低开0.28%，一小时后仍未收复失地，价格停留在当日均价线之下。

我随即下场，买入行权价为420美元的认沽证。此时QQQ报价418.81美元，认沽证每张成本为212美元，内在价值为119美元，时间价值为93美元，隐含波动率22.91%，杠杆为121倍。QQQ打平价为417.88美元，按目前市价需继续下跌0.22%，根据当下羸弱的市场氛围，我对此很有信心。

当日QQQ一路下跌，我在每张424美元时卖出一半仓位，每张600美元时卖出剩余仓位（见图4-110）。QQQ最终收盘于414.65美元，最低触及413.07美元，受到半年线有效支撑后止跌。

投机苦旅：一位投机客的凤凰涅槃

图4-110　2024年4月19日交易QQQ看跌期权末日轮

我理解的交易末日期权，并不是一定需等到最后交易日才参与，临近最后交易日的几天都可以算"末日轮交易"。

2024年4月24日，我短线看空QQQ，随即入场买入4月26日到期的看跌期权，每张成本为116美元，行权价为420美元，隐含波动率为24.73%，杠杆为82倍。此时QQQ报价426.6美元，打平价为418.84美元，即需要QQQ在2天内下跌1.82%。

4月25日开盘前，我即密切关注QQQ权重股的盘前行情。脸书（META）因"公司预计第二财季营收指引不及预期"，盘前下跌14.68%，IBM则是因为"公司发布的咨询业务收入不及预期"，盘前下跌9.29%。微软（MSFT）盘前下跌3.71%，谷歌（GOOG）盘前下跌4.89%，亚马逊（AMZN）盘前下跌3.87%，苹果（AAPL）则微涨0.34%。真是天助我也！

终于等到21:30（北京时间）美股开盘，QQQ开盘价为419.24美元，比昨日收盘价下跌了1.7%。2分钟内，我干净利落地平掉了所有仓位，每张333美元。最好的出手机会就是眼前，又何须等到最后交易日呢（见图4-111）？

到了2024年4月30日，我看QQQ受到20日均线的压制，决定再次进场做空。我买入3天后到期，行权价为425美元的认沽证，平均每张成本为255美元，隐含波动率为25.91%，杠杆为58.64倍。此时QQQ报价在429美元左右，打平价为422.45美元，即需要QQQ在3天内下跌1.5%。

208

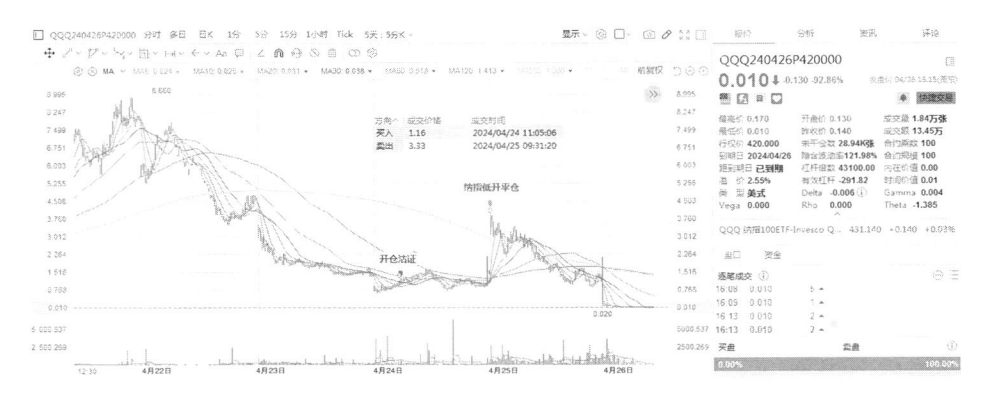

图4-111　2024年4月24日—25日交易QQQ看跌期权

次日QQQ以下跌0.34%低开，但权重股几乎没有大幅下跌。我不由得警觉了起来，随即在21：35和22：12分两批全部清仓，次日每张514美元时卖出一半仓位收回本金，每张580美元时卖出剩余仓位（见图4-112）。次日起床一看，后半夜2：30之后QQQ大幅反弹，我不由得一阵庆幸。到5月3日，QQQ报收435.48美元，低于此价的认沽期权统统归零了。

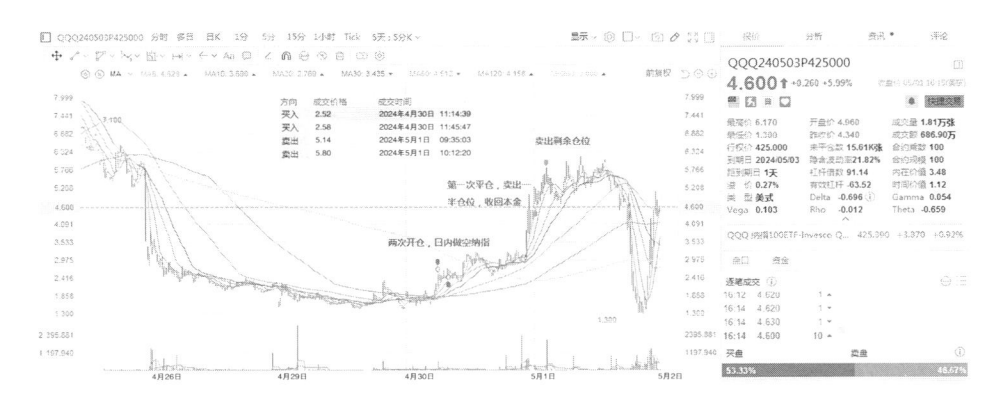

图4-112　2024年4月30日—5月1日交易QQQ看跌期权末日轮，买入成本每张均价约为255美元

行情的跌宕反复，持仓的浮盈浮亏，带来的是内心的波澜起伏，或喜形于色、怡然自得，或紧张焦虑、惴惴不安。"凡所有相，皆是虚妄。"我并不

能看到本相，那些跳动的数字、红绿的K线，以及据此读出的含义，都是贪嗔痴慢疑的心魔幻化而来。

如何战胜心魔？我从书架随手翻开《西游记》，恰是那第十四回《心猿归正 六贼无踪》。玄奘路过五行山，救出孙大圣，并收之为徒。孙行者一上路，便先打死了六个强盗：眼看喜、耳听怒、鼻嗅爱、舌尝思、身本忧、意见欲，得了个六根清净。

好吧，原来看到这么多幻象，是没有来一场"六根清净"的自我革命，更没有"师父"在我犯错时给我念"定心真言"，用紧箍咒约束我那颗有着七十二般变化的心。

在投机的道路上，通过市场的交易实践，不断"外求"，积累交易经验，又从成败得失中，不断"内求"，试图练就一个强大的"自我"。但在市场面前，个人的存在是如此之渺小。我一次次试图用感恩之心、宽容之心、慈悲之心、敬畏之心对待市场，却一次次被市场里的"妖魔鬼怪"痛殴。哎！我的"定心真言"，我的"火眼金睛"，还有那些苦苦寻觅的对付心魔的法门，到底在哪里呢？

对自我的研究之路，和对市场研究一样，孤独且漫长。每每倦怠之时，我脑海里不由自主地想起先哲的谆谆教诲，"道阻且长，行则将至，行而不辍，未来可期"。

十一、兼论杠杆和仓位

> 知道不该做什么，比知道该做什么更重要。
>
> ——杰西·利弗莫尔

连续数年，《期货日报》和《证券时报》都会联合举办"全国期货（期权）实盘交易大赛"。记得2018年的比赛时间是2018年3月30日至9月28日。从网络上摘录关于该次大赛的统计数据分析如下：

（1）本届资金是历届最多且超过100亿元，亏损也是创历届最多20亿元，参赛账户3.7万个，盈利账户只有0.8万个，占比22%，本届盈利最多的品种是苹果，达到2.9亿元，亏损最多的是橡胶，达到2.4亿元。本届比赛账户产生的手续费是10亿元，占亏损的50%，交易所和期货公司是最大的赢家。

（2）期货市场存在"二八定律"，80%的参与者亏损，一般人进入这个市场都是以亏损而告终。

（3）盈利的客户中，80%的盈利来自5单以内的，扣除掉这5单，大多数客户都是亏损。这5单的特点：持有日期基本上都在2个月左右，基本上都是单边市场。这次苹果的总盈利是2.9亿元，贡献了很大比例的盈利。要想盈利，就必须抓住一波大行情。

（4）每日平均交易10次以上的客户，3年平均收益率为−80%。每日平均交易5次以上的客户，3年平均收益率为−50%，每日交易1次以上的客户，3年收益率为−30%，每日平均交易0.3次以上的客户，3年平均收益率是10%；每日平均交易0.1次的客户，3年平均收益率是60%。交易频率越高，手续费越高，亏损概率越大，频繁的交易，基本上判了你死刑，本届比赛账户产生的手续费是10亿元，占亏损的50%，交易所和期货公司是最大的赢家。

（5）所有客户的收益率呈现接近正态分布，很遗憾，这个正态分布的均值是−15%。

每年全国性期货实盘大赛后，统计数据给出的结论大同小异。上述期货大赛的数据分析，其实已经揭示了期货投资盈利的秘诀：减少交易频率，重点关注最赚钱的5单交易，参与单边趋势市场，并耐心持仓2个月左右。

对大多数人而言，期货市场是残酷的。残酷背后的真相就是，大部分投机客只有投机的梦想，没有投机的实力。他们非常清楚，不遵守投资纪律和缺乏耐心，是投资的天敌，但他们做不到。人性的贪婪和恐惧，扭曲了交易行为，丧失理应到手的利润。可是反人性又是如此艰难，绝大多数人都无法"知行合一"。杠杆交易市场，就是投机客的修行道场。

运用杠杆交易的公司中，最著名的莫过于美国长期资本管理公司。

长期资本管理公司成立于1994年，掌门人是被誉为能"点石成金"的华尔街"债券套利之父"约翰·梅里韦瑟，他曾担任所罗门兄弟公司副总裁。其他高管是1997年诺贝尔经济学奖得主罗伯特·莫顿和迈伦·斯科尔沃斯以及前美国财政部部长兼美联储主席戴维·马林斯等16人。

长期资本管理公司于1994年2月正式成立，募集规模为12.5亿美元，是当时有史以来最大的新对冲基金。在成立10个月后，收益率就高达20%，1995年达到43%，1996年达到41%，而且最大的单月回撤只有2.9%。

长期资本管理公司的投资策略主要是套利交易。1997年年底，长期资本管理公司的套利交易维持在1 290亿美元的水平线上，但只有47亿美元的流动资产。

1998年夏天亚洲金融危机爆发，长期资本管理公司却投资了许多高风险债券。公司认为，随着市场趋向更加有效的运作方式，高风险债券价格将会上扬。但1998年的俄罗斯金融风暴摧毁了公司的所有设想。1998年8月17日，俄罗斯政府宣布卢布贬值，引发全球金融动荡，新兴市场债券价格暴跌。在这场金融危机动荡的短短几天内，长期资本管理公司的资产严重缩水，不到一周公司资产净值就减少了50%。

2000年年初，基金被清算解散。高杠杆投资叠加黑天鹅的小概率事件，彻底击垮了长期资本管理公司。

巴菲特对此迷惑不解："为什么聪明人净干蠢事，一生只需要富一次，为了得到你原本没有和不需要的东西，不要用对你来说重要的东西去冒险。他们有着超级智商，结果却破产了。那16个如此高智商的人怎么会玩这样一个游戏，简直是疯了，他们说一个六西格玛或者七西格玛的事件（金融市场的波动幅度）是伤不着他们的，他们错了，股票的历史统计数据根本就不会告诉你股票的风险。"他对此比喻道："如果你给我一把枪，枪膛里有1 000个甚至100万个位置，然后你告诉我，里面只有一发子弹，你问我，要花多少钱，才能让我扣动扳机，我是绝不会做的。你可以下任何赌注，即使我赢了，那些钱对我来说也不值得一提。如果我输了，后果是显而易见的，我对这样的游戏没有一点兴趣。"

这就是巴菲特对杠杆的理解。他认为，无论基数多大，它与零相乘的结果依然是零。在任何一项投资中，只要存在完全亏损的可能，那么不管这种可能变为现实的概率有多小，如果无视这种可能继续投资，资金归零的可能性就会不断攀升，早晚有一天，风险无限扩大，再巨大的资金也可能化为泡影，没有人能够逃得了这一切。

大自然并不追求效率，它追求活下去。投资也一样，最重要的法则是活下去。杠杆投资的缺点在于容错率太低。历史上苹果（AAPL）大跌40%的事情发生过10次以上，只要你一直用杠杆，一定会碰到这一天，让你一夜归零，回到起点。国内A股自从有了融资功能后，在"绩优白马股"上加杠杆，结果在股票下跌过程中，融资爆仓案例屡见不鲜。

杠杆和仓位，某种程度上代表了贪婪和欲望。我把仓位分两种：被理性支配的事实型交易；被感性支配的欲望型交易。前一种是看到基本面和技术面的共振；后一种是希望、期待、憧憬，幻想市场按自己意愿的方向变化。赔钱的往往是后一种仓位。

有仓位才能赚钱，不管是多还是空。赚钱的欲望支配着我，让我心存侥幸，希望能扛过市场正常的波动。然而，不幸的是，它总是恰如所料的爆仓了。可见，生命里不属于自己的东西，再好也是累赘。一点一点地剥去不属于自己的、多余的东西，才能剩下真实和纯粹。

"盈利的仓位越大越好，亏损的仓位越小越好。"第一次看到这句话，感觉无比正确！我一度浮盈加仓，抬高了建仓平均成本，把山脚下的成本抬高到山腰上，然后在次级折返趋势中赔个精光。

出现浮盈后是加仓还是减仓？初期陆续加仓，后期陆续减仓。但浮盈加仓的方式很重要。如果是等比例加仓，很快会抬高你的建仓成本，并使你的仓位暴露在市场回调的风险中。在多次吃到苦头后，我倾向于采用"3-2-1"金字塔式加仓。我能对过大的仓位产生天然的警觉，一旦过大，心里就会忐忑不安。遗憾的是，我总是不舍得放弃那些宝贵的仓位。现在明白了，当你的账户浮盈回落，此时即使你还处于浮盈状态，必须对盈利仓位万分警惕，要小心每次回落，是不是趋势逆转。

交易经历中，很多品种在日内巨幅波动屡见不鲜。钯金（Pd）最高跌幅一天超15%，多次一日跌幅超过10%！伦铜在2020年3月18日当天跌了8.85%。2015年1月15日美元兑瑞郎（USDCHF）五分钟跌幅超过15%，盘中最大跌幅27%，很多机构破产。高杠杆交易，是一门特殊"手艺"，极其难掌握。

而市场对经济数据的解读，最能体现霍华德·马克思所说的"投资的第二层思维"。往往是出利好新闻，市场却先瞬间大跌。举个例子：2023年1月12日21:30，市场公布了美国CPI数据后，黄金、白银、美元指数走势很有意思。数据显示通货膨胀率下降，加息预期更弱，金银的走势却是先下探"假摔"，再迅速向上，数据公布之前我已建立了几笔多头仓位，幸好仓位比较低，仍不禁惊出一身冷汗（见图4-113）。

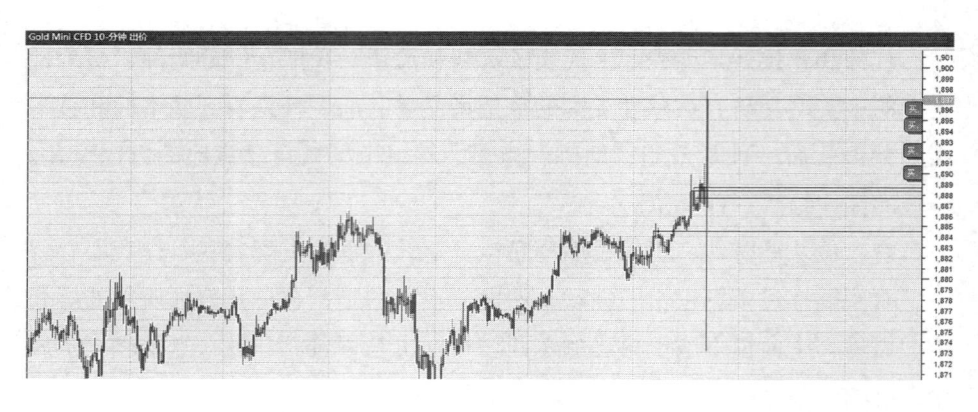

图4-113　迷你黄金CFD合约10分钟价格走势（2023年1月12日21:30）

方向决定生死，仓位决定成败。关于仓位，市场里耳熟能详的是凯利公式。

我根据某段"顺风顺水"时的交易数据统计（胜率约为49.52，盈亏比约为1.9），用凯利公式 $q=p-(1-p)/R$（p为胜率，R为盈亏比）计算了该段时间的合理仓位：0.495 2-(1-0.495 2)/1.9=0.23，和实际交易仓位比较接近。

高杠杆市场里仓位多大合适？

"海龟交易法则"里面，是以ATR来确定的。不同波动率的市场对应不同的仓位，即根据标的商品波动率大小对应的市值变动大小来确定仓位。

《海龟交易法则》[1]一书中对此描述如下：让1ATR的价格变动正好等于账户规模的1%。对于一个100万美元的账户而言，1%即1万美元。然后算出每份合约1ATR变动幅度的金额，再用1万美元除以这个金额，即得出每100万美元交易资本所对应的合约数量。

举例如下：

假定交易标准普尔500指数CFD差价合约。目前市场报价5 000点，每点1美元。1手合约代表5 000美元市值。不同经纪商要求不同的保证金率，通常1%～10%不等。同样持有1手合约，10%保证金率的客户需支付500美元，而1%保证金率的客户只需支付50美元。虽然每手保证金不同，但每手合约对应的市场波动值是一致的。也就是说每手合约的价值波动，跟市场行情有关，跟保证金率无关。

首先设定你账户每笔愿意承担的最大损失额。假定你账户初始本金10 000美元，每次交易，你只愿意损失400美元，即4%。

假如在5 000点时开仓持有1手多头合约，则止损位设在标准普尔500指数的4 600点，即你可以承受指数下跌8%；如持有2手合约，则止损位设在标准普尔500指数的4 800点；如持有10手合约，则止损位得设在标准普尔500指数的4 960点。

那到底最大可以持有几手合约，才算合理呢？这就需要考虑标准普尔500指数的每日真实波动率。仓位过大，市场稍有波动就被打止损了。如果止损位设置后扛不住正常的市场波动，这不是防范风险的理想结果。

均幅指标（ATR），是一个用于衡量市场波动率的指标，是一定时间周期内的股价波动幅度的移动平均值。通过查询行情软件中ATR指标，标准普尔500指数近14天平均波幅为50点，即每天50美元的波动。那如持有10手合约，就是500美元的波动。显然10手合约的仓位太大，无法承受每天盘中正常市场波动，稍有波动就会触及止损。

通常设定2N对应止损额（单次交易最大损失额）。此处即100点（100美元），用单次交易最大损失额400美元/100美元，得出4手合约。即4手合

---

[1] ［美］柯蒂斯·费思：《海龟交易法则》，中信出版社2013年版，第110页。

约合计每天平均最大波动（1N）是200美元，若触及2个ATR的波动（2N）400美元，则止损出局。这样的仓位大小，既可以抗过正常的1N市场波动，又可以在趋势逆转时触及2N波幅，即被动止损出局，有效防止单次交易损失过大。

可见，如果交易标的的波动较小，则仓位可以比一般的品种大。如果是日内按照5分钟或者15分钟K线走势做交易，则可参考5分钟或者15分钟的ATR值，通常该值也会小于日线的ATR值，这样做短线交易的仓位也会相对变大。

《海龟交易法则》里提出的根据止损位来设定仓位，实践中真的要按此执行吗？我对此持保留意见。它提供了一个可参考的选择项。仓位大小跟交易者账户真实历史胜率、盈亏比，以及风险承受度相关。低胜率的账户，必然要求有高盈亏比，那就得缩窄止损位，毕竟单笔高盈利的机会不是时常发生。

风控靠专业，赚钱靠大势。不参与没有明确涨跌趋势的行情。大行情并非天天有，如果不能管住掌控鼠标的手，那么必然的结局就是，久赌必输！在高杠杆市场里，频繁交易、过度交易、重仓交易、不设止损或被来回止损，都是导致失败的主要原因。

在明显的下跌趋势里，一个没有学会空仓，仍旧试图做多获利的投机分子，往往会打着巴菲特价值投资理念的旗号。事实上，他只是依靠量价分析同时追逐市场热点的短线趋势交易者。痴迷于技术图形的人，往往"不识庐山真面目，只缘身在此山中"。

对于股票投资者而言，不管是价值型还是成长型，共同诉求都是未来股票价格上涨。但对于杠杆交易者而言，除了研究哪些股票能上涨之外，还要研究如何避免因波动而爆仓亏钱。

非杠杆交易者，往往买入持有就行了，无需太在意短期价格波动。杠杆投机者得两头下功夫，要格外关注波动。控制每次亏多少钱，实在不是一件简单的事。也就是说，杠杆交易者得同时处理两件同等重要的事。

如果你没有能力预测将要发生的事情，那就紧盯正在发生的事情。

你看不见黑天鹅，那是你的视角问题。你只是看到耸立在海面的那些冰山闪烁着迷人的绚烂，而看不到海面之下庞大的身躯。

从价值规律到供求规律，从基本面到技术面再到心理面，都是投资交易需要综合考量的因素。交易本质是管理风险，理解这个观念，我们才能评判什么是最佳的交易机会。最佳交易机会是风险最小，且适合你的交易机会。因此，寻找风险最小，利润最大同时适合自己的交易机会，这就是一个胜率、盈亏比和个性化兼顾的问题。

无数成功的案例表明，投资不急于求成。交易，就是在有纪律的前提下利用趋势获利。在胜率和盈亏比相对稳定后，寻找交易机会，增加交易频率。

只有方向正确了，我才敢说，做时间的朋友！问题是，你准备做多久时间的朋友？

多次爆仓后我还能生存，是因为投机不是我生活的全部，也不允许自己把所有身家都押上赌桌。我是一个有所约束的赌徒，一个沉浸在夜盘世界的投机客。

大师说："耐心和纪律是投资者的美德。"我真希望自己有这种美德！

第五章

无心胜有心，大道本无情

市场恰似一个修行的道场，不断映射你内心的贪嗔痴，让你不得不灭尽己心，探寻一条与市场同频共振的融盘之路。

——作者

天才分析师善于洞见趋势，天才交易员善于把握时机。作为一名不懂行业研究和公司研究，不懂量化交易编程，又没有商品现货贸易背景的小散，怎么做好投资？这个问题一直困扰着我。投资公募基金是一个选择，但面对上万个基金品种，挑选基金的能力可是FOF基金经理的专业技术活。这个难度一点都不亚于自己直接选股做投资。

我既想寻找稳定的、可持续的盈利模式，又要寻找非对称的交易机会，还不能被短期的涨跌所诱惑。寻找大级别的交易机会，确定性是交易的核心，有了确定性，才能大胆用杠杆。时机是杠杆交易的关键。

一、这些年错过的市场机会

我花了好多年才认识到，研究和交易是两个截然不同的世界。成功研究的要素和成功交易的要素，根本就是两回事。

又花了好多年才认识到，你把大部分市场摸过一遍了，有了切身体会，你才有发现大趋势的能力；但发现机会和成功抓住机会之间，还隔了一个太上老君的炼丹炉。没有真刀真枪的千锤百炼,哪会有乱军之中取上将首级的功力。

每天都是日新月异的市场。作为一名业余小散,有时雾里看花,有时隔岸观火,有时又身在此山中,既看不清,又看不远。过往的行情是一本厚厚的教科书,隐藏了财富分配的密码和规律。一直想对过去20年,尤其是近几年,脑子里有印象的或亲身经历过的行情,做个回顾和梳理。

A股和港股

就A股市场而言,第一次可以亲身参与的大机会是1999—2000年网络股机会;第二次是7年以后2006—2007年A股股改带来的大牛市机会;第三次是再7年以后2014—2015年所谓的"改革牛",本质是降息带来风险资产配置偏好上升及资金短期积聚造成"杠杆牛"机会。

港股牛熊周期和A股的相关性显著增强。最著名的长牛股非腾讯莫属。另外,2008年金融危机后,博彩股一并跌到谷底。2009年开始的3年内,银河娱乐、澳博控股、金沙中国分别上涨了120倍、21倍和6倍(见图5-1)。

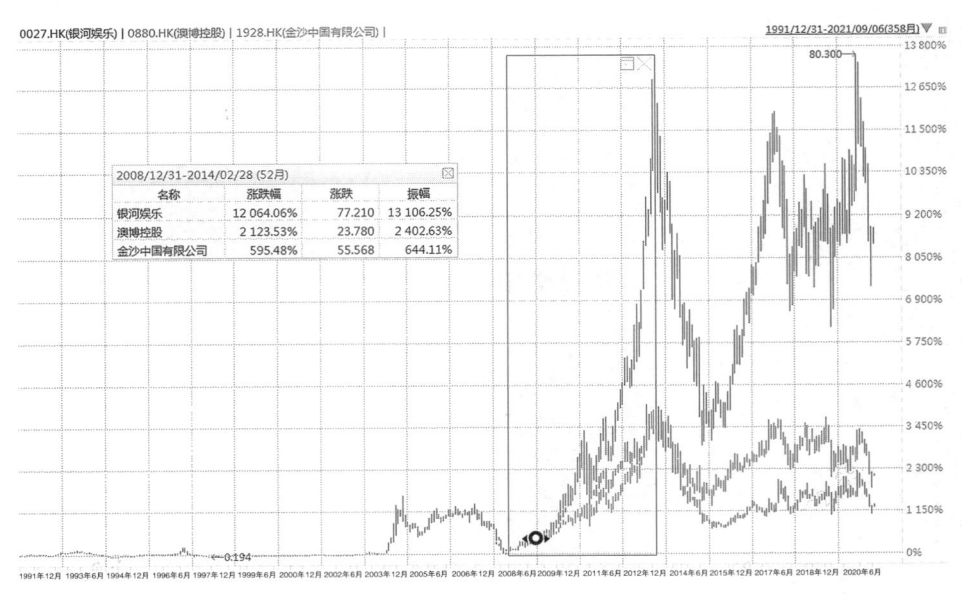

图5-1 银河娱乐、澳博控股、金沙中国走势对比(2008年12月31日—2014年2月28日)

其他市场

股票市场牛熊交替，在A股的熊市，并不代表其他国家/地区股市没有牛市，也不代表其他大类资产没有牛市。往前追溯，有印象的几次大级别机会：

第一次，2003年起开始意识到但并没有参与的，持续至2006—2007年的铜大牛市；2008年10月前后次贷危机引发的铜的暴跌；2009—2011年在全球央行撒钱刺激经济下，铜的二次上涨，持续10年两次大幅波动，形成两次巨大的投资机会（见图5-2）。

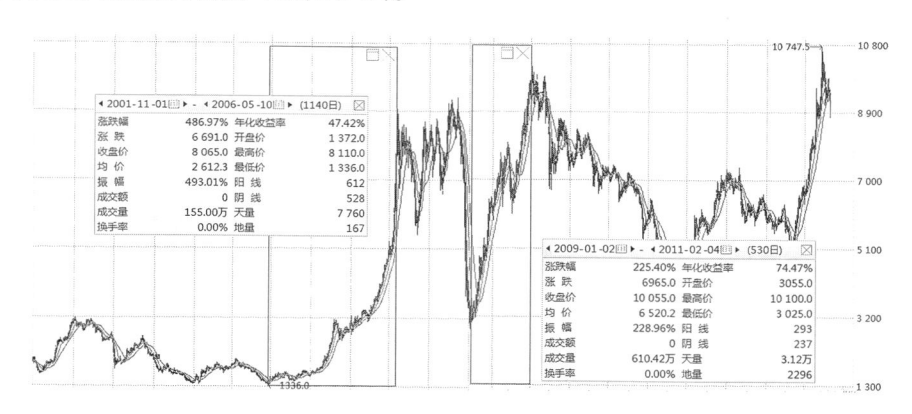

图5-2　两次大牛市的伦铜走势

第二次，2008年年末到2011年黄金的巨大交易机会。大背景是黄金从2002年的260美元涨到了2011年的1 900美元（见图5-3）。

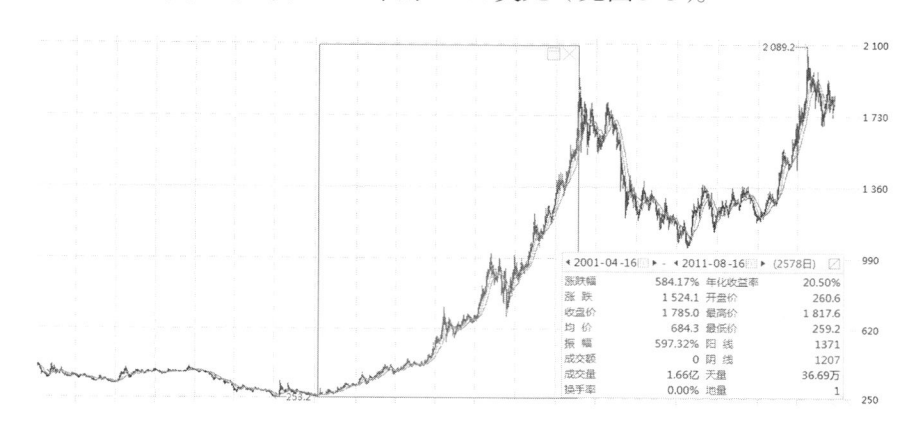

图5-3　长牛10年的黄金走势

第三次，2010年商品市场中棉花在供求失衡驱动下几十年一遇的大牛市（见图5-4）。

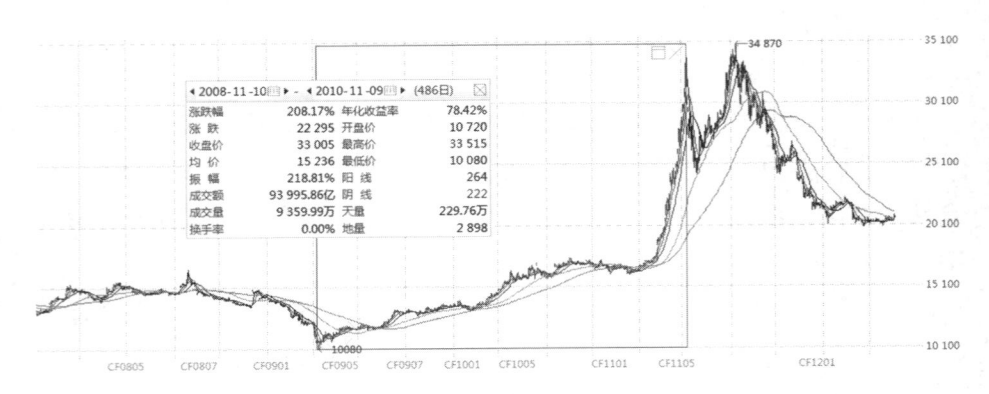

图5-4 棉花期货走势

第四次，2012年年末到2014年年末日本安倍政府上台，"安倍经济学"带来的日元贬值机会，2012年10月至2015年6月日元贬值61%（见图5-5）。

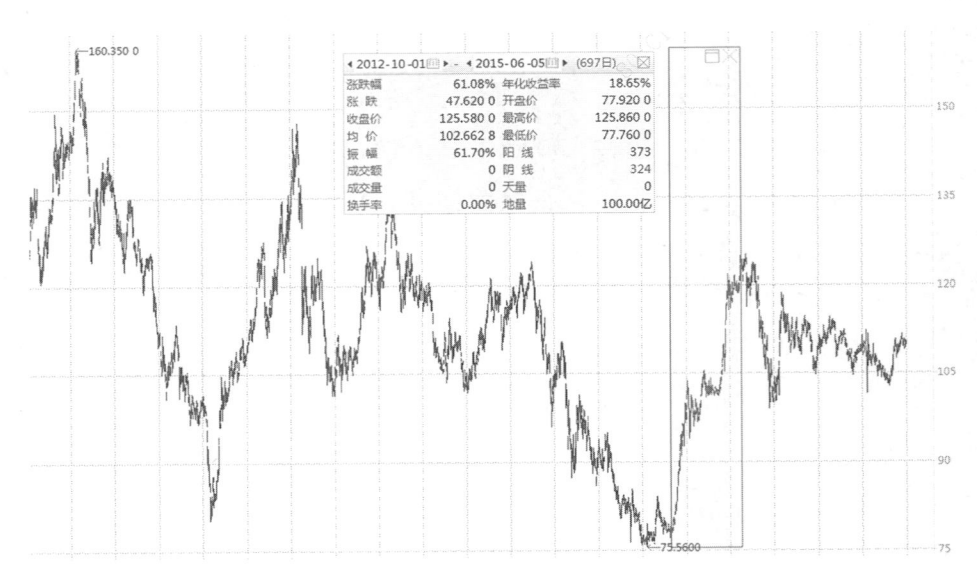

图5-5 美元兑日元

第五次，2014年年中到2014年年末，欧元、英镑兑美元的贬值做空机会，2014年5月至2015年3月欧元贬值24%（见图5-6）。

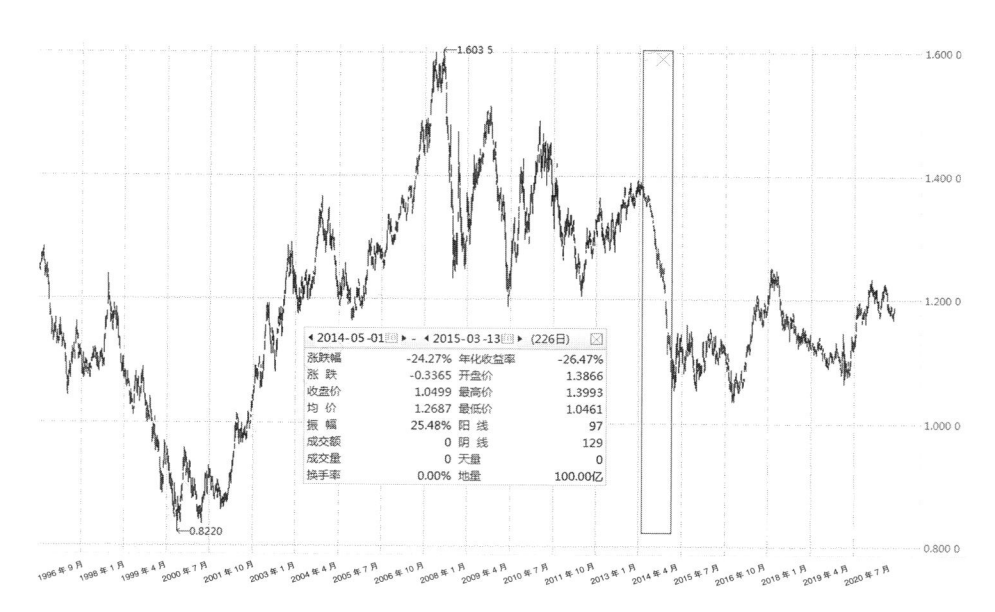

图5-6 欧元兑美元

第六次，同样是2014年年中到年末，石油从100美元单边下跌，跌到40多美元的机会，2014年6月至2016年1月油价下跌72%（见图5-7）。

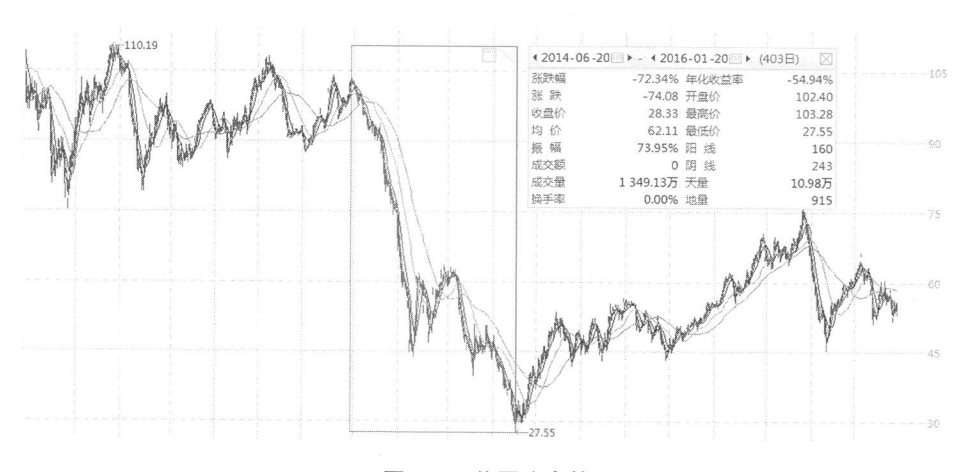

图5-7 美原油走势

第七次，2014年9月—12月俄罗斯卢布单边快速贬值的机会，2020年1月—3月俄罗斯卢布贬值29%（见图5-8）。

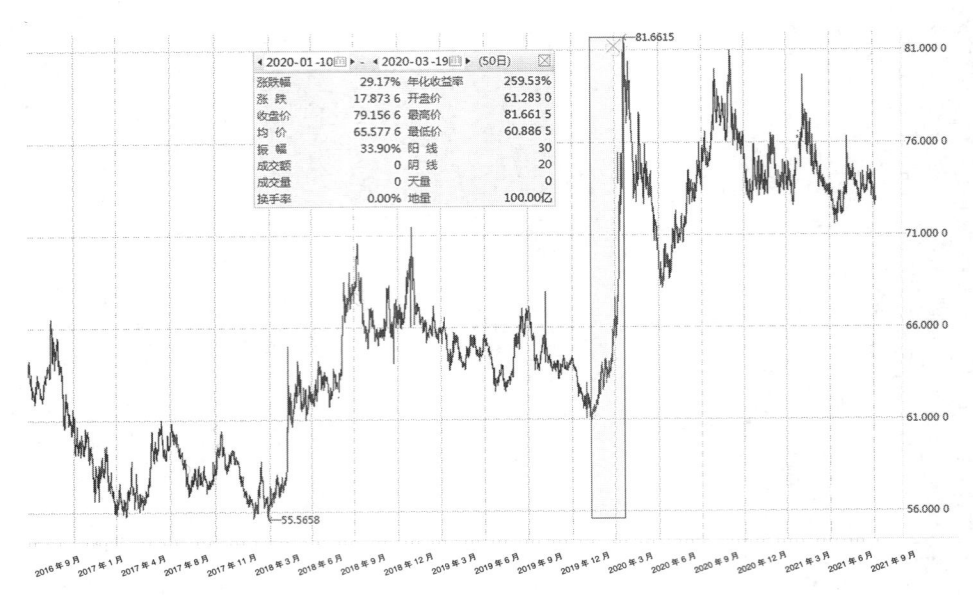

图 5-8　美元兑俄罗斯卢布

第八次，2018年8月土耳其里拉短期快速贬值及升值反弹的机会，2018年1月—8月土耳其里拉贬值107.8%（见图5-9）。

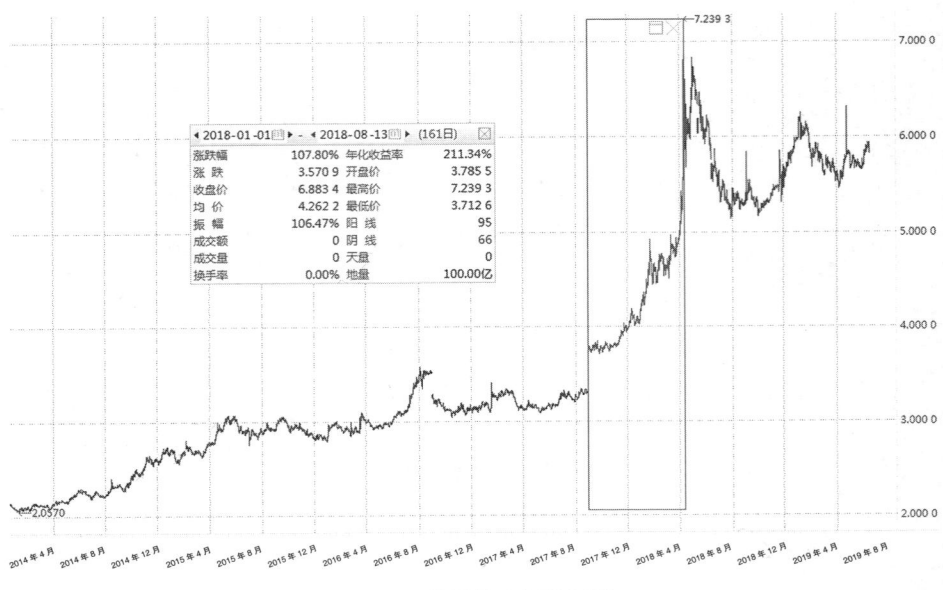

图 5-9　美元兑土耳其里拉

第九次，2016—2020年钯金长达4年的长线投资机会，2016年6月至2020年2月钯金上涨422%（见图5-10）。

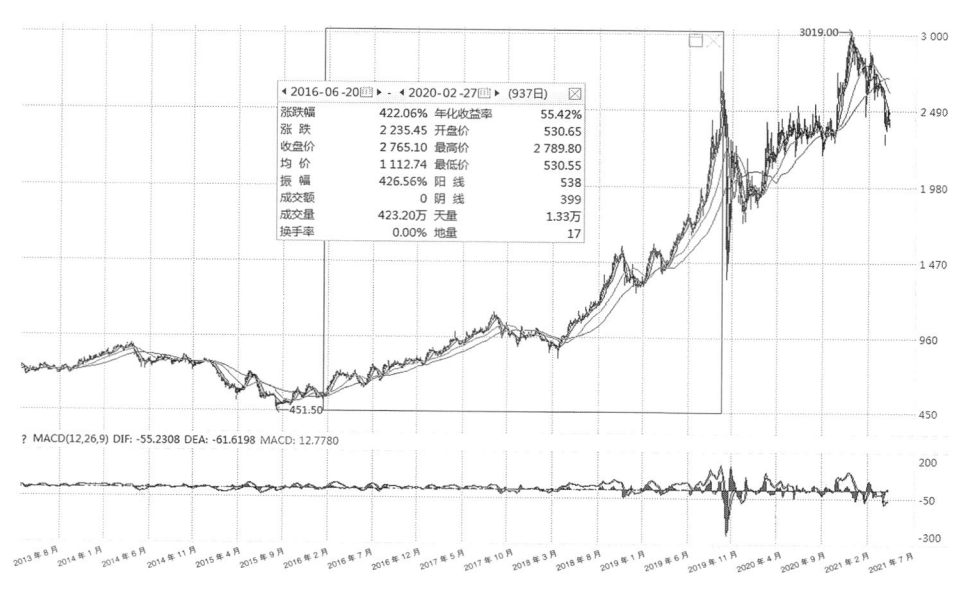

图 5-10　NYMEX钯金价格走势

第十次，2020年2月—4月包括A股在内的全球股市、商品在新冠疫情影响下的短期急速下跌，而后又在各种经济政策刺激后超跌反弹或V形反转，带来的交易机会。

孤立机会

其他一些孤立事件的小机会，比如，"毒奶粉事件"带来的蒙牛、伊利的投资机会；2008年中信泰富在中国香港因外汇投资巨亏带来的重组机会；中概股私有化机会；2011年国庆期间，中国香港中资银行股受欧债危机影响，短期莫名暴跌带来的迅速反弹机会；2016—2017年铁矿价格上涨后，力拓、必和必拓、淡水河谷三大矿山公司和嘉能可的上涨机会；2018年年中苹果霜冻带来的期货做多机会；2018年下半年PTA做多机会。还需要提及的是"瑞郎事件"，2015年1月15日当日USDCFH贬值13%、EURCHF贬值15%的事件。

无知的盲点

期间错过了一些价值巨大的趋势拐点。比如，2000年6月到2001年6月，国内B股向境内投资者全面开放的机会；2004年到2008年年中的大宗商品狂欢，尤其是石油从40美元到147美元的机会；2008年年中到年末所有股指和大宗商品单边暴跌机会；2009年年初，美国股指的底部建仓机会；另有这几年比特币等虚拟货币的暴富机会。难以忘记的还有2006—2007年A股牛市中权证的疯狂，尤其是五粮液认购证（030002），2006年4月3日上市，2008年4月2日到期。2年时间从1元爆到50元，让其他的投资行为都变得多余（见图5-11）。更早期，则是认股证和法人股时期的捡金子机会。

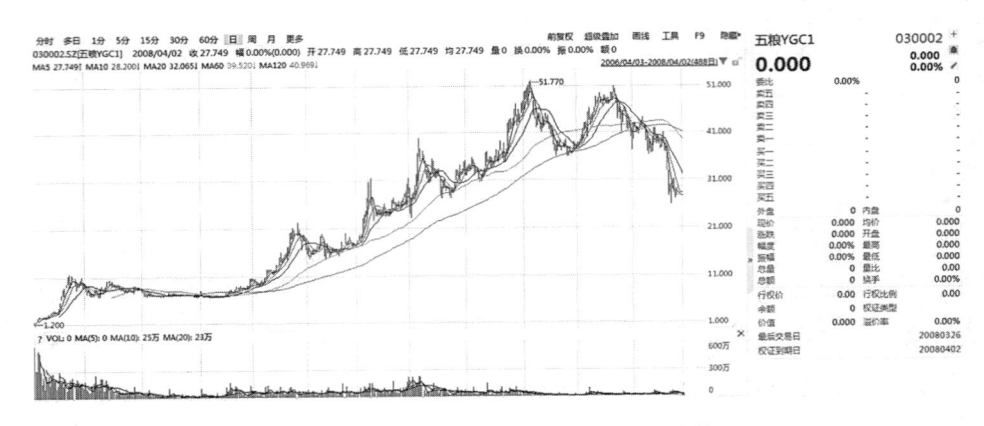

图5-11　五粮液权证（五粮YGC1）走势

二、投资大师的教诲

> 一个人有多好，并不重要，他对你有多好才重要；趋势最终有多大，并不重要，你能把握住多大趋势才重要。
>
> ——作者

与大师对话是最好的疗伤圣药。重新翻出大师的经典著作，熟悉的话语再次映入眼帘。很多话，我记在本子里，时常拿出来翻阅，有些记得出处，有些已经忘记是哪位大师说过的了。

论生存

巴菲特有句名言："投资的第一条原则是永远不要亏钱，第二条原则是永远不要忘记第一条原则。"投资者的每一分钱都是血汗钱，防范风险永远比博取收益更重要。如果做不好风险管理，积累再多的财富都可能化为乌有，从1万元到1亿元可能需要一辈子，但从1亿元到1万元有时却只需要一瞬间。

赌徒从来不缺勇气。这种勇气是用赌博的侥幸心理支撑的。

首谈保命，次谈杀敌。下单人人都会，风险控制和约束才是投资成功的关键。

只有时刻惦记着损失，利润才可以照顾好它自己。

市场根本不知道你做多还是做空，而你是那个唯一会对自己头寸渗入情绪性反应的人。

论策略

期货市场就是伟大的财富分配器。它会回报聪明的交易者，惩罚草率的交易者。认真透彻地研究精确的交易时机，比准备大量的起步资金重要得多。

在华尔街最简单的计划总是最有效的，也是最赚钱的。

论时机

顺着大趋势开仓，逆着小趋势建仓。

我们绝对拒绝所有的诱惑。这些诱惑主导着大众的情绪。我们不会在上涨时买入，也不会在下跌时卖出。

我最大的问题就是控制自己，既不要在上涨时买入，也不要在回调时卖出。顺着大趋势做多，逆着小趋势交易。在小回调时买入，尤其是当成交量减少时在回调的第三或第四天买入。

我喜欢持有与大趋势一致的仓位，如果我想加长仓，我喜欢逆着小趋势加仓。

如果你的时机不对，即使方向对了，也会亏损。

太早进入一个行情，一直是我的问题，经常是成功了，但是压力真的很大，这不是最好的方法。

除非有大行情才会买入，大多数情况下我都是观望。应该在市场上找到合适自己的趋势。

论短线

无论抢帽子交易看起来是多么迷人，都不要做。你应该认为你的每一个重要仓位，都会继续形成大行情。他们分分秒秒都在盯着市场的小波动，肯定会错过大行情，永远不知道通过大仓位大行情赚钱，即使市场在暴涨，他们也还是在做日内交易。

我拒绝做短线，拒绝做日内交易。

短线和日内交易，可以体会快乐和刺激。

一旦你建仓，就要相信会有大行情，并进行相应的操作。不要因为无聊或没有耐心而进场和出场。

如果是顺势，就要准备去赚大钱，不要赚点小钱就走。

论持仓

在华尔街打拼了很多年，赚了几百万，又亏了几百万以后，我想告诉你，我的想法永远不会让我赚钱，总是让我赚钱的是我的"坐法"。你明白吗？就是静静地坐着。

判断正确根本不是什么技术。很多人在上涨前就看涨了，在下跌前就看跌了。很多人在恰好的时机开始买卖股票，本应会有大利润，结果他们的经历和我一样，他们没赚到钱。判断正确并能静静坐着的人，非常了不起。我发现要做到这点太难了。股票交易者只有掌握了这一点才能赚大钱。交易者不明白这一点，他赚几百元都很困难，一旦他明白了这一点，赚几百万元都会很轻松。

记住，大钱是靠坐来的，不是靠交易来的，坐着就行了。耐心是成功交易者的美德。

持有赚钱的仓位，就像是骑一匹跃起的野马，一旦你骑上去，就要明白你必须做的事，坚持再坚持，不要被撞，不要掉下来，一直到最后。如果你还在马鞍上，你就是赢家，这就是成功交易的关键。

投资者最大的敌人就是自己，为什么无所作为那么难？无所作为，就是绝对不交易，根本不交易。

大趋势总是跑得比你想象得更远。

如果你预测有大行情，无论涨跌，你都要计算这个行情的时间和幅度。

能够做对且能坐住的人才能赚大钱。

论纪律

没有人能在商品交易中永远赚钱，那只是市场借给你的钱，你迟早要还回去的。

耐心和纪律是专业交易者的美德。

在各种人格素质中，耐心和纪律是缺一不可的。

成功的交易者永远严守纪律。

只要趋势继续对自己有利，交易者都必须继续持有仓位。

我所见过的最赚钱的方法是跟随趋势做长线。

交易的首要因素就是找出每个市场的主要趋势，顺势交易，千万不要提前下车。

导致利润微薄的原因，不是判断错误，而是缺乏纪律。

商品价格通常会往阻力最小的方向前进。

赚到钱的人，他交易的不是股票，而是可盈利的交易系统。

一旦主要趋势确立，它会根据能量大小或快或慢前进。

一旦某个主趋势形成，它会自己积累能量，根据自己的能量加速或减速。

有利润的仓位要持有，亏损的仓位要平掉。

重要的不是你怎么走好，而是你怎么复原。

我最终取得的成功并不是来自天赋，而是无条件地减持和不断完善的纪律给我带来了今天的成就。

论亏损

一定要用有效的方法和系统，把无法避免的亏损控制在最小，否则是不可能赚大钱的。

如果市场对你不利，你要足够冷静，不要失去控制，如果你根据有利的调查和分析，相信市场会回来并给你平仓的机会，那就做好你的判断再下赌注，通常你都是对的。

一般来说，单笔损失不要超过每个仓位保证金的50%。

大输家总是逆着大趋势交易，对于不利的仓位不知道限制亏损，相反，过早平掉赚钱仓位，而持有亏钱仓位。

每个操盘手都得面对失败，而只有真正的赢家知道如何处理它。

如果你是一个纪律严明的操盘手，懂得在操作不顺时先让自己退场观望，亏损就会结束，而账面上就又会出现令人欣喜的盈利了。

你必须懂得止损。停止一连串亏损最好的方法就是停止交易。马上止损！立刻停止流血般的亏损！休息一下，让你的理智控制住情绪性反应。

最棒的交易工具之一是止损。止损表示你能将情绪性反应和自尊心分开，并且承认自己的错误。

接受亏损是一件非常困难的事。而且亏钱会让你丧失客观性。

亏损的投机客只有一半计划，只预计自己要赚多少钱，对预计输多少钱毫无概念，如同过马路的小鹿，眼睁睁看着迅速接近的车灯发愣、不知所措，只是呆呆地站在原地等着被车碾过去。

对大多数交易者来说，亏损越多，卖出就变得越困难。

每一个巨大的损失都是从一个小的损失开始积累起来的，保护投资交易免受亏损的唯一方法是在雪球失控之前接受少量的亏损。在30多年的交易生涯中，我没找到比这更好的方法。

我在输入每一笔买入指令前都知道，如果事情没有按预期的方式发展，自己要亏损卖出的确切价格。我在买入之前就已经确定好了该价格水平。我不专注于上涨空间，只专注于下跌空间。

不要冀望不惜任何代价，把赔的钱"重新赚回来"。如果已经蒙受损失，便必须承认，把账算清，马上从零开始。

论放弃

如果怀疑，就离场观望。

永远不要因为害怕错过大行情，而一头扎进不利的市场，一旦大趋势开始了，它持续的时间比大部分人想象的要长。

我通常对任何头寸都会设一个"信心拐点"——我心中的止损点，但现在的问题是，我有没有足够的勇气承认自己犯了错误并止损。在心里设下止损价位是一回事，而真正执行它，在市场把多头头寸砍掉，并实现一大笔损失就又是另外一回事了。

论基本面和技术面

你可以去听消息，也可以去研究基本面，但当你交易时你应该根据技术来交易。如果技术市场的主流观念不同，你最好离场观望或者跟着继续做，消息会迟点出来，以证明价格为什么要这样。

论休息

没有人可以在商品市场上日复一日地操作，还能做到有效的赚钱，人是需要充电的。

论仓位大小

市场有利的仓位总不会显得太大，市场不利的仓位，无论你持有几份合约，仓位都太大了。

不要过度交易，反而保留足够的现金储备，就是为了防止这样的意外。

一旦我有很重的仓位，我让它少量交易，要么不交易。

论心态

在这样的市场中，你需要冷静耐心，如果你主观行动情绪化，你的交易肯定不理性，市场波动越大震幅越大，你越要保持冷静和放松，有时候你会吓得满身是汗，这就是这个游戏最重要的地方。

自信心是成功操盘手不可或缺的要素，是从事交易时最重要的因素。

失败的原因

你若想提前知道哪些交易有可能遭受损失，这类交易就包括：

（1）那些你不曾建立保护性止损委托的交易；

（2）由于不谨慎而持有过多的头寸，超过了你应该持有的头寸。

大胜的原因

只要市场趋势仍然对自己有利，或在技术系统没有显现反转的信号之前，交易者必须要有耐心和严守纪律，持有仓位。只要市场对你有利，不管多久，仓位都要继续持有。我在持续盈利的仓位上是长线系统交易者！

犯错

我之所以有钱，只是因为我知道自己什么时候错了。

人们认为我不会出错，这完全是一种误解。我坦率地说，对任何事情，我和其他人犯同样多的错误。不过，我的过人之处在于我能认识自己的错误。这便是成功的秘密。我的洞察力关键是认识到了人类思想内在的错误。

我完全投入这一工作，但这确实是非常痛苦的经历。一方面，无论什么时候我在市场中如果做出了错误决策，我得忍受非常巨大的精神折磨；另一方面，我确实不愿意为了成功而把赚钱作为必需的手段。为了找出支配我金融决策的规则，我还是否认我已经成功。

三、伟人的智慧及感悟

曾经的成功，往往会强化认知偏差，进而转化为未来前进最大的阻力。

——作者

新中国的开创者毛主席，是一位雄才伟略、开天辟地、敢教日月换新天的伟人,集政治家、军事家、战略家、文学家、诗人于一身。那句"秦王汉武,略输文采;唐宗宋主,稍逊风骚;一代天骄成吉思汗,只识弯弓射大雕",真是指点江山、激昂文字,气吞万里如虎!

毛主席于1947年12月25日在中共中央会议上所做《目前形势和我们的任务》的报告中,正式提出中国人民解放军作战指导的十项基本原则。它是毛主席人民战争的战略战术思想的重要内容,也是全党全军在革命实践中集体智慧的结晶。中共中央文献研究室第一编研部编写的《毛泽东军事箴言》一书,系统阐述了毛主席的军事思想,其第七章"讲怎么打仗"中,阐述了很多打仗原则,在交易领域的运用中颇有异曲同工之妙,值得细读细品。

"在战略上藐视敌人,在战术上重视敌人。""战略上是以一当十,战术上是以十当一。"

如果自己微弱的本金只是有限的"一",投资就是在战术上寻找、依靠、利用其他强大的"九"。这个"九",就是基本面的变化、价格趋势的变化、资金流的变化、机构投资者多空的变化。这些"九"形成合力、主要趋势,并主导市场运行的方向。借助这些大势的力量,投资可以起到事半功倍的效果。

千万别整成被人"以十当一"的那个"一"。逆着主要趋势的不断亏损的仓位,就是那个愚蠢的"一"。

"你打你的,我打我的,打得赢就打,打不赢就走。"

毛主席在1965年3月会见由艾哈迈德·舒凯里率领的巴勒斯坦解放组织代表团时,曾经向外国朋友这样介绍他的作战方法:"你不是说读了我写的文章吗?这些东西用处不大。主要是两条,你打你的,我打我的。我打我的,又有两句话,打得赢就打,打不赢就走。帝国主义最怕这种办法。打得赢,我就把你吃掉;打不赢,我就走掉,你找也找不着。我们开头时用游击战的办法,进攻的时候用,防御的时候也用。根本办法是打运动战。"

毛主席所说的这种根本办法,就是游击性运动战的办法,是一切从实际出发的战法。"战争就是学习。"在战争中学习战争,在战争中总结战争,在战争中掌握战争。在敌强我弱的情况下,不能用硬拼的办法,那样只会吃亏，要用游击战的办法，跟敌人打圈。

因地制宜、因人制宜，把投资的普遍真理，跟自身资金实力、交易习惯、交易能力、特定市场环境等具体投资要素相结合，在交易实践中不断总结经验，并把这些经验上升为能取得成效的交易逻辑和交易理念，这不正是我等小散应该做的吗？在自身力量弱小的时候，在大大小小一系列行情的参与之中，如何做到既能消灭敌人，又能保存自己，恰是交易者每天需要面对的关乎生存与发展的大问题。

"敌进我退，敌驻我扰，敌疲我打，敌退我追"的游击战术十六字诀。

敌进我退：保存实力，待机转移攻势；敌退我进：打击其士气，积小胜为大胜；敌驻我扰：以疲惫敌人，造成对我有利之形势；敌疲我打：集中兵力，主动进攻，以歼灭敌人。

在行情的冷清阶段，在行情多空博弈、胜负未分的胶着状态，在行情犹如惊涛骇浪剧烈波动难以把握的阶段，交易者理应远离市场，保持定力，空仓观望，耐心等待趋势明朗；在行情发展到如出水蛟龙、下山猛虎的单边趋势阶段，交易者须全力以赴、大胆建仓，抓住最明确、最有利可图的投资机会。

"存地失人，人地皆失；存人失地，人地皆存。"毛主席主动放弃延安之智慧。

1947年是解放战争爆发的第二年。国民党方面调集30万兵力，重点进攻只有3万兵力的陕甘宁边区和延安。1947年3月8日，毛主席亲自主持了陕甘宁边区政府在延安新市场举行的"万人大会"，提出"先诱敌深入，适时放弃延安，不要与敌人正面硬拼，巧妙地与他们兜圈子"的策略。延安是革命圣地，是中国革命起源的摇篮，放弃延安对广大军民而言，从情感上难以割舍。毛主席强调："有些同志把不放弃一寸土地的政治口号用在战术上，不管自己力量大小和敌人生打硬拼，这是十分错误的。"随后采用"在防御作战中与敌人进行疲劳消耗战，可集中五个旅以上打运动战，各个歼灭敌人，彻底粉碎敌人进攻"的"蘑菇战术"。撤离延安13个月后，延安重新回到解放军手中，再过了一年半，新中国成立。

当行情发展对仓位不利的时候，果断斩仓止损，保留现金，保存实力，不与市场对抗，做到"存人失地"。而逆市死扛仓位，就如"存地失人"，最终"人地皆失"。

"不打无准备之仗，不打无把握之仗。"

每次入市前，对拟交易的标的需做通盘考量，制定周密的计划。对可能出现的上涨、下跌、横盘做各类情景假设，方向、仓位、建仓点、加仓点、止损点、止盈点，种种交易要素需全部考虑清楚，唯有明确了交易策略，制定了交易计划，方能在进入市场后处变不惊，不被突发事件乱了方寸。仓促应战，极容易吃大亏打败仗。

即使有准备，但无把握之仗也不能参与。如果行情级别不大，趋势不算明朗，不是"易胜之敌"，那就需"慎战"。

"对力量比较强的敌人要采取守势，对力量相对较弱的敌人要采取攻势。"

被动持有多头仓位但进入熊市阶段，可采用做空期货或买入看跌期权进行对冲保护。一旦趋势明朗，多头力量明显大于空头力量，则需抓住机会大胆做多。对基本面、技术面共振走弱，进入熊市阶段的标的，则毫不犹豫做空。不论做多做空都要在行。做多或做空，只是你获利的手段、借用的工具，没有必要死守多头仓位，"多头偏差"是一种思维误区。当处于正确的趋势上，开始产生浮盈后，要敢于加仓，集中兵力打歼灭战。

四、致胜投资与致败投资

要想攀登新的高峰，就要学会从现在的山顶安全下来。

——作者

纳西姆·尼古拉斯·塔勒布在《黑天鹅》中说，"灰天鹅是可以模型化的极端事件，黑天鹅则是未知的未知"。"黑天鹅"是指满足以下三个特点的事件：首先它具有意外性，即它在通常的预期之外，也就是说没有任何能够确定它发生的可能性的证据。其次，它会产生极端影响。再次，虽然它具有意外性，但人的本性促使我们在事后为它的发生编造理由，并且使它变得可解释和可预测。

我刚看到上面书里的那段文字，就接到我朋友的电话，说他投到"××财富"里的钱取不出来了，问我怎么办。我电话里简单问了问，明白了个大概。他从户外广告里看到了某互联网金融公司的产品介绍，被其描述的一年13%～15%收益率吸引。于是下载了该公司的"××宝"App，陆续买了大几百万这个App上提供的借贷类金融产品。前三年平安无事，每年能如期收到利息，今年开始没能收到利息，想往外赎钱，发现App打不开了。

这真是"你图他利息，他图你本金"啊！对他来说，这个是"黑天鹅"吗？从交易行为看，这个算"致败投资"吗？

记得更早几年，老家的同学咨询我，"××投资公司的产品能不能买？听起来收益很可观，按买入金额大小，年化收益10%到15%不等，比银行的定期存款高多了。而且该公司在省会、地级市，连县城最大的商业街上都开了营业网点，每天门庭若市"。

当时北京的地铁广告、楼宇电梯广告，随处可见那种互联网金融产品的宣传。市场疯狂程度可见一斑。时任中国人民银行党委书记、中国银保监会主席郭树清在第十届陆家嘴论坛（2018）中提到，"在打击非法集资过程中，努力通过多种方式让人民群众认识到，高收益意味着高风险，收益率超过6%的就要打问号，超过8%的就很危险，10%以上就要准备损失全部本金。一旦发现承诺高回报的理财产品和投资公司，就要相互提醒、积极举报，让各种金融诈骗和不断变异的庞氏骗局无所遁形"。

可惜这类产品往往打扮得光鲜靓丽，在高收益的诱惑下，普通投资者极容易上当受骗。

"致败投资"，不仅仅发生在个人身上，在金融投资机构里也屡见不鲜。从君安证券到万国证券，从汉唐证券到大鹏证券，从南方证券到华夏证券，举不胜举；还有那些因"高息融资、短融长投"最终资金链断裂而折戟江湖的"××系",历历在目。恰是那"时来天地皆同力,运去英雄不自由"。

哪些交易是"致胜投资",哪些交易是"致败投资"？网上有个段子,说人生几大惨：1911年入宫当太监；1948年农村买地当地主；2007年卖房；2015年结扎；还有一直买国家男子足球队赢的。某些行为,在做之前有千万种理由,一旦做了,发现无法承受随之而来的惊天巨变,悔之晚矣。

我想到了萨达姆和卡扎菲。

2000年,欧元问世。2000年10月,伊拉克总统萨达姆·侯赛因宣布,伊拉克将在石油交易中不再接受"敌人的通货"美元为结算货币,转而以欧元为结算货币。后来2年多的时间里,伊拉克用欧元进行石油贸易结算,出售了超过30亿桶原油,获得了260多亿欧元收入。俄罗斯、委内瑞拉、伊朗等产油大国纷纷跟进,宣布计划启用欧元进行石油贸易结算。

2003年3月,美国以伊拉克藏有大规模杀伤性武器并暗中支持恐怖分子为由,绕开联合国安理会,单方面对伊拉克实施军事打击。美英联军（及少量澳大利亚和波兰的军队）向伊拉克发动代号为"斩首行动"和"震慑"行动的大规模空袭和地面攻势。2003年12月13日,萨达姆被美军抓获。2006年12月30日,萨达姆被执行绞刑。

一场本来针对2001年"9·11事件"策划者本·拉登恐怖组织的报复行动,顺带变成了美国消灭萨达姆,捍卫石油美元的国家行为。伊拉克战争后,伊拉克的石油出口重新回到美元结算的老路。按美国前中央情报局局长伍尔西的话,"我们必须把石油武器从中东抢过来"。

统治了伊拉克27年,发动了"两伊战争"（1980—1988年）和"科威特战争"（1990年）后还能相安无事的萨达姆,如果知道动了美国石油美元的奶酪是如此后果,恐怕得三思而后行。

2009年,作为非洲联盟主席的穆阿迈尔·卡扎菲提案建立非洲货币联盟,非洲石油和其他非洲自然资源出口将主要通过黄金和"非元"来结算,其设想中的"非元"是一种基于非洲国家的黄金储备和金融资产的新货币。以此来改变非洲资源以美元结算的局面。由此,非洲28个能源出口国纷纷开始效仿阿拉伯欧佩克国家，以能源收入为基础创建自己的国家财富基金。

但卡扎菲低估了美国维护石油美元体系的决心。2011年3月19日，英国、法国、美国等多国军队发动对利比亚的空袭。8月22日，利比亚反政府武装攻入首都的黎波里，卡扎菲政权正式倒台。10月20日，统治利比亚42年的卡扎菲死于枪杀。

根据维基解密公布的信息，2011年4月美国前国务卿希拉里·克林顿的顾问席德·布卢门撒尔写信给她道："根据我们获得的机密信息，卡扎菲政府拥有143吨黄金及其他海量金融资产。这些黄金是他在这些年积累的，旨在创造一种泛非洲货币，名为'非元'。"而希拉里·克林顿在回信中写道："如果我能够完整摧毁对美国有威胁的国家，我就有能力领导竞选活动并让美国继续伟大，所以，请相信我。"

"新美国世纪计划"（Project for New American Century，PNAC），创建于1997年的"新保守主义"智囊库，目标是建立美国治下的世界和平，所有其他国家都应该屈服于美国的领导和意志；提出"要确保二十一世纪是美国世纪，就应该加强对中东石油的控制，以油制欧，以油制亚。"PNAC成员是曾在老布什总统期间担任美国国防部政策次长、小布什总统期间担任美国国防部副部长的沃尔福威茨，在1992年度的《美国防务计划指南》（Defense Planning Guidelines）中，提出了"通过统治世界求生存"的概念。"沃尔福威茨主义"将美国视为世界上仅存的超级大国，而美国的主要战略目标是永远保持这一地位。沃尔福威茨称："防止新的竞争对手再次出现是美国之后的核心目标，无论是在苏联境内还是在其他地方，不应允许第二个苏联出现并挑战美国的地位。"我理解，"沃尔福威茨主义"是美国意在染指全球的后"门罗主义"，或者说，是"门罗主义"最终退出历史舞台后的升级更新版。

只要在经营中使用美元，你就要接受美国法律的治外法权威胁；只要你挑战石油美元体系，就要做好应对美国报复的准备。后来者理应未雨绸缪，把萨达姆和卡扎菲的"致败投资"行为当作"前车之鉴"。

使用杠杆，对绝大多数人而言，都是一种"致败投资"行为。杠杆交易中更适合采用趋势跟踪策略，而不是价值投资策略。

价值投资，追求结果有确定性就行，但一旦使用杠杆交易，则既要追求结果有确定性，又要追求过程有确定性。这意味着杠杆融资的过程中，标的物的价格波动，不能触及账户融资爆仓的平仓线。这太难啦！市场正常波动是常态，市场的异常波动是无法预测的，你不能按照市场某个时间段的平均波动率预测未来波动率。未知的波动是不可控的，你不能让这个不可预测的未知杀死你。

老老实实遵循巴菲特"价值投资"理念，寻找估值合理、具备长期增长潜力、又有行业"护城河"的上市公司，同时保证不用融资杠杆，就是一种"致胜投资"交易模式。霍华德·马克斯说，"在投资上，你要取得最终的成功，只需要做到以下三点：第一，估算内在价值；第二，控制情绪，鼓足勇气大量买入，有毅力坚定地持有；第三，耐心等待市场回归价值，市场会最终证明你的估值是对的"。这段话，对如何实践巴菲特"价值投资"理念，做了很好的阐释。而一个典型的对普通散户杀伤力最大的"致败投资"交易模式，就是用杠杆融资的方式做股票长期价值投资。

凡事没有绝对。如果从2003—2004年到2013—2014年，国内房地产市场单边上涨的黄金10年期间，在北上广深的核心区域加杠杆买房，那这个杠杆就是加对啦，妥妥的致胜投资！

乔治·华盛顿有句名言："对人类文明威胁最大、破坏最惨烈的，是不受制约的权力，其次才是自然灾害和人类的无知。"我简直怀疑这位美国开国总统做过投资交易。个人投资者，细究致败投资的根源，就是对自身不受约束的交易权力的滥用。

很多个周末都用来思考曾经发生的失败交易。反复地推演，一遍又一遍地复盘。人很多时候会选择性记忆，记得那些大胜时刻，遗忘那些惨痛经历。

回忆痛苦的本身就是一种痛苦，所以大多数人会刻意回避。但不反思就找不到问题的原因，也无法继续进化。曾有一次请教某大师如何做好交易，大师答复：每次亏损都要当下顿悟，永不再犯。

个人愚钝，只能渐悟。只是当强迫自己去反思那些失败和错误，那些亏损案例浮上心头、历历在目。失败投资的原因小结为以下几种：

（1）逆主要趋势的交易；

（2）不止损，不肯接受损失，期望市场能侥幸逆转；

（3）过量交易，违反仓位原则，一般发生在顺风顺水连续盈利之后；

（4）亏损加仓，试图摊薄成本挽回损失，不肯认错出局；

（5）情绪化交易，一般发生在亏损后，不顾市场情况继续下单，意图迅速扭亏；

（6）受迫交易，一般发生在资金到期有其他用途，必须清仓撤资，属于拿不该入场的钱入场；

（7）强制交易，在并无明显市场机会时仍入场，本质是追求赌博带来的快感。

还有那些牛市末期仍持有估值严重虚高"热门股"的交易；临到期前仍重仓虚值期权试图博"末日轮"惊艳表现，等待命运垂青的交易……

墨菲定律告诉我们：凡事有可能会出错，就一定会出错。如果暂时没出错，也只是时间问题。大数定律体现了类似的意思：当试验次数足够多时，事件发生的频率终究会趋向于它的概率。如果错误的交易行为不改正，那么只要交易的次数足够多，就一定会陷入亏损的漩涡。

哎，假装会投资，和假装会游泳一样危险。我刚会几个蛙泳的姿势，就一头扎进太平洋里游了起来。危险，来源于对未知的未知，更来源于缺乏内心道德力量对自我权力的约束。

有这么一个实验，跳蚤原本可以跳1米高，把跳蚤放在一个玻璃罩子里，每次只能跳20厘米，一段时间后拿掉罩子，发现跳蚤只能跳20厘米高了。

是什么限制了每个人的无限潜能呢？是自我的谎言。

维特根斯坦的一句名言："假话能得好处，谁还愿意说真话！"世界上最大的谎言，就是面对远大目标时的自我否定。面对横亘在眼前的困难和挑战，常见的谎言就是对自己说"这太难了，我做不到"。自己从这句假话中得了啥好处呢？随性而为的自在、逃避压力的轻松、不再自律的解脱。

我们得对自己说真话。比如，我们无须大声赞美贫穷，也无须给在贫穷中挣扎的挥汗如雨的自己送上勤劳的赞歌。维克多·雨果的《悲惨世界》说，通过贫穷，意志薄弱的人会变得无耻卑鄙；意志坚强的人会变得超凡脱俗。贫穷是一个熔炉，每当命运需要一个坏蛋或一个神人，就把一个人投进去，释放无限光明的是人心，制造无边黑暗的也是人心。光明和黑暗交织着、厮杀着，这就是我们为之眷恋而又万般无奈的人世间。

我们有责任通过自己的努力，摆脱贫穷的境地，不管是物质上，还是精神上。

据说打扑克时，几圈牌打下来，你如果还没发现那个会输钱的傻瓜，那很有可能你就是那个傻瓜。交易中也一样，你要仔细观察你拟建仓位所处的"部位"，看是否已经成为别人兑现盈利筹码的"交易对手"。在交易市场里，"猎人"和"猎物"往往相互转换。你试图向交易对手扣动扳机，却不知道同时有N个扳机在对准你。

我在德州扑克中，输掉最多筹码的场景，是底牌摸到2张A的时刻。牌局统计上，底牌AA给我带来的累计损失，远大于它带来的盈利。因为你自认为"摸到了大牌"，会有较大概率获胜。这刺激了你非理性加注或不恰当跟注，如同在交易中犯的"多头偏差"错误。也就是说，你对对方牌力的判断，受到了自身牌力大小的影响。当对方加注时，你会认为对方只是在"诈唬"，潜意识就是高估自己的牌力，低估对方的牌力。而这一切，在你底牌只是两张小牌时并不会发生。

底牌AA的确让你有获胜的概率优势，但如把概率优势和获胜的必然性混为一谈，进而加大下注筹码，悲剧一旦发生就是大损失。这和股票投资者在耳熟能详的"白马股"上亏大钱一样。

我们往往被表面的假象所迷惑。

交易失败，多半是思维上存在认知误区、逻辑漏洞、执行短板。不能光用时运不济、小概率黑天鹅事件来解释开脱。

交易者在预测分析时，往往倾向于把过去的历史作为对未来判断的依据。即根据某事件曾经发生的频率预测事件将要发生的可能性。常见的赌徒谬误，就是将这种习惯性的思维方法随意地应用到前后互相独立的随机事件上。

抛掷硬币游戏中，如果连续10次抛掷都出现正面，那么我们总会觉得接下来出现反面的概率会提高。就像赌场中著名的输后加倍下注方法，第一次下注1元，如输了则下注2元，再输则下注4元，以此类推，直到胜出为止。如果以为在连续输了多次之后，胜出的概率会非常大，那这就变成了赌徒谬误的例子。不管是第11次抛掷硬币出现反面的概率，还是赌徒加倍下注押中的概率，都是不变的。

我不禁被浮亏加仓背后的心理动机吓出一身冷汗。相信"明天更美好"，是对未来美好生活的向往和憧憬；确信"明天更美好"，那是会要命的。

在杠杆交易领域，相信"明天更美好"，不如相信"明天更危险"。请让危机意识贯穿整个交易生涯。市场总有起落，万物皆有周期，警惕任何"致败投资"思维方式。

"致胜投资"，即要求出现市场较大机会时，采用正确的交易策略。

如何交易历史性大机会？这种机会，一定是突破历史常规和历史数据的，一定不能采用凭经验值设置的交易模式，参与这种级别战役的意义，是一战定乾坤。眼光要长远，手法要老道，平时就要养成不参与小级别行情的习惯，不追求蝇头小利。

交易历史性大机会，要避免参与初期的震荡行情；不能够因微小利润而过早止盈出局；预估合理的波动区间，扛住必然发生的浮亏；止损位不必太高，以免被正常的波动止损出局。

关键一点，在行情初期，不能设置过窄的止盈位，不能用常规中小级别行情的思维主导大行情的参与和操作。

只参与最有价值的机会，最好是一个超级主升浪。

能够看势，是一种本事，能够乘势，是更大的本事。问题是，在巨大的历史机遇面前，你准备用多大的仓位呢？

对于一个投机客而言，你对自己的最大责任，就是要在市场最低迷、投机最不顺利的时期，咬紧牙关、苟延残喘地活到大行情来临的那一天。任何时刻你都不要失去希望，你要坚信，"凡是不能杀死我的，都能让我更强大"。

可是，等待伤口愈合的时间，总是比想象中的更漫长。有时候在想，我们花费宝贵的生命，穷极一生，都在追求些什么？是那些名和利吗？还是证明"我能行"的胸中那一口气？现实的生活和那些虚幻的金融产品，哪个更值得你认真对待呢？

> 功名利禄如浮云，
> 荣华富贵本幻影；
> 实虚二相若参透，
> 世间万物皆空灵。

五、兼论最佳交易策略

> 适合自己的，才是最好的。适合市场的，才是完美的。
> ——作者

道成万法兼备，法成万术皆通。投资中的道，就是规律。规律的内涵，就是确定性。确定性提高了，胜率也就会提高。

所有研究都在研究确定性，所有交易都在寻找确定性。你需要寻找属于你的确定性机会。唯有找到符合你交易能力、交易个性、交易节奏、交易周期和交易偏好的确定性，你才有机会成功。

你必须建立起属于自己的交易优势，即你能够利用那些因交易者认知能力或认知偏差形成的、从统计学看会重复发生的市场行为。

交易观点，就是那些交易优势的市场化语言表述。你通过观察研究市场各类资产表现，形成交易观点，得出交易策略。我把交易策略简单分为两大类：一类是价值回归策略，另一类是趋势跟随策略。

不管运用哪类策略，一旦采用杠杆交易，那么最核心的事情，就是要避免因价格宽幅波动导致财富清零。若一边杠杆交易，一边生搬硬套非杠杆交易下的传统策略，会牺牲得很悲壮。不过也只有在"以身试法"后，才能无比深刻地认识稳定和复利，才是投资中最重要的事情。

杠杆交易，自有它独特的交易模式。核心要素在于寻找那个"支点"，即多空转折点。恰如古希腊科学家阿基米德说："给我一个支点，我就能撬动整个地球。"如果错过了最佳的多空转折点，则需要小心翼翼地乘上已经形成的主要趋势，并随时防止趋势终止、逆转，或在次级逆向趋势中丢失仓位。

要相信自己，但不能迷信自己。要相信自己的判断力和自我否定的能力，但不能迷信自己的纠错执行力和不犯同样错误的能力。面对强大无敌的市场，要承认自己会时常犯错、走神、情绪性交易，时常违背基本的交易原则，时常意志薄弱，软弱无能。在市场面前，要接受自己的弱小无助，由此，才能把每一笔交易当成"试错交易"，承认每一笔交易都"有可能错了"，然后在错时少赔一点，对时多赚一点。

采用价值回归策略或趋势跟随策略，与交易者自身价值观密切相关。从两者在对待市场价格走势与主观意见出现分歧时的态度上看，可以说是有着天壤之别。

价值回归策略，即相信公允价值，在当下价值相对于未来价值是低估则做多，高估则做空。交易者先有了一个市场观点，一个价值判断，比如针对股票市场的交易，当认为该股票价值被低估，则基于相信价值回归而做多，当发生亏损时，采用继续买入增加持仓的策略。采用该策略的交易者，信奉价值规律，认为价格越便宜越值得投资，相信从长远看该笔投资会盈利。

价值回归策略，从收益统计特征上看，夏普比率会较低，收益率分布会呈现负偏度，负凸性，左尾肥大，偶尔会有大亏损。投资收益来自均值回归和长期风险溢价，大多体现在价值投资者和逆向投资者身上。

趋势跟随策略，不预测公允价值，承认自己对市场和基本面的变化无法预测，承认自己作为市场参与者极可能犯错，也存在认知偏差。对交易品种无多空偏好，按照市场趋势做交易，属于波动率多头。

趋势跟随策略，从收益统计特征上看，交易胜率低，夏普比率会较高，收益率分布呈现正偏度，负凸性，右尾肥大，伴随许多小亏损，但有少量大盈利。

杠杆交易，慎用价值回归策略，适用趋势跟随策略。

选择哪一种策略，核心是对待头寸的价值观问题。前者相信市场是理性的，价值规律是有效的，投资结果是确定性的；后者不去预测市场，只做市场趋势的信号识别和跟随，是个市场怀疑论者。

当我在杠杆交易中，处于浮亏加仓，或者死扛亏损单的时候，我会猛然惊醒，我是否又因为过度自信，不由自主地采用价值回归策略？赶紧停手！老老实实采用趋势跟随策略。杠杆交易，最好做市场趋势的朋友。

在趋势跟随策略中，应用随机入市交易系统，是对于有经验小散的一种较好的交易方法。采用随机入市交易系统，根据市场信号按"事实"开多单或空单交易，避免抄底摸顶的主观臆测判断，尽可能实现"方向正确"；在随机入市交易系统中，严格遵循系统交易步骤，通过设置止损控制损失，通过跟踪止盈设置，让浮盈自我成长，并保护已实现浮盈。

投机客必须清醒地认识赚大钱是小概率事件，亏小钱是大概率事件，要心甘情愿地接受经常亏小钱（常止损），但无论如何不要拒绝赚大钱（慎过早止盈，盈利头寸不要过早落袋为安，提前出局）。当你经过数年勤学苦练，发现交易结果呈现出很多小亏损叠加很少的大盈利，胜率低于50%，但盈亏比高于1，你就成功了。

投机客必须清醒地认识在肥尾分布的世界中，尾部（稀有事件）在决定这些统计特性方面起着不成比例（与其发生概率相比）的重要作用。采用历史数据作为经验分布存在问题，经验分布遇到肥尾不再有效。因为肥尾的存在，历史波动对未来损失并没有预测性。

投机客要清醒地认识破产更可能来自一个单一的极端事件，而不是一系列坏事件。黑天鹅并不是更为常见，但它们产生的结果更为严重。杜绝大亏损唯一的办法就是每单都设定止损，止损不成功，那也只能认命了（比如2015年1月的瑞郎事件）。乐做"剁手党"，严禁"拦腰斩"！杜绝大的亏损！

一个长期带来盈利的理想策略，从交易结果分析，是无数次小的亏损，加上少数大的盈利。从收益分布特征看，表现为正偏度，或者叫右尾肥。也就是说，从胜负次数上，可以亏多赢少；但从胜负金额上，实现亏少赢多，从而避免负偏度和左尾肥现象，追求正偏度及右尾肥。

能够实现上述交易结果的策略，就是我心中的最佳交易策略。

在趋势跟随策略里，与常见的两种核心交易系统——移动平均线交叉交易系统和通道突破系统相比，危机阿尔法策略是实现高胜率、高盈亏比的一种交易策略。

危机阿尔法机会，是指利用市场危机期间（可定义为交易标的月度收益率低于一个标准差以上）发生在整个市场上的持续性趋势而获得的盈利。

这个非常容易理解。当市场发生危机时，投资者在止损及恐慌情绪驱使下，开始杀跌抛售，群体性一致行为导致市场流动性枯竭，并引发滚雪球式的连锁反应，从而产生一段持续性的趋势行情。市场危机不常有，投机客务必重视、珍惜每一次危机，并利用好每一次危机。

成功实施危机阿尔法策略，需要投机者屏蔽自身的多头偏差、本土偏差、羊群效应等弱点，也需要更少的市场制度限制（允许做空）。

如果有对基本面预期变化的分析，结合市场呈现的客观趋势信号，你入场时能够勉强"知其所以然"，给了一个说服自己的理由（基本面和技术面统一）。如处在市场的拐点，当与之前趋势相反的新的趋势形成后，若按此方向开仓，恰恰符合价值回归策略，那么这两类策略可以完美地结合起来。

两类策略并不是永远对立的，但当市场趋势信号表明两者发生矛盾时，交易者必须放弃价值回归策略，遵循趋势跟随策略。这是杠杆交易的特性所要求的。在杠杆交易里，你永远都不要试图去对抗市场。

我理解，一个完整的交易策略，由入场策略和出场策略组成。一般包含分析研判、制定计划、执行计划、修正计划四大步骤。其中又包含选定交易品种、选定交易方向、设定入场价格、设定出场价格、设定仓位（初始仓位、逐次加/减仓位、最大仓位）、设定初始止损位、动态调整止损位、设定初始止盈位、动态调整止盈位九大要素。

四大交易步骤和九大交易要素组成交易的每个环节，就如同组成木桶的所有拼板，缺一不可。一旦你制定了一个入场策略，就必须制定一个出场策略做配对，这是交易的重中之重，必须成为交易的一个标准化流程。

即使你是一个超短期的交易，我也建议你执行完上述标准流程。如同去驾校学车，老师会要求你上车前先绕车一周，查看车子四周情况，除了看轮胎有没有气，关键是检查车底或车后的盲区视角里是否有障碍物。要尽量避免对未知的未知。

无计划不交易，不做随手交易。交易就是调兵打仗，不打无准备之仗，不可临时起意仓促应战。标准流程全部做好后，你就可以入场执行了。

可怜的小散，既无基本面研究功力，又无高频量化交易能力，心里却还老想着找到属于自己的交易圣杯。怎么办呢？

小散并不是不能发现趋势追上热点，而是拿不住整个大行情。一是往往不敢相信行情有这么大；二是扛不住浮盈的诱惑想落袋为安；三是扛不住回撤想保住利润；四是想做短差。

大赢家的秘诀：时间和概率都站在他这一边。

每次交易机会都是一个概率事件，你只是通过分析，期望它发展成为大概率事件。制定具体的交易策略时，必须列出详细的交易计划，包括：进场点、出场点、初始仓位比例、加仓点、减仓点、加减仓比例、止损位、止盈位。核心是实现三个目标：控制损失、保护本金、锁定盈利。你的所有动作都是围绕损失、本金和盈利展开。

计划总是容易制定的，关键是执行计划的能力。这是成败的关键。

在投资市场上，每个人都想知道赚大钱的方法。大师斯坦利·克罗的答案是，跟随趋势做长线。我明白了，且明白得不算太晚。跟随趋势做长线，分解开，就是三个问题：一是哪里有趋势；二是什么是长线；三是如何跟随。由此，投资者得有能力分析预判，什么品种上会形成大趋势？为什么会形成，内在动因是什么？有无必然性，或仅是中等概率事件？多大级别的趋势？时间和空间上怎么定义大趋势？多长算长线交易？用多大的仓位去跟随？然后才能谈到如何有能力跟随。

然而，投资是科学与艺术的结合，所有的问题，都没有统一的标准答案。我所能做的，就是尽可能追求确定性，追求大概率事件。

大级别投资机会的本质在于对价值规律、供求规律，以及市场参与者情绪的把握和运用。各个大类资产在较长历史阶段，都是在一定价格区间来回摆动。由此形成了一个基础交易信号框架：所有的商品价格，都处于钟摆运动之中，由左侧的水平点向下、向右摆动，形成了牛市，由右侧的水平点向下、向左摆动，形成了熊市。在钟摆的两端，产生了高胜率、高盈亏比的机会。股指也一样，长期看呈现一种基于估值区间的波浪式价格运动。凡是由大众参与的运动，就容易产生情绪性非理性行情，绝望产生波谷，狂热产生波峰。我们需要的就是不断审视各类资产当下所处的历史位置和运动方向。

安全投资的方式在于不带杠杆和负债的长期价值投资。不带杠杆的价值回归策略，属于高胜率、低盈亏比，且能存活长久的投资方式。与商品期货相比，股票投资低盈亏比的问题，可以结合成长股投资，通过复利来改善。

价值回归策略，不管是价值投资还是成长投资，难点在于对标的估值及成长性的判断。对特定行业和公司的了解。判断力取决于你的投资能力边界。

杠杆投资的难点在于对仓位和时机的把握。不能死于市场正常或非正常波动上，不能死于仓位过重的压力，不能死于趋势判断错误时的加仓和死扛，不能死于浮盈加仓后因成本抬升扛不住价格波动。总之，不能倒在走向"金山"的路上。牢记杠杆交易的正确应对方式：不预测，只跟随，按照客观的行情变动下单。

《吴子兵法》云："天下战国，五胜者祸，四胜者弊，三胜者霸，二胜者王，一胜者帝。是以数胜得天下者稀，以亡者众。"如果能够一战定江山，那是何等的威武！市场里提供的超级大机会本来就不多，7～8年来一回。抓住一次大胜，足矣。话是说得轻巧。要想成功的抓到一次大胜，得付出多少年的努力和心血！

寻找大机会，需要用历史的、全局的、宏观的、微观的、跨国别的、跨市场的、实业的、前瞻性的眼光扫视各大类别资产。然后用无与伦比的耐心，等待着与狂热和绝望的对手做交易。

只有拐点才能改变人生。

获利的关键不在于你是否有最佳交易策略，而在于你面对浮盈和浮亏时的正确反应。

在荒野求生的环境里，能够正确识别面前的是哪一种野生动物，还远远不够。你需要学会的是如何应对老虎、狮子、毒蛇、鳄鱼等的攻击。

学会分析市场，分析交易标的走势，制定包含止盈和止损在内的交易策略，这都是重要的，但不是决定性的因素。针对浮盈和浮亏的行为反应训练，才是通向真正成功的基石。对抗人类普遍心理情绪，需要长期、专业的训练。我认为这才是盈利的真正秘诀。

但它无法通过阅读文字来获得。如果没有手把手指导的人，那你必须自我指导——把每一笔视角交易当成荒野求生的训练课堂，最起码要杜绝以下三种致败的行为：不设止损、亏损加仓、拿不住浮盈。

当你做到了它们的反面，加上一流的市场跟随交易策略，你终于有希望成为一名成功的交易者了。

投资交易，难在执行。执行里面，又数止损最难。是否盈利，盈利多少与掌握的知识毫无关系，情绪和心理优势才是成功交易的首要因素。最强者和最弱者的区别，就源于他们的个人心理特征。

胡适说，爱国很容易，只需要付出口水，爱别人太难，那是要付诸行动的。交易是很容易的，下单点几下鼠标就是了；持续成功的交易是很难的，需要流程正确、研判正确、策略正确、执行正确。执行力，来源于你的意志力、自律力、自控力。这可以被称为"心之力"，内心驾驭自己的力量。

计划你的交易，交易你的计划，恰如寻觅人生伴侣，选你所爱，爱你所选。成功的秘诀不在于你掌握了多少知识，明白了多少道理，而是看你有无强大的"心之力"。

自己选择的路，再难也要走下去。从长远的投机生涯来看，"坚持"未必不是一种最佳交易策略。你在坚持中活着，在坚持中磨砺自己，在坚持中得到升华。我一直记得这段话："任何一种你不喜欢，又离不开的地方，任何一种你不喜欢，又摆脱不了的生活，就是监狱。如果你感到痛苦和不自由，希望你心里永远有一团不会熄灭的火焰，不要麻木，不要被同化，拼命成为

一个有力量破釜沉舟的人。"(《肖申克的救赎》)

在我看来,巴菲特和索罗斯,都是基本面交易大师,巴菲特把上市公司股票当作工具,交易的是基本面的缓慢变化,索罗斯把汇率当作工具,交易的是基本面的剧烈变化。所有的交易都有充足的理由,通过基本面变化的分析,来做出交易方向的判断,做出押注大小的判断。

不管是商品、股票还是外汇,基本面的变化就是最大的趋势。任何一个领域都值得专业公司、专业团队深入研究。我这样的小散只能浅尝辄止了。段永平先生对投资的理解值得我学习,字字珠玑:

> 当你买一只股票时,你一定是认为你在买这家公司,你可能拿在手里10年,20年。有这种想法后,就容易判断很多。看三年五年是比看十年难的,基本上可以说,看得越短越难。
>
> 比如,我在2011年买苹果的时候,苹果大概3 000亿美元市值(当时股价310/7=44),手里有1 000亿美元净现金,那时候利润大概不到200亿美元。
>
> 以我对苹果的理解,我认为,苹果未来5年左右盈利大概率会涨很多,我就猜个500亿美元(去年595亿美元)。当时想的东西非常简单,用2 000亿美元左右市值买个目前赚接近200亿美元/年,未来5年左右会赚到500亿美元/年或以上的公司,而且还会往后继续很好。如果有这个结论,买苹果不过是个简单算术题,你只要根据自己的机会成本就可以决定了。

关键是第二句话:"但得到这个结论非常不容易,对我来说至少20年功夫,能得到这个结论,就叫懂了。"看到没有?得出苹果值得投资这个观点,他靠的是20年的功力。

很可惜,我还没有这个功力。越简单的事情越难,正如对腾讯的投资,从"小超人"李泽楷到知名PE机构,又有几个人能够守住呢?

"所以,投资只有很少人能理解,大多数人还是别碰为好。"

你要相信，赚大钱的路一定人迹罕至，行者寥寥。因为大部分人做不到，既不能成为长线赢家，也不能成为短线高手。

安德烈·科斯托拉尼被称为欧洲的沃伦·巴菲特和证券教父，一位全球金融投资类百万畅销书的作者，更是一位20世纪股市的见证人。他的《大投机家》系列和《金钱游戏》等书籍构成了庞大的股市投机理论体系。按照他的观点，经济和股市并不是经常平行发展的，或者说，两者之间根本毫无关联。科斯托拉尼用一个自己在多年前创造的比喻来解释：

> 一个人在街上散步，旁边是他的狗，狗总是这样，它跑到前面，但一会儿又折返回到主人身边，然后，它又跑到后面，看到自己跑得太远，就又跑了回来。一直这样。最后，他们两个到达同一个目的地。主人慢悠悠地走了一公里时，狗却来回跑了四公里！

这个人就是经济，而狗就如股市。从长远来看，可以说经济和股市是朝着相同的方向发展的，但在发展过程中，这两者却可能有着完全不同的方向。

科斯托拉尼认为，成为一个好的投机者的条件，需要四个因素：资金、想法、耐心和运气。靠投机赚的钱，其实就是赔偿金。首先人们要经历失败，然后才能赚到钱。在人们的设想还没有成为现实之前，总会发生什么意外。

科斯托拉尼发明了一个公式：$2 \times 2 = 5 - 1$。意思就是，结果会像它应该发生的那样。2乘以2等于4，这是应该的。然后为了达到这个最终结果，我们走了一个弯路，而不是直路。如果投机商没有足够的耐心并坚持到底，在见到-1出现的时候就放弃，那么他就失败了，不能从投机中获利。

另外，我更喜欢科斯托拉尼对投机家的定义："投机家是有识之士，是三思而后行的证券交易人士，能够准确预测经济、政治和社会的发展趋势，并且从中获利。"（还有一句更经典的话："有钱的人，可以投机；钱少的人，不可以投机；根本没钱的人，必须投机。"）

不管怎么样，投机客先得储备一点资金。财侣法地，财是摆第一位的。

《黄金屋——对冲基金顶尖交易者如何从全球市场获利》（史蒂文·卓布尼著，机械工业出版社）一书中，这样定义全球宏观策略："全球宏观策略的投资方法，主要是通过对股票、货币、利率以及商品市场的价格波动进行杠杆押注，来尝试获得尽可能高的正投资收益。"

全球宏观基金经理的投资范围，并不限定于特定的市场或产品，而且其投资风格并不像其他对冲基金投资策略那样会受到各种条条框框的束缚。这使得风险资产可在全球范围内被有效分配给每个投资机会，而投资者则须充分而全面地权衡投资风险与报酬。

全球宏观基金操盘手通常都在寻找那些不常见的所谓"远离均衡"状态的价格波动。如果价格波动符合"钟形曲线"的正态分布，那么只有当价格波动超过平均值一个标准差以上时，才可以认为市场中出现了投资机会。通常在市场参与者的感觉与实际的经济基本面存在较大偏差时，这种情况才会发生，此时会产生持续的价格趋势或是价差波动。全球宏观策略的基金经理能够从一个市场转换到另一个市场，从一个机会转移到另一个机会，利用受委托资产创造出尽可能高的收益。

对于全球宏观基金经理来说，只要存在价格的波动性，他们对标的资产就不以为然。通过正确识别在何时、何地市场偏离其均衡状态最远，全球宏观基金经理就可以投资存在价格偏差的市场，直到失衡现象得到纠正再退出市场获取回报。传统上，时机选择对全球宏观基金经理意味着一切。由于交易员运用了资金杠杆，无论是收益还是亏损都是巨额的，所以他们通常被媒体描绘成"冒险的投机者"。

我希望自己也能被定义为一名合格的全球宏观策略交易者。

一日交易员，终身交易员。（Once a trader, Always a trader.）

后　记

与自我和解

市场虐我千万遍，我待市场如初恋。

当我完成本书手稿，我竟然迫不及待地想看它的第二版、第三版。他人的财富故事吸引我，自己的经历也一样。我不断地回顾、审视自己大大小小的交易，痛并快乐着。

市场一遍一遍地让我震惊、让我诧异、让我狂喜、让我不可一世恣意张狂，又让我沮丧、让我绝望、让我疯狂、让我千疮百孔饱经风霜。

曾有人问登山运动员，为什么要去征服那座高山？答案是，山就在那。是的，市场就在那，它就在那，这就是答案。

我常常通宵达旦地做交易。在交易机会来临的时候进入市场，不管时间多晚白天多累，总是全神贯注地全身心投入。可能这就叫热爱吧！但等到交易结束关上电脑，躺在床上合上眼，瞬间就进入了梦乡。

我时常回忆起那些在金融世界里发生的你死我活、精彩纷呈的肉搏战，为自己曾亲身经历而满足、庆幸；又每每扼腕叹息，为自己错失机会而懊恼无比。作为一名业余交易员，一个不断进化中的小散，终于有一天，我对着镜中一脸沧桑的自己说，宽心吧，你已经做得够可以啦！

　　只有与不完美的自己和解，你才能够与不完美的同事、朋友、伙伴、单位、社会，以及周边所有的人和事和解。

　　我还远没有我期待中的那样成功，但我已不会一遍一遍地责备自己。我开始学会用一种正确的生活打开方式，适合自己的，就是美好的。

　　有一次，知名投资人段永平回国参加电视访谈节目，主持人问他对年轻人有何忠告，他一时为难起来，"如果一定要说，那就是享受生活，这是人来到这个世界上的目的"。对于财富这件事，段永平给朋友的建议是，要接受慢慢地变富。

　　我心悦诚服地接受了。我估算了一下，我离达到自己期望的高度已经不太遥远了，如果非要给这个目标加上一个期限，那就是，一辈子。

　　我等得起。

　　不管路途有多么艰辛，信心和爱心是永远不能丢弃的财富。

　　市场尚在，江湖未老；来顿大酒，快意恩仇！

　　感谢您的阅读和关爱！